# 清 史 論 集

(二)

莊 吉 發 著

文 史 哲 學 集 成
文史哲出版社印行

國家圖書館出版品預行編目資料

清史論集 / 莊吉發著. -- 初版. -- 臺北市：
　文史哲, 民 86 -
　　冊；公分. -- (文史哲學集成；388-)
　　含參考書目
　ISBN 957-549-110-6(第一冊：平裝) .--ISBN
957-549-111-4(第二冊：平裝) .--ISBN957-549
-166-1 (第三冊：平裝) .--ISBN957-549-271-4
(第四冊：平裝) .--ISBN957-549-272-2(第五冊
：平裝) .--ISBN957-549-325-7(第六冊：平裝)
.--ISBN957-549-326-5(第七冊：平裝) .--ISBN
957-549-331-1(第八冊：平裝) .--ISBN957-549-
421-0(第九冊：平裝) .--ISBN957-549-422-9(第
十冊：平裝) .--ISBN957-549-512-8(第十一冊：
平裝) .--ISBN957-549-513-6(第十二冊：平裝)
1.中國-歷史-清(1644-1912) -論文，講詞等
627.007　　　　　　　　　　86015915

# 文史哲學集成 ⑭⑦⑧

# 清 史 論 集 (兰)

著　　者：莊　　　吉　　　發
出 版 者：文 史 哲 出 版 社
http://www.lapen.com.tw
登記證字號：行政院新聞局版臺業字五三三七號
發 行 人：彭　　　正　　　雄
發 行 所：文 史 哲 出 版 社
印 刷 者：文 史 哲 出 版 社
臺北市羅斯福路一段七十二巷四號
郵政劃撥帳號：一六一八〇一七五
電話 886-2-23511028・傳真 886-2-23965656

實價新臺幣 四六〇元

中 華 民 國 九 十 二 年 (2003) 七 月 初 版

# 清 史 論 集

## (圭)

## 目　次

# 清史論集
## 出版說明

　　我國歷代以來，就是一個多民族的國家，各民族的社會、經濟及文化等方面，雖然存在著多樣性及差異性的特徵，但各兄弟民族對我國歷史文化的締造，都有直接或間接的貢獻。滿族以邊疆部族入主中原，建立清朝，一方面接受儒家傳統的政治理念，一方面又具有滿族特有的統治方式，在多民族統一國家發展過程中有其重要地位。在清朝長期的流治下，邊疆與內地逐漸打成一片，文治武功之盛，不僅堪與漢唐相比，同時在我國傳統社會、政治、經濟、文化的發展過程中亦處於承先啓後的發展階段。蕭一山先生著《清代通史》敘例中已指出原書所述，爲清代社會的變遷，而非愛新一朝的興亡。換言之，所述爲清國史，亦即清代的中國史，而非清室史。同書導言分析清朝享國長久的原因時，歸納爲二方面：一方面是君主多賢明；一方面是政策獲成功。《清史稿》十二朝本紀論贊，尤多溢美之辭。清朝政權被推翻以後，政治上的禁忌，雖然已經解除，但是反滿的情緒，仍然十分高昂，應否爲清人修史，成爲爭論的焦點。清朝政府的功過及是非論斷，人言嘖嘖。然而一朝掌故，文獻足徵，可爲後世殷鑒，筆則筆，削則削，不可從闕，亦即孔子作《春秋》之意。孟森先生著《清代史》指出，「近日淺學之士，承革命時期之態度，對清或作仇敵之詞，旣認爲仇敵，即無代爲修史之任務。若已認爲應代修史，即認爲現代所繼承之前代。尊重現代，必並不厭薄於

所繼承之前代，而後覺承統之有自。清一代武功文治、幅員人材，皆有可觀。明初代元，以胡俗爲厭，天下既定，即表章元世祖之治，惜其子孫不能遵守。後代於前代，評量政治之得失以爲法戒，乃所以爲史學。革命時之鼓煽種族以作敵愾之氣，乃軍旅之事，非學問之事也。故史學上之清史，自當占中國累朝史中較盛之一朝，不應故爲貶抑，自失學者態度。」錢穆先生著《國史大綱》亦稱，我國爲世界上歷史體裁最完備的國家，悠久、無間斷、詳密，就是我國歷史的三大特點。我國歷史所包地域最廣大，所含民族分子最複雜。因此，益形成其繁富。有清一代，能統一國土，能治理人民，能行使政權，能綿歷年歲，其文治武功，幅員人材，既有可觀，清代歷史確實有其地位，貶抑清代史，無異自形縮短中國歷史。《清史稿》的既修而復禁，反映清代史是非論定的紛歧。

歷史學並非單純史料的堆砌，也不僅是史事的整理。史學研究者和檔案工作者，都應當儘可能重視理論研究，但不能以論代史，無視原始檔案資料的存在，不尊重客觀的歷史事實。治古史之難，難於在會通，主要原因就是由於文獻不足；治清史之難，難在審辨，主要原因就是由於史料氾濫。有清一代，史料浩如煙海，私家收藏，固不待論，即官方歷史檔案，可謂汗牛充棟。近人討論纂修清代史，曾鑒於清史範圍既廣，其材料尤夥，若用紀、志、表、傳舊體裁，則卷帙必多，重見牴牾之病，勢必難免，而事蹟反不能備載，於是主張採用通史體裁，以期達到文省事增之目的。但是一方面由於海峽兩岸現藏清代滿漢文檔案資料，數量龐大，整理公佈，尚需時日；一方面由於清史專題研究，在質量上仍不夠深入。因此，纂修大型清代通史的條件，還不十分具備。近年以來，因出席國際學術研討會，所發表的論

文，多涉及清代的歷史人物、文獻檔案、滿洲語文、宗教信仰、族群關係、人口流動、地方吏治等範圍，俱屬專題研究，題為《清史論集》。雖然只是清史的片羽鱗爪，缺乏系統，不能成一家之言。然而每篇都充分利用原始資料，尊重客觀的歷史事實，認眞撰寫，不作空論。所愧的是學養不足，研究仍不夠深入，錯謬疏漏，在所難免，尚祈讀者不吝教正。

二〇〇三年三月　莊吉發

康熙皇帝讀書像

# 知道了一奏摺硃批諭旨常見的詞彙

## 一、前言

　　禪師木陳忞著《北遊集》有一段記述清世祖順治皇帝性情的談話說：「上龍性難攖，不時鞭撲左右，偶因問答間，師啓曰：『參禪學道人，不可任情喜怒，故曰一念瞋心起，百萬障門開者此也。』上點首曰：『知道了。』後近侍李國柱語師云，如今萬歲爺不但不打人，即罵亦希逢矣！」①順治皇帝已經參悟了禪理，所以點首說「知道了」。清聖祖康熙皇帝自幼立志效法皇父，他採行密奏制度後，臣工奏摺多奉硃批旨意「知道了」。嗣後雍正皇帝、乾隆皇帝等硃批旨意，雖然各有千秋，但是「知道了」仍然是奉摺硃批旨意最常見的文書術語。究竟「知道了」的原始含義是什麼？「知道了」批在文書上是否故弄玄虛？如何解讀？奏摺既奉硃批發還具奏人，文武大員是否都能理解「知道了」的旨意？如何因應？從清初至清末，「知道了」的含義如何轉變？本文撰寫的旨趣，主要是利用國立故宮博物院典藏《宮中檔》硃批奏摺、《起居注冊》等資料，探討奏摺諭旨常用的詞彙，以「知道了」爲例，作爲披覽奏摺的閱讀心得，通過這項研究，或有助於了解清代硃批奏摺的文書性質，以及密奏制度的發展。

## 二、硃批奏摺的起源及其性質

清初本章制度，沿襲明朝舊制，公題私奏，相輔而行。例行公事，舉凡一切錢糧、刑名、兵馬及地方民務所關公事，概用題本，鈐印具題；臣工本身私事，俱用奏本，不准用印②。直省臣工題奏本章，均須投送通政使司轉遞，本章若有違式，或逾限者，通政使司即行題參，交部議處。奏摺就是由奏本因革損益派生出來屬於體制外的一種新文書，其起源時間，最早只能追溯到康熙朝前期③。北京中國第一歷史檔案館保存的康熙二十八年（1689）二月二十七日大學士伊桑阿《奏謝溫諭賜問平安摺》，應該是目前所知較早的一件硃批奏摺，康熙朝《起居注册》內關於奏摺始行的時間，還有更早的記載，說明在康熙二十年（1681）前後已有奏摺文書的記載④。

奏摺的名稱，並不是因其文書形式的摺疊而得名，題本、奏本、咨呈、揭帖、啓本等文書俱摺疊成本。奏摺的「摺」，其原來意思是指清單，習稱摺子，例如引見摺子，即引見姓名清單。此外，還有晴雨摺子、馬匹摺子、糧價摺子等，都是清單。所謂奏摺，當爲奏本與摺子的結合名詞，奏摺意即進呈的摺子。康熙年間採行奏摺之初，臣工奏事，多使用摺子，但其含義已不限於清單。在康熙年間的文獻裡，摺或摺子字樣，到處可見。例如康熙二十年（1681）十月初二日，《起居注册》記載是日早康熙皇帝御乾清門聽政，大學士、學士等會同戶部並倉場爲漕運具摺請旨，康熙皇帝諭閣臣說：「此摺著戶部領去具本來奏。」⑤康熙二十三年（1684）八月二十九日，《起居注册》記載是日辰刻，康熙皇帝御門聽政，吏部題補戶部侍郎李仙根等，並所察貴州巡撫楊雍建降級摺子。因楊雍建有效力之處，奉旨將所降五級復還

⑥。廷臣所議降級摺子，並非清單。由此可知，在康熙朝前期，奏摺的使用，已經十分普遍。

　　康熙皇帝爲欲周知施政得失，地方利弊，以及民情風俗等等，於是在傳統題奏本章外，另外使用屬於皇帝自己的通訊系統，而命京外文武大臣繕寫摺子具奏，一方面沿襲奏本的形式，卻簡化其格式；一方面沿襲密行封進的舊例，逕達御前。康熙皇帝認爲自古帝王統馭天下，首在君臣一心，無有異意，故凡事無就理。倘上下睽隔不信，各懷其心，則凡事無不滋弊。他日夜爲萬國宵旰勤勞，是分內常事，但此外不聞不見之事甚多，故令各省將軍、總督、巡撫、提督、總兵官俱因請安摺子，附陳密摺。如此，本省之事不能欺隱，即鄰封之事，亦無或不知。其後又命領侍衛大臣、大學士、都統、尙書、副都統、侍郎、副都御史、學士等官，亦與諸省大臣一體於請安摺子各將應奏之事，一併陳奏⑦。康熙皇帝爲廣耳目，通上下之情，所以採行密奏制度。他曾經對大學士王掞等人說：「大臣乃朕之股肱耳目，應將所聞所見即行奏聞。爾等皆有密奏之任，若不可明言，應當密奏。天下大矣，朕一人聞見，豈能周知？若不密奏，何由洞悉？」⑧

　　奏本與題本的主要區別是在於事件內容的公私問題，奏本限於臣工本身私事時使用，但奏摺與奏本不同，奏摺內容，無論公私，凡涉及機密事件，或多所顧忌，或有改弦更張之請，或有不便顯言之處，或慮獲風聞不實之咎等等，都在摺奏之列。雍正皇帝即位後，遵守成憲，尤以求言爲急，除在京滿漢大臣，外省督撫提鎭仍令摺奏外，又令各科道耳目言官，每日一人上一密摺，輪流具奏，一摺祇言一事，無論大小時務，皆許據實敷陳⑨。雍正皇帝曾諭令大學士薦舉人材，內而大臣，以及閒曹，外而督撫，以及州縣，或品行端方，或操守清廉，或才具敏練者，各據

眞知灼見，內舉不避親，外舉不避讎，從公具摺密奏。具摺時，
或滿字、或漢字，各須親寫，不可假手於子弟，詞但達意，不在
文理字畫之工拙。其有不能書寫者，即行面奏。至於政事中有應
行應革，以及用人行政，有無闕失，俱令各行密奏，直言無隱
⑩。乾隆皇帝御極之初，即諭令內外臣工具摺密奏，節錄一段諭
旨如下：

> 朕自繼序以來，勤修治理，廣開言路，俾大小臣工，皆得
> 密封摺奏，蓋深慮民隱或壅，庶事失理，故公聽並觀，以
> 求濟於實用。諸臣必宅心虛公，見理明徹，慮事周詳，各
> 抒忠悃，實有切於國政民依官方吏弊，然後可以佐朕不
> 逮，故凡言有裨益，立見施行⑪。

廣開言路，公聽並觀，是勤求治理的基本要求。康熙年間以
來的奏摺制度，在性質上是屬於密奏制度，可以自行封進，但它
不在形式上是否書明「密摺」字樣，或在內容上以重大機密事件
爲限。其所以稱爲密奏者，在表面上固因奏摺是由特定人員直接
上給皇帝本人的一種秘密書面報告，而不是屬於內閣公開處理的
文書，其實也是由於奏摺只是皇帝和臣工私下秘密通訊的信函，
而非外朝政府正式的公文。題本是督撫等以衙門首長的名義，於
處理例行公事時呈遞皇帝的公文，而奏摺則爲督撫等在公務之
餘，另以私人身分爲內朝效力的書面報告，奏摺雖奉硃批，但硃
批奏摺仍未取得國家法理上的地位，所以不可據爲定案。臣工奏
摺奉到批諭後，若欲付諸施行，自當露章具題，經過內閣部院議
奏奉旨允准後始能生效，兵馬、刑名、錢穀等事宜，都不是暗
事，密奏不能了結，俱應使用題本。康熙皇帝、雍正皇帝屢諭臣
工應題者使用題本具題，不可因已經摺奏而不具題，倘若概用奏
摺，以密奏了結，日後恐無憑查核。地方公事，其應咨部者，亦

須報部存案，摺奏可與本章相輔相成，但盛清諸帝尚無意以奏摺取代傳統本章，應使用題本事件，倘若概用密奏，則必失去採行奏摺制度的本意。雍正皇帝日理萬幾，日則召見臣工，夜則燈下批摺，每至二鼓，有時還墮淚披覽，這不僅是以示勤政，或不令洩露機密，其實主要是因為摺奏是體制外屬於皇帝自己的私事，故於公務之餘，多在夜間燈下閱摺批諭。

## 三、硃批諭旨的政治作用

臣工密奏，不便宣播於眾，為求保密，具摺時必須親手書寫，字畫要粗大，不必按奏本用細字體書寫。奏摺逕至宮門呈遞，不經通政使司轉呈，必須密達御前。皇帝親自啟封披覽，亦親手批諭，臣工奏摺奉硃批，或批於尾幅，或批於簡端，或批於字裡行間，一字不假手於人。康熙皇帝曾因右手病痛，不能寫字，而改用左手執筆批諭⑫。乾隆皇帝也認為「大小臣工有陳奏事件，既不見之明本，而用密摺，便當加意謹慎，不令一人知之，方合謀猷入告之義。」⑬密奏制度是皇帝和相關文武大臣之間所建立的單線書面聯繫，皇帝和京外臣工直接秘密溝通，所以加意謹慎，不允許他人知道。

臣工奏摺進呈御覽，皇帝多以硃筆批示諭旨，稱為硃批諭旨，簡稱硃批。至於各級上司在文稟上的批示，則不可妄稱硃批。大學士鄂爾泰、張廷玉曾奉諭旨云：

> 聞得各省武弁中，有於該管上司前文稟應對，用天恩、天喜、天顏、聖明、謝恩等類字樣者，且於上司批示，稱為接奉硃批者，此等謬妄處，皆由該弁不諳文義，信口稱呼，無人指教，而文稟之中，則憑幕客胥吏書寫，而該弁目不識丁，以致草野無禮，至於如此，凡該管上司皆有教

導屬員之責，此等處即應隨時教導，俾各知禮節。豈有身
為職官，而如此糊塗，其該管大員，亦遂聽其僭妄錯謬，
而不一加開示之理，此督撫提鎮之責也。爾等可寄信與直
省督撫提鎮等知之⑭。

文武員弁於各管上司批示，謬稱接奉硃批，固然是不諳文
義，但身為職官，竟僭妄無禮至於如此，確實錯謬糊塗。

康熙皇帝採行密奏制度，固然欲周知內外，即所謂明目達
聰，公聽並觀而已。其原來用意，也是想藉奏摺的批諭作為君臣
互相溝通，加強君臣聯繫，以及教誨臣工的工具。康熙皇帝批示
奏摺時，常以為官之道勉勵文武大臣。江西巡撫郎廷極具摺奏陳
江西兵糧情形，原摺奉硃批：「知道了，做官之道無他，只以實
心實政，不多生事，官民愛之如母，即是好官。」⑮康熙皇帝屢
諭各省封疆大吏，不可多事，地方安靜，不擾害良民，自然百姓
受福。康熙皇帝在萬幾餘暇，惟以書射為事，他尤其重視皇子教
育，他手批臣工奏摺，從不假手他人，主要與他的勤習書法有
關。他自己說過：

朕自幼好臨池，每日寫千餘字，從無間斷。凡古名人之墨
蹟石刻，無不細心臨摹，積今三十餘年，實亦性之所好。
即朕清字，亦素敏速，從無錯誤。凡批答督撫摺子，及硃
筆上諭，皆朕親書，並不起稿⑯。

康熙皇帝親書硃批，並不起稿，得力於良好的書法基礎。雍
正皇帝受過良好的皇子教育，書法亦佳，字跡秀麗，他尤勤於批
諭。他在《雍正硃批諭旨》御製序文中已指出：「每摺或手批數
十言，或數百言，且有多至千言者，皆出一己之見，未敢言其必
當。然而教人為善，或數百言，且有多至千言者，皆出一己之
見，未敢言其必當。然而教人為善，戒人為非，示以安民察吏之

方，訓以正德厚生之要，曉以福善禍淫之理，勉以存誠去偽之功。」⑰雍正皇帝手批臣工奏摺，洋洋灑灑，令人歎爲觀止。但他的硃批諭旨，大抵也是以教誨之旨居多。浙江巡撫李馥具摺奏聞福建地方情形，原摺奉硃批：「覽奏深慰朕疑懷，君臣原係一體，中外本是一家，彼此當重一個誠字，互相推誠，莫使絲毫委屈於中間，何愁天下不太平，蒼天不蒙福。隱順最不好的事，朕只喜凡事據實，一切不要以慰朕懷爲辭阿諛粉飾迎奉，切記！」⑱江西巡撫裴徫度具摺奏明驛馬事宜，摺中有「不勝悚惕」等字樣。雍正皇帝披覽後批諭云：「畏懼即不是矣，內外原是一體，君臣互相勸勉，凡有聞見，一心一德，彼此無隱，方與天下民生有益也，莫在朕諭上留心，可以對得天地神明者，但自放心，有何可畏。」⑲君臣一體，中外一家，一心一德，就是用人施政的最基本條件。雍正皇帝對天下太平，蒼生蒙福的憧憬，充分表現存字裡行間。他期盼君臣是政治上的生命共同體，就是他諄諄訓誨臣工的主要用意。

## 四、硃批諭旨的常用詞彙

臣工奏摺末幅尾批，或字裡行間的夾批，多奉有硃筆御批，字數長短不一，常見的硃批詞彙，也因人而異。康熙朝《宮中檔》硃批奏摺較常見的硃批詞彙，例如：是、覽、朕安、依議、具題、密之、知道了、著速具題、已有旨了、另有旨意、深慰朕懷、明白了、無庸再議、這說的是。甚至也有不雅的「三字經」，例如：不知好歹、難改狗性等。大致而言，多屬語體白話文，淺顯易解。雍正朝《宮中檔》不錄奏摺的硃批，常見：笑話、獣迂、厚顏、無恥、胡說、愚頑、頑蠢、糊塗、狗彘、惡種、孽障、瘋癲、瘋症、混帳、濫小人、輕薄小人、可笑之極、

豈有此理、瑣屑卑鄙、下愚不移、庸愚下流、褊淺小器、草率孟浪、不是東西、禽獸木石、朽木糞土、滿臉混帳氣等不雅詞彙。文武大臣倘若奏報不實，敷衍塞責，就難免遭受嚴旨痛斥，雖然官至督撫將軍，也不留餘地。署理貴州巡撫沈廷正奏陳願意效法雲貴總督鄂爾泰存心行事，雍正皇帝批諭說：「亦不過醜婦效顰耳，亦屬大言不慚。」廣州左翼副都統吳如譯奏摺奉硃批：「胡說，看你有些瘋癲。」甘肅巡撫石文焯奏摺奉硃批：「無恥之極，難爲你如何下筆書此一摺。」河南河北總兵官紀成斌奏摺奉硃批：「所奏知道了，王嵩到來，朕見了竟不是個棟西，滿臉混帳氣。」陝西巡撫西琳奏摺奉硃批：「西琳著人如此在朕前奏你，汝捫心自問，何顏立於天地間也？滿洲大臣官員之不廉無恥見小之愚風，再不能改革，朕實不解。朕聞此奏，各處訪問，你雖無大貪之處，小取挾私之事，不可枚舉。總言福量淺薄，擔荷不起朕恩，滿洲顏面著汝等數畜類不如，良心喪盡之人壞盡矣，朕惟有愧恨之外，復有何諭，愼之！愼之！若再不全行改革，身家姓〔性〕命即在眼前，不但可惜朕一番天高地厚知遇之恩也。」[20]文武大臣往往因密摺奏參，而噬臍莫及了。

　　臣工奏摺所奉硃批詞彙，是以「知道了」出現的頻率最高，爲了便於說明，可就台北國立故宮博物院影印出版《宮中檔康熙朝奏摺》漢文本爲例列出簡表如下：

　　康熙朝漢文奏摺硃批「知道了」統計表：

| 年分 | 現刊奏摺件數 | 硃批「知道了」件數 | 百分比 |
|---|---|---|---|
| 三十五年 | 2 | 0 | 0 |
| 三十六年 | 2 | 2 | 100% |
| 三十七年 | 1 | 1 | 100% |
| 三十八年 | 4 | 4 | 100% |
| 三十九年 | 0 | 0 | 0 |
| 四 十 年 | 2 | 2 | 100% |
| 四十一年 | 1 | 1 | 100% |
| 四十二年 | 11 | 4 | 36% |
| 四十三年 | 19 | 11 | 58% |
| 四十四年 | 37 | 28 | 76% |
| 四十五年 | 46 | 31 | 67% |
| 四十六年 | 44 | 30 | 68% |
| 四十七年 | 108 | 72 | 67% |
| 四十八年 | 135 | 103 | 76% |
| 四十九年 | 129 | 87 | 67% |
| 五 十 年 | 181 | 87 | 47% |
| 五十一年 | 168 | 117 | 70% |
| 五十二年 | 158 | 116 | 73% |
| 五十三年 | 159 | 114 | 72% |
| 五十四年 | 186 | 127 | 68% |
| 五十五年 | 237 | 177 | 75% |
| 五十六年 | 183 | 138 | 75% |
| 五十七年 | 64 | 29 | 45% |
| 五十八年 | 53 | 16 | 30% |
| 五十九年 | 24 | 1 | 4% |
| 六 十 年 | 13 | 1 | 8% |
| 六十一年 | 9 | 0 | 0 |
| 無 年 月 | 102 | 37 | 36% |
| 合　　計 | 2078 | 1336 | 64% |

資料來源：《宮中檔康熙朝奏摺》，第一輯至第七輯（台北，國立故宮博物院，民國六十五年六月至九月）。

　　國立故宮博物院典藏康熙朝漢文諭摺共計3154件，現刊《宮中檔康熙朝奏摺》共計七輯，凡遇請安未奏事的請安摺，概刪略不錄。現刊康熙十六年（1677）浙江杭州府於潛縣天目山獅子禪寺住持和尚僧行嶺叩謝御書賜命等疏，並非日後通行的奏摺，表中未列入統計。現刊《宮中檔康熙朝奏摺》中含有頗多諭旨等附件，表中亦未列入統計。表中僅就已刊奏摺且奉有硃批者列表統計。自康熙三十五年（1696）至六十一年（1722）歷時二十七年間，現刊硃批漢文硃批奏摺共計2078件，其中奉硃批「知道了」字樣的奏摺，共計1336件，約佔總件數的百分之六十四，換句話說，將近一半以上的硃批奏摺都批「知道了」，也可以說「知道了」是最常用的硃批詞彙，它充分反映了密奏的性質。

　　康熙四十四年（1705）五月二十日，河南巡撫趙弘燮進呈貳麥摺子，五月三十日，其齎摺家人周聯芳返回河南巡撫衙門，欽傳上諭，令趙弘燮將直隸、山東、陝西、湖廣交界地方貳麥收成分數，秋禾生長如何？有無蝗蟲生發？旱與不旱，幾時得雨？訪查明白密奏。趙弘燮即分遣委員前往密訪。同年七月初四日，趙弘燮將鄰省年景具摺密奏，原摺奉硃批「知道了」㉑。趙弘燮調遷直隸巡撫後密奏凡關錢糧本章，戶部俱有陋規，部臣遇事苛求。原摺奉硃批「知道了，但凡奏摺，斷不可令人知道。」㉒硃批奏摺是君臣單線聯繫的秘密通訊工具，臣工密奏皇帝知道，不可令他人知道。江寧織造曹寅密奏科場積弊，原摺奉硃批「知道了，再打聽。」奏摺就是皇帝刺探京外事情的工具。臣工為皇帝耳目，遵旨打聽消息，具摺密奏。山西太原鎮總兵官金國正具摺請安，康熙五十六年（1717）六月二十四日，金國正家人李良等齎回請安奏摺，原摺奉硃批：「河南有賊信，與爾地方近，你知道否？」金國正查明河南中州百姓王更一聚眾滋事經過後即於六

月二十五日具摺奏聞。原摺奉硃批：「是，知道了，再打聽明白奏聞。」㉓康熙皇帝以直省文武大臣為耳目，打聽地方事宜，密奏制度發揮了重要的功能。密奏的範圍很廣，臣工具摺時，各報各的，彼此之間，不能相商，最後由皇帝裁斷，奏摺就是皇帝集思廣益的主要工具。浙江巡撫王度昭具摺奏請簡派賢能料理江蘇鹽漕事務，原摺奉硃批：「這奏的是，知道了，朕自有主意。」㉔康熙皇帝集思廣益之後，自有主意，可以乾綱獨斷。由此可以了解臣工奏摺多奉硃批「知道了」的原因，所謂「知道了」，就是針對密奏內容而言，康熙年間，密奏盛行，所以奏摺多奉硃批「知道了」。浙江巡撫王度昭奏請聖安，並據實陳明地方事宜一摺奉硃批：「朕安，奏摺內事知道了。」㉕臣工所奏的事情「知道了」。江寧織造曹頫具摺奏請聖安，並報江南雨水糧價，原摺奉硃批：「朕安，奏摺知道了。」㉖硃批奏摺多批示「知道了」的含義，主要是指「奏摺知道了」。山西太原鎮總兵官金國正具摺請安，並報收成雨水，原摺奉硃批：「朕安，奏聞事知道了。」㉗浙江巡撫王度昭、杭州織造孫文成遵旨會同查明紹興平陽山傳燈寺禪師木陳忞徒孫元梁真偽，原摺奉硃批：「察的明白，元梁既是木陳和尚徒孫，亦不必另處看守了，始末朕已知道了。」㉘臣工凡有所聞見，必須繕摺奏聞，說清楚，講明白。奏摺的內容，事情的始末，皇帝都明白了，所以批示「知道了」。王鴻緒密奏刑部會審陳汝弼貪贓一案，原摺奉硃批：「此奏帖甚好，深得大臣體，朕已明白了。」㉙王鴻緒密繕小摺奏聞會審陳汝弼，侍郎舒輅改供情形。所謂「奏帖」即指密奏小摺。「明白了」，就是「知道了」的同義語。摺子奏聞事知道了，就是奏摺內的事情明白了，也可以說：「奏摺知道了」，「知道了」就成了硃批奏摺最常見的文書詞彙。

## 五、「知道了」隱含的硃批旨意

內朝與外朝的互動關係，是探討我國歷代政治制度中不可忽視的重要課題。清朝中央政治組織，雖然不置宰相，但依然保持內朝與外朝的劃分。密奏制度採行之初，准許使用摺子密奏的大臣，主要是皇帝親信、內府人員、王府門下人，或內廷行走的人員。例如康熙年間的江寧織造曹寅、蘇州織造李煦、杭州織造孫文成等，都是康熙皇帝的耳目。曹寅具摺奏聞赴揚州會同李煦商議鹽務，原摺奉硃批：「知道了，已後有聞地方細小之事，必具密摺來奏。」㉚高斌是滿洲鑲黃旗人，初隸內務府，雍正元年（1723），授內務府主事，再遷郎中，管蘇州織造㉛。高斌在織造任內，隸屬內廷，為皇帝耳目，凡有所聞，皆得用摺子奏聞。雍正初年，高斌由織造陞任浙江布政使後具摺奏明收兌錢糧事宜，原摺奉硃批：「好，勉之，奏摺不必頻多，比不得織造之任，無可奏之事，不必奏摺，若有應奏聞事件，不妨。」內廷人員的密奏，對皇帝明目達聰，周知中外，了解地方情形，扮演了重要角色。但就國家文書制度而言，奏摺仍非國家正式文書，不能取代傳統本章。偏沅巡撫李發甲具摺請安，兼報中晚二禾收成，原摺內末幅有：「為此具摺專差臣標右營千總李仕、家人李祥捧齎陳奏，伏祈皇上睿鑒施行」等字樣，原摺奉康熙皇帝硃批云：「朕安，所報知道了，施行二字不合。」㉜奏摺並非國家的正式公文，不能取代題本，所奏事宜，若欲施行，例應具題，奏摺中「施行」等字樣，確實誤解奏摺的性質。康熙五十四年（1715）十、十一月間，直隸地方因夏秋雨水過多，直隸總督趙弘燮飭令地方官暫動倉糧分別借賑，並繕摺具奏。原摺奉硃批：「就當具題纔是，奏摺不合。」㉝奏摺既未取得國家法理上的地

位，也不是內閣部院的例行文書，不具合法性。河南南陽府境內有鄉客聚眾搶取民間衣食，兵役拏獲要犯，河南巡撫楊宗義意欲盡法處治，繕摺奏聞。原摺奉硃批：「還該具題，聽部議纔是。」㉞使用題本，經過部議後，始具合法性。

例行公事，行之多年，倘若有改弦更張之請，必須先行繕寫奏摺請示，是否具題，須俟批示後遵照硃批旨意辦理。東南沿海由於海盜猖獗，江寧巡撫張伯行具摺奏請將船隻刻字編號，以示區別。康熙皇帝批諭說：「此摺論船極當，朕欲交部，其中有不便句，爾再具題。」㉟另行繕本具題，交部議奏。奏摺只是君臣協商的工具，不足爲憑。兵馬錢糧，一應公事，密奏不能了結，但不可率然具題。惟是否可行？應否具題？必須先奏聞請旨。浙江巡撫李衛抵任以後，具摺奏陳地方吏治情形，原摺內有「爲此先將大概情形繕摺奏聞，可否允臣因時變通，方敢分晰具題，遵照辦理」等字樣。雍正皇帝披覽奏摺後批諭說：「因時變通料理，先摺以奏聞，不可率然具題。」㊱江西巡撫裴徸度具摺奏請嚴禁交盤掯勒積習，原摺奉硃批：「此事幸爾摺奏，若具題，朕大怪你矣。此事李紱亦大槩類同奏過，朕備悉，已訓諭矣，著李紱密書與爾看。」㊲積習由來已久，非一省所能料理，不可率然具題，非地方急務，不可更張生事，因不可行，所以不可具題，以免驚動部院。

地方安靜，與民休息，官員不更張生事，是爲治之道，也是促成政權穩固最基本的要求，康熙皇帝、雍正皇帝都曾屢飭臣工不可動輒改弦更張。陳元龍歷陞至翰林院掌院學士、吏部侍郎，補授廣西巡撫，陳元龍入京陛辭請示訓旨時，康熙皇帝諭以「廣西地方，近已寧靜，爾至彼處，當使文武和睦，兵民相安。巡撫亦有管兵之責，宜不時操練」等語。陳元龍奏稱：「臣謹誌聖訓

遵行，但路途遙遠，如有應興應革事宜，臣愚昧不能定奪，先繕摺請旨，然後遵行。」康熙皇帝面諭陳元龍：「爾繕摺具奏」㊳。是否可行，先繕摺請旨，然後遵照硃批諭旨指示辦理。趙弘燮調補直隸巡撫後，因畿輔地方入春以後，雨澤稍缺，糧價漸昂，而窮民買食，亦稍覺艱難，趙弘燮欲當青黃不接之際，將常平倉米穀委官督同地方官暫動十分之三減糶，將銀解交守道，俟秋收後發買還倉。原摺有「是否可行，臣未敢擅便，臣前在東拜地方已經奏明，凡有重大事情，先具摺奏請聖裁，允行然後具本，相應具摺奏請皇上睿鑒批示」等字樣，康熙皇帝覽奏後，以硃筆批示：「著速具題」㊴。所謂「具本」即指具題，繕具題本，經通政使司轉遞內閣大學士票擬議奏。

川陝總督殷泰奉命審擬鄂奇後，具摺奏請訓諭，其奏摺在途間被人拆開更改，原摺未奉硃批。康熙皇帝爲此諭大學士等曰：「奏摺比之於本，較爲利害，若在途間被人更改，關係甚要，朕見及此，凡督撫奏摺，無有要事，朕俱不批。」㊵爲了保密，若非緊急要務，督撫奏摺，俱不批示。但是，督撫等員具摺奏請訓諭，或屬於請旨性質的奏摺，臣工有所請，無論准行或不准行，則不可不批。倘若皇帝不曾細閱奏摺，竟批示「知道了」，則臣工必因無所適從，而重複具摺奏請批示應否具題。直隸馬水口都司員缺，亟需簡選能員補授，直隸巡撫趙弘燮具摺開列守備劉大壯等四員具摺奏請裁示可否具題欽用一員，原摺奉康熙皇帝硃批：「知道了」，以致趙弘燮不敢具題。節錄原摺一段內容如下：

> 所有馬水口都司員缺，關係緊要，經臣具摺將臣標右營守備劉大壯，保定營守備孫如霖，茨溝營守備焦元奇，部發世襲拜他喇布勒哈番王學望等肆員具奏，恭請聖裁批示，

可否允臣具題欽用壹員，奉旨「知道了」欽此。查前摺未蒙御批「具題」字樣，臣是以未敢冒昧具題。但查馬水口汛防遼闊，都司壹員，有督緝地方逃盜並巡防各關隘口之責，甚關緊要，仰請皇恩，如允臣具題，伏乞批示，以便遵旨具題④1。

趙弘燮第二次重複具摺請旨，可否具題，請求批示。原摺奉硃批：「朕當有摺奏即可具題，故批『知道了』，今該具題。」硃批中所謂有摺奏即可具題，是對硃批奏摺與題本的混淆，而且硃批「知道了」字樣，也是對臣工請旨的忽視。康熙皇帝御門聽政時，大學士等覆請天津關監督雙頂陳奏缺額緣由一疏，票擬「該部知道」。但康熙皇帝認為「這本票擬該部知道，若如此，該部未必議奏，著票擬『該部議奏』。」④2就文書制度而言，奉旨「該部知道」，則可結案，就此了結，不需後續動作，不必議奏，由此可以理解「知道了」的含義。

康熙皇帝省方問俗，閱視河工，屢至江浙，徧及口外。康熙四十三年（1704），湖廣紳衿具呈巡撫劉殿衡題請康熙皇帝巡幸湖廣，湖廣巡撫劉殿衡具題後，奉旨「知道了，該部知道。」但是，康熙皇帝並未巡幸湖廣。康熙四十四年（1705）春夏間，康熙皇帝南幸，閱視高家堰隄工，回京後又巡幸塞外。是年九月，湖廣巡撫劉殿衡又奏請康熙皇帝臨幸荊襄，原摺奉硃批：「知道了」④3。康熙皇帝並未巡幸湖廣，劉殿衡將紳衿士庶的民意具摺奏聞，並非請旨事件，亦非地方要事，所以批示「知道了」，意即摺內奏聞的事情知道了。

河南南陽鎮總兵官楊鑄具摺奏明衙門內向有官莊田，應作何公用？或歸何項下？據實摺奏請旨。原摺奉硃批：「知道了，想這樣事，各處提鎮，亦或有之，若據實題奏，不甚妥當，況有按

地正賦可以留在本處營中費用，倘有人言及，將即此批旨回奏。」㊹具題既不妥當，所以批示「知道了」，意即不必題奏了。河屯營守備徐仁奉旨看守太監尹珏，因兵丁看守不嚴，太監擅自剃頭。直隸古北口副將管總兵官事楊鑄將兵丁嚴行鎖禁，守備徐仁難辭疏忽之責，應於開印後特疏題參，但因尹珏是太監，應否將疏忽之守備徐仁題參，楊鑄未敢擅便，所以「具摺奏明，仰祈主子天恩硃批遵行。」原摺奉硃批：「知道了，不必題參，開印後交與內務府。」㊺康熙皇帝批示「知道了」，但不同意題參守備徐仁。直隸巡撫趙弘燮具摺奏請入京陛見，馳赴暢春苑謝恩，原摺奉硃批：「知道了，不必來京謝恩。」㊻康熙皇帝不准趙弘燮入京謝恩之請，所以批示：「知道了」等字樣。

康熙皇帝孜孜求治，御門聽政，從不間斷。大學士伊桑阿等曾奏請間日御門聽政，如此則老年諸臣不必夙興。但康熙皇帝並不同意，他認為「朕每日御門，勵精政務，三十年于茲，前此曾經諸臣公請間數日一次御門聽政，朕不允從，今仍照前理事，知道了。」㊼康熙皇帝勵精政務，仍堅持每日御門理事，所以諭大學士伊桑阿等曰：「知道了」，未允所請。

禮科給事中馬士芳條奏各省學道視其新進生員內本年中式多少，以定賢否，大學士伊桑阿等以折本請旨。康熙皇帝諭曰：

> 以新進生員本年中舉人多寡，定學道之優劣，則學道各為其取進生員希圖僥倖，多送入闈，舊生員反致淹抑，以此定例，愈滋弊端矣。今言官條奏，未可逆料，其必有緣故。但條奏之事，合理則行，否則不行而已，這本著批知道了㊽。

給事中是言官，禮科給事中馬士芳條奏以新進生員中式多少定學道賢否，更多弊端，其條奏不合理，不可行，康熙皇帝令大

學士伊桑阿等批寫「知道了」，不允所請。總河張鵬翮因保題筆
帖式馬泰爲通判，奉旨回奏。張鵬翮對馬泰原未深知，但因委任
一、二事，從無貽誤，所以保題通判。康熙皇帝認爲馬泰是一個
虛僞傾險之人，令張鵬翮回奏，只不過欲明悉其事而已，並無他
意，不至於受到議處，張鵬翮題本奉旨：「以知道了批發完結」
⑭。國家庶政，可行或不可行，宜行或不宜行，應從不同角度考
量，皇帝批示臣工文書，在疑似之間，尤須斟酌，奉御批「知道
了」的文書，多屬於不宜付諸施行的事務。康熙朝《起居注冊》
有一段記載：

> 阿蘭泰奏曰：臣等遵旨將監察御史荊元實條奏虧空庫銀，
> 令地方官按職分賠問九卿。九卿云：臣等聞荊元實條奏虧
> 空錢糧，令地方官分賠，以爲如此則自後錢糧不致虧空
> 矣，今皇上念及令地方官分賠，必致派累小民，天語甚
> 善，此事斷不宜行。上曰：既如此，著批：「知道了」
> ⑮。

　　監察御史荊元實條奏彌補直省虧空錢糧的方法是令地方官分
賠，康熙皇帝恐派累小民，令大學士阿蘭泰詢問九卿的意見。九
卿也認爲御史荊元實條奏斷不宜行，既然如此，就批「知道
了」。不必行者，亦批「知道了」。清朝制度，皇太后都有加尊
徽號的定例。大學士伊桑阿等詣暢春園爲加尊皇太后徽號事具摺
子交存住轉奏，奉旨：著奏皇太后。伊桑阿等詣澹泊爲德宮啓奏
皇太后，奉皇太后懿旨：「卿等所奏知道了，皇帝既不受尊號，
這加徽號著不必行。」⑯

　　康熙皇帝在位期間，以廣開言路爲要務，他認爲「科道等官
各有所見，即據實直陳，不得隱諱，所奏果是，朕即施行，如或
不是，亦不議罪。」⑰康熙三十六年（1697）二月初四日辰刻，

康熙皇帝御乾清門聽政，部院各衙門官員面奏政事後，大學士伊桑阿等遵旨將起復原任科道蘇俊等五員職名開列啓奏。《起居注冊》記載一段君臣對話，節錄一段如下：

> 上曰：蘇俊口吃，不必來京，其餘俱著起用。上又顧諸大臣曰：科道職司耳目，年來並無一人陳奏，故朕將現任言官嚴飭，又將伊等起復，此後言路必大開矣。阿蘭泰奏曰：皇上求言如此殷切，居言職者寧有不言之理。上曰：此後條奏内如果可行，即批：准行；如不可行，俱批：「知道了」。若概行交部議覆，必多更張成例之弊，況朕令其陳言，原欲聞軍國要務，如但浮詞細故，塞責陳奏，殊非朕求言本意。阿蘭泰奏曰：皇上聖明，歷來舊例，屢行更張，亦非盛朝美事，如事事交與部議，以後紛更陳例之事必多㊿。

科道言官對軍國要務，固然應當據實直陳，不得隱諱。密奏制度採行後，爲廣耳目，大開言路，各省將軍、總督、巡撫、提督、總兵官等俱應將所見所聞，無論本省或鄰封之事，據實密奏，毫無欺隱，以副皇帝求言本意。前引科道條奏批示，如不可行，俱批「知道了」，有助於理解清代本章、奏摺等文書多批示「知道了」的原因，「知道了」所反映的事實，不僅限於各種文書的性質問題，同時也是清朝君臣辦理國家庶政的產物，對考察施政得失提供了一定的參考價值。

## 六、「知道了」含義的轉變

康熙皇帝在位期間，奠定了穩固的政治基礎，雍正皇帝即位之後，其用人行政，有其連續性。就文書制度而言，也是沿襲康熙年間的密奏制度，「知道了」仍然是硃批奏摺中最常見的詞

彙，其含義改變不大。雍正元年（1723）正月二十五日，山東巡撫黃炳具摺奏聞山東監穀經原任巡撫蔣陳錫題請分貯各道府州縣衙門備賑。黃炳奏摺察明穀石時價、開捐官生穀石折價，州縣官領銀將原價發交里民買補，或暗將穀價侵用虧空無存，原任巡撫蔣陳錫鯨吞蠶食營運回家餘銀二百餘萬兩，應蔣陳錫家產追出百餘萬兩解貯司庫，撥充兵餉。兗寧道許大定將分貯監穀銀兩任意侵用，許大定調任湖北驛鹽糧道時抑勒後任兗寧道宋基業接受交盤。効力河廳吳近宸曾借欠許大定銀三萬兩，許大定即將此項借券抵作虧空。黃炳又奏請將分貯各屬監穀銀兩盡數提解藩庫，撥充兵餉，以杜侵欺之弊，小民亦免賠累之苦。原摺末幅有「伏乞睿鑒批示遵行」字樣，是具摺請旨性質的密奏，雍正皇帝披覽奏摺後，於原摺追查蔣陳錫家產處奉夾批「動本來奏」。又於分貯各屬監穀銀兩盡數提解藩庫處奉夾批「動本請旨」，末幅尾批「其餘知道了」[54]。夾批中的「動本來奏」，就是使用題本具奏，亦即具題：「動本請旨」也是具題請旨，經通政使司轉呈內閣大學士票擬議奏。至於其他奏聞事情，因不必具題，所以批示「其餘知道了」。

　　乾隆初年以來，或者由於軍機處的發展，或者由於中央集權皇權的提高，或者由於文書制度的沿革，或者因爲乾隆皇帝治術的不同，密奏制度產生較大的變化，長篇累牘訓誨臣工的硃批旨意，已經罕見，「知道了」雖然仍爲硃批奏摺中常見的詞彙，但其含義起了較大的變化。乾隆二年（1737）九月十三日，直隸總督李衛遵旨議奏順天府府丞等七員應給養廉銀請照直隸佐雜例各照本俸加一倍賞給一摺，奉諭旨「知道了，著照卿所議行。」[55]乾隆四年（1739）四月二十一日，兵部侍郎班第等奏奉命往山東審事，請照例頒給關防，並請將理藩院員外郎西成、刑部右司員

外郎李治運帶往辦事一摺，奉諭旨「知道了，准其帶去。」㊛准
行事項批示「知道了」，這與康熙年間「不可行俱批知道了」的
制度，可謂已經是大相逕庭或南轅北轍了。

　　鑲紅旗滿洲都統查奏應追各案，原任員外郎查保平阿、原任
大學士溫達之子溫保、原任刑部尚書陶賴、閒散孫漢福拖欠銀兩
係分賠開欠之項，共銀三千一百九十餘兩，均應請旨豁免一摺，
奉諭旨「知道了」㊝。翰林院奏陳起居注衙門職司記注，因講官
多兼各館修書，又值直省鄉試，屆期將漸次出差典試，所有記注
事務乏員辦理，翰林院簡選編修阮學濬等四員請求恩准他們協修
記注一摺，奉諭旨「知道了」㊞。工部查奏應追十一案，主要爲
分賠、代賠、著賠等項，計官十八員，銀一萬一百三十餘兩，請
旨豁免一摺，奉諭旨「知道了」㊟。以上各案俱奉諭旨「知道
了」，意即准行，俱著豁免，編修阮學濬等員，亦准其所請，協
修起居注冊，「知道了」成了同意所請的硃批旨意，充分反映乾
隆年間以降改題爲奏的歷史趨勢。

　　乾隆四年（1739）五月十九日，《起居注冊》記載朝鮮國王
李昑遣使齎進表章禮物，並謝賜其祖列傳恩一疏，奉諭旨：「覽
王奏謝知道了，所進謝恩儀物，准作正貢，該部知道。」㊚爲了
說明乾隆年間諭旨中「知道了」的廣泛使用，可節錄乾隆二十二
年（1757）二月初三日《起居注冊》的記載如下：

　　　朝鮮國王李昑奏賀乾隆二十一年八月十三日萬壽聖節一
　　　疏，奉諭旨「覽王奏賀知道了，該部知道。」又奏賀乾隆
　　　二十一年冬至令節一疏，奉諭旨「覽王奏賀知道了，該部
　　　知道。」又奏恭謝天恩賞賜緞疋一疏，奉諭旨「覽王奏謝
　　　知道了，此次隨表方物，著准作正貢，該部知道。」又奏
　　　恭謝天恩資送難民朴哲峰歸國一疏，奉諭旨「覽王奏謝知

道了，該部知道。」又奏恭謝天恩資送難民李萬春等歸國一疏，奉諭旨「覽王奏謝知道了，該部知道。」又奏恭謝天恩資送難民朴實東等歸國一疏，奉諭旨「覽王奏謝知道了，該部知道。」⑥

　　由前引《起居注册》的記錄可知在初三日一天之內，朝鮮國王就奉到乾隆皇帝批示「知道了」字樣的七道諭旨，「知道了」在清朝文書出現頻率之高，不言可喻。

## 七、結論

　　清朝的文書制度，主要是沿襲明代傳統本章制度，有上行文書、平行文書、下行文書之分，康熙年間以來採行的奏摺制度，就是由明代本制度因革損益而來的密奏制度，奏摺成為君臣之間單線溝通聯繫的工具，是屬於體制外皇帝自己可以支配的新文書，臣工具摺時，各報各的，彼此不能相商，皇帝親手以硃筆批示諭旨，稱為硃批諭旨，或硃批旨意，簡稱硃批，至於各管上司在文稟上的批示，就不能稱為硃批，硃批是限於皇帝專用的，倘若軍機大臣奉旨代批，定例不得使用硃筆，只能墨批，否則就是僭妄錯謬。

　　就文書性質而言，「諭旨」是「上諭」和「奉旨」的結合名詞。《欽定大清會典》記載：「凡特降者為諭，因所奏請而降者為旨，其或因所奏請而即以宣示中外者亦為諭。其式，諭曰內閣奉上諭，旨曰奉旨，各載其所奉之年月日。」⑥皇帝特降者為上諭，臣工因事奏請批示者為奉旨。密奏制度採行之初，奏摺主要功能是為皇帝打聽信息，臣工凡有聞見，必須據實密奏，這類摺奏以聞的奏摺，多奉硃批「知道了」，意即臣工奏聞的內容明白了，也可以說奏摺內奏聞的事情，其始末原委都清楚了，所以也

奉硃批：「奏摺知道了」，簡化以後，就批示「知道了」。大致而言，現存康熙朝漢文奏摺奉硃批「知道了」字樣的奏摺約佔總件數的百分之六十四以上，換句話說，至少有一半以上的硃批奏摺都奉硃批「知道了」，「知道了」成為奏摺中最常見的硃批詞彙，它充分反映密奏制度的盛行。

密奏制度採行後，為皇帝開言路，廣耳目，起了相當大的作用。臣工也可利用奏摺向皇帝請旨。康熙皇帝、雍正皇帝一方面要求直省臣工直陳施政得失、地方利弊，一方面又屢飭臣工不可動輒改弦更張，率然動用題本，以驚動部院，造成政治不安。倘若地方上有應興應革事宜，臣工必須先行繕摺請旨，是否可行，應否具題，相應具摺奏請「聖裁睿鑒」，臣工因事奏請，皇帝斟酌批示旨意，以便遵行。科道言官，屢奉諭旨，各就所見，據實條陳，其條奏內如果可行，即批「准行」字樣，如不可行，俱批「知道了」，不必概行交部議奏。由此可以理解康熙年間「知道了」的真正含義，「知道了」被理解為准行的同意語，應該是乾隆年間以後的變化。

江寧織造通政使司通政使臣曹寅謹

奏恭請

聖安江南太平無事目下雖多雨米價不長將來江廣米船運

行其價自賤麥子高田無慮惟低田減了顆粒臣謹擾實

將江寧揚州鎮江常州蘇州各處麥樣恭呈

御覽其江寧揚州叄月晴雨錄理合一並

奏

聞伏乞

睿鑒

康熙肆拾捌年肆月初貳日

知道了摺子回到着速再報

江寧織造曹寅奏摺

朝鮮國王李昑奏賀

乾隆二十一年八月十三日

萬壽聖節一疏奉

諭旨覽王奏賀知道了該部知道又奏賀乾隆二

十一年冬至令節一疏奉

諭旨覽王奏賀知道了該部知道又奏賀乾隆二

十二年元旦令節一疏奉

諭旨覽王奏賀知道了該部知道又奏恭謝

天恩賞賜緞疋一疏奉

國立故宮博物院典藏《起居注冊》，乾隆二十二年二月初三日。

諭旨覽王奏謝知道了此次隨表方物着准作正

貢該部知道又奏恭謝

天恩資送難民朴哲峯歸國一疏奉

諭旨覽王奏謝知道了該部知道又奏恭謝

天恩資送難民李萬春等歸國一疏奉

諭旨覽王奏謝知道了該部知道又奏恭謝

天恩資送難民朴實東等歸國一疏奉

諭旨覽王奏謝知道了該部知道

## 【註　釋】

① 《起居注冊》（台北，國立故宮博物院），雍正十一年正月二十五日，內閣奉上諭。

② 《清實錄》（北京，中華書局，1985 年 10 月），第七冊，頁 471。

③ 朱先華撰〈硃批奏摺之由來及其他〉，《故宮博物院院刊》，1985年，第一期（北京，北京故宮博物院，1985 年 2 月），頁 18。

④ 朱金甫撰〈清代奏摺制度考源及其他〉，《故宮博物院院刊》，1986 年，第二期（1986 年 5 月），頁 11。

⑤ 《康熙起居注》（北京，中華書局，1984 年 8 月），第一冊，頁758。康熙二十年十月初二日，諭旨。

⑥ 《康熙起居注》，第二冊，頁 1218。康熙二十三年八月二十九日，諭旨。

⑦ 《起居注冊》，康熙五十一年正月二十八日，諭旨。

⑧ 《康熙起居注》，第三冊，頁 2464。康熙五十六年十一月二十六日，諭旨。

⑨ 《清實錄》，第七冊，頁 103。雍正元年二月甲子，諭旨。

⑩ 《清實錄》，第七冊，頁 43。康熙六十一年十一月庚戌，諭旨。

⑪ 《起居注冊》，乾隆元年二月十六日，諭旨。

⑫ 《康熙起居注》，第三冊，頁 2203。康熙五十四年十月初四日，諭旨。

⑬ 《起居注冊》，乾隆三年六月二十日，諭旨。

⑭ 《起居注冊》，雍正十三年二月初一日，諭旨。

⑮ 《宮中檔康熙朝奏摺》，第二輯（台北，國立故宮博物院，民國65 年 6 月），頁 494。康熙四十九年四月二十日，江西巡撫郎廷極奏摺。

⑯ 《十二朝東華錄》，康熙朝，第二冊（台北，大東書局），卷十

五，頁 35。康熙四十三年七月乙卯，諭旨。

⑰　《雍正硃批諭旨》（台北，文源書局，民國 54 年 11 月），世宗御製序文，雍正十年三月初一日，硃筆上諭，頁 3。

⑱　《宮中檔雍正朝奏摺》，第一輯（民國 66 年 11 月），頁 350。雍正元年六月十八日，浙江巡撫李馥奏摺。

⑲　《宮中檔雍正朝奏摺》，第一輯，頁 669。雍正元年九月初一日，江西巡撫裴徫度奏摺。

⑳　《宮中檔雍正朝奏摺》，第十輯（民國 67 年 8 月），頁 927。雍正六年七月二十五日，陝西巡撫西琳奏摺附裁名條奏。

㉑　《宮中檔康熙朝奏摺》，第一輯（台北，國立故宮博物院，民國 65 年 6 月），頁 133。康熙四十四年七月初四日，河南巡撫趙弘燮奏摺。

㉒　《宮中檔康熙朝奏摺》，第三輯，頁 73。康熙五十年五月初五日，直隸巡撫趙弘燮奏摺。

㉓　《宮中檔康熙朝奏摺》，第七輯，頁 102。康熙五十六年六月二十五日，山西太原鎮總兵官金國正奏摺。

㉔　《宮中檔康熙朝奏摺》，第三輯，頁 930。康熙五十一年九月，浙江巡撫王度昭奏摺。

㉕　《宮中檔康熙朝奏摺》，第三輯，頁 695。康熙五十一年五月，浙江巡撫王度昭奏摺。

㉖　《宮中檔康熙朝奏摺》，第七輯，頁 324。康熙五十七年五月十三日，曹頫奏摺。

㉗　《宮中檔康熙朝奏摺》，第七輯，頁 511。康熙五十八年五月初六日，山西太原鎮總兵官金國正奏摺。

㉘　《宮中檔康熙朝奏摺》，第三輯，頁 590。康熙五十一年四月初九日，杭州織造孫文成等奏摺。

㉙　《宮中檔康熙朝奏摺》，第七輯，頁 798，王鴻緒奏摺。

㉚　《宮中檔康熙朝奏摺》，第一輯，頁 610。康熙四十七年三月初一
　　日，江寧織造曹寅奏摺。

㉛　《清史稿校註》（台北，國史館，民國七十八年二月），第十一
　　冊，列傳九十七，頁 9102，高斌列傳。

㉜　《宮中檔康熙朝奏摺》，第七輯，頁 209。康熙五十六年八月，偏
　　沅巡撫李發甲奏摺。

㉝　《宮中檔康熙朝奏摺》，第五輯，頁 834。康熙五十四年十一月初
　　十日，直隸總督趙弘燮奏摺。

㉞　《宮中檔康熙朝奏摺》，第七輯，頁 620。康熙五十八年十一月十
　　八日，河南巡撫楊宗義奏摺。

㉟　《宮中檔康熙朝奏摺》，第四輯，頁 626。康熙五十二年十一月二
　　十六日，江寧巡撫張伯行奏摺。

㊱　《宮中檔雍正朝奏摺》，第五輯（民國六十七年三月），頁 656。
　　雍正四年三月初一日，浙江巡撫李衛奏摺。

㊲　《宮中檔雍正朝奏摺》，第五輯，頁 780。雍正四年四月初四日，
　　江西巡撫裴徠度奏摺。

㊳　《起居注冊》，康熙五十年九月初六日，諭旨。

㊴　《宮中檔康熙朝奏摺》，第一輯，頁 221。康熙四十五年三月二十
　　九日，直隸巡撫趙弘燮奏摺。

㊵　《起居注冊》，康熙五十年七月二十三日，諭旨。

㊶　《宮中檔康熙朝奏摺》，第二輯，頁 740。康熙四十九年十月初八
　　日，直隸巡撫趙弘燮奏摺。

㊷　《起居注冊》，康熙五十年八月十四日，諭旨。

㊸　《宮中檔康熙朝奏摺》，第一輯，頁 180。康熙四十四年九月初八
　　日，湖廣巡撫劉殿衡奏摺。

㊹ 《宮中檔康熙朝奏摺》，第四輯，頁287。康熙五十二年五月二十六日，南陽鎮總兵官楊鑄奏摺。

㊺ 《宮中檔康熙朝奏摺》，第五輯，頁290。康熙五十四年正月十二日，直隸古北口副將楊鑄奏摺。

㊻ 《宮中檔康熙朝奏摺》，第五輯，頁371。康熙五十四年三月初七日，直隸巡撫趙弘爕奏摺。

㊼ 《起居注册》，康熙三十一年四月二十一日，諭旨。

㊽ 《起居注册》，康熙三十二年二月初十日，諭旨。

㊾ 《起居注册》，康熙三十九年十月二十七日，諭旨。

㊿ 《起居注册》，康熙三十七年七月十二日，諭旨。

(51) 《起居注册》，康熙三十七年七月初五日，諭旨。

(52) 《起居注册》，康熙三十六年二月初一日，諭旨。

(53) 《起居注册》，康熙三十六年二月初四日，記事。

(54) 《宮中檔雍正朝奏摺》，第一輯，頁30。雍正元年正月二十五日，山東巡撫黃炳奏摺。

(55) 《起居注册》，乾隆二年九月十三日，諭旨。

(56) 《起居注册》，乾隆四年四月二十一日，諭旨。

(57) 《起居注册》，乾隆元年三月二十七日，諭旨。

(58) 《起居注册》，乾隆元年五月初九日，諭旨。

(59) 《起居注册》，乾隆元年六月十四日，諭旨。

(60) 《起居注册》，乾隆四年五月十九日，諭旨。

(61) 《起居注册》，乾隆二十二年二月初三日，諭旨。

(62) 《欽定大清會典》（台北，中文書局，據光緒二十五年刻本影印），卷三，頁2。

胤禛之章印文

雍親王寶璽文

# 清世宗入承大統與皇十四子
# 更名考釋

## 一、清聖祖廢儲的原因

　　《禮記》所載天子后妃的人數，包括六宮、三夫人、九嬪、二十七世婦、八十一御妻，惟除有名數以外，其他使喚的宮人婦女，卻以數千計。據史書記載，三國時代的吳國君主孫皓即位後，奢侈失政，後宮婦女多達五千餘人，晉武帝司馬炎篡魏後，也有五千宮女，平定孫皓後，又得到宮女五千餘人，合計後宮一萬餘人，同時並寵的妃嬪眾多，晉武帝每天莫知所往，常乘羊車，聽其來去，羊車停留的宮殿，就是宴寢過夜的地方。羊喜吃竹葉，舔食鹹味，宮女爭相取竹葉插戶，以鹽汁灑地而引帝車①。

　　唐太宗是唐代的令主，他一次遣散的宮人婦女多達三千人，但留在宮中的婦女至少也還有數千人。明代的宮女亦屈指難數，後宮的費用，每年計銀百萬兩以上。清代康熙年間，除慈寧、寧壽等宮外，乾清宮妃嬪以下使喚的老嫗及灑掃的宮女共計一百三十餘人，人數之少，為歷代所罕見，但清聖祖皇子眾多，亦為歷代所罕見。《清史稿》〈后妃傳〉的記載，清聖祖的后妃嬪貴人等有姓氏可查者共三十二人，即：孝誠仁皇后赫舍里氏、孝昭仁皇后鈕祜祿氏、孝懿仁皇后佟佳氏、孝恭仁皇后烏雅氏、敬敏皇貴妃章佳氏、定妃萬琉哈氏、通嬪納喇氏、惇怡皇貴妃瓜爾佳氏、貴妃佟佳氏、太妃王氏、太妃陳氏、嬪高氏、嬪色赫圖氏、嬪石氏、嬪陳氏、嬪陳氏、貴妃鈕祜祿氏、惠妃納喇氏、宜妃郭

絡羅氏、榮妃馬佳氏、成妃戴佳氏、良妃衛氏、平妃赫舍里氏、端嬪董氏、貴人兆佳氏、郭絡羅氏、袁氏、陳氏、庶妃鈕祜祿氏、張氏、王氏、劉氏等，以上后妃嬪貴人等共生子三十五人，除因殤不齒序的十一人外，其餘皇子計二十四人，即：皇長子胤禔、皇二子胤礽、皇三子胤祉、皇四子胤禛、皇五子胤祺、皇六子胤祚、皇七子胤祐、皇八子胤禩、皇九子胤禟、皇十子胤䄉、皇十一子胤禌、皇十二子胤祹、皇十三子胤祥、皇十四子胤禵、皇十五子胤禑、皇十六子胤祿、皇十七子胤禮、皇十八子胤祄、皇十九子胤禝、皇二十子胤禕、皇二十一子胤禧、皇二十二子胤祜、皇二十三子胤祁、皇二十四子胤祕。

皇子，宮中習稱「阿哥」（age），大阿哥即皇長子胤禔為惠妃納喇氏所生，並非嫡出。孝誠仁皇后赫舍里氏生二子：康熙八年（1669）十二月十二日，生承祐，因殤不齒序；康熙十三年（1674）五月初三日，清聖祖二十一歲，赫舍里氏生二阿哥即皇二子胤礽（in ceng），是為嫡長子，同日，赫舍里氏崩逝，享年二十二歲。康熙十四年（1675），清聖祖年方二十二歲，皇二子胤礽年僅二歲，是年十二月十三日，沿襲歷代立嫡立長的傳統習慣，正式冊立胤礽為皇太子，正位東宮。

皇二子胤礽經冊立為皇太子後，清聖祖加意教育，舉凡經史騎射，無不躬親訓誨「仁以育之，義以訓之」，俾成一代令主。但皇太子胤礽，日益驕縱，其服御諸物，及一切儀注，與皇帝無異，其飲食陳設，較之清聖祖則有過之而無不及，皇太子胤礽侍衛眾多，要結朋黨，竟欲窺伺乘輿。朝鮮提調李頤命曾指出「太子性甚悖戾，每言古今天下，豈有四十年太子乎，其性行可知。」②康熙四十七年（1708）九月初四日，清聖祖以胤礽放縱乖戾，瘋狂成疾，而廢黜皇太子。次年三月初十日，以胤礽狂疾

漸癒，復立爲皇太子。滿漢大臣見清聖祖年齒漸高，紛紛趨附皇太子，以致皇帝與皇太子之間形成了壁壘，康熙五十一年（1712）九月二十日，又再度廢黜皇太子，拘執看守。皇太子被禁錮期間，滿漢大臣相繼保舉諸皇子，清聖祖俱不以爲然。康熙五十二年（1713）二月初二日辰時，清聖祖御暢春園內澹寧居聽政，諭大學士等云：

> 趙申喬上疏，皇太子乃是國本，應行冊立，朕自幼讀書，凡事留意，纖悉無遺，冊立皇太子大事，豈有忘懷之理？但關係甚大，有未可輕立者。昔立皇太子時，索額圖懷私倡議，凡皇太子服御諸物，俱用黃色，所定一切儀注，與朕無異，儼若二君矣！天無二日，民無二王，驕縱之漸，職是之故，索額圖誠本朝第一罪人也。大清會典所載皇太子儀注，應酌古準今，裁度定議，又曰宋仁宗三十年未立太子，我太祖皇帝並未立皇太子，後諸王貝勒大臣奉太宗皇帝即位，太宗皇帝亦未立世祖皇帝爲旺太子。漢唐以來，太子幼沖，值人君享國日淺，尚保無事，若太子年長，其左右群小，結黨日久，鮮有能無事者。人非聖人，誰能無過，安得有克盡子道如武王者？今眾皇子學問見識不後於人，但俱長成，已經分封，其所屬人員，未有不各庇護其主者，即使立之，能保將來無事乎？此福亦非易享。伊等並無冀望之心，如果有冀望之心，則不堪矣！爲君難，爲臣不易，古來人君窮兵黷武者有之，崇尚佛老者有之，任用名法者有之。朕御極五十餘年，朝乾夕惕，上念祖宗遺緒之重，下念臣民仰望之殷，乾綱獨斷，柔遠能邇，體恤臣庶，毫無私心。當吳三桂叛亂時，已失八省，勢幾危矣！朕灼知滿漢蒙古心性，各加任用，勵精圖治，

轉危爲安，今幸無敵國外患，亦云能守矣！欲立皇太子，必能以朕心爲心者方可，豈宜輕舉，即臣僚爲國爲民，念茲在茲，先憂後樂者，實不易得。觀今之居官者，祇如翰苑通套文章，全無實際，太子之爲國本，朕豈不知，本一不正，關係非輕，朕將胤礽從幼教訓，並未知撻人罵人，迨後長成，變爲暴虐，無所不爲，不知忠孝，不識廉恥，行事乖戾，有不可不言者矣！追維其故，皆由風狂成疾迷惑所致，此疾有二十餘載矣！如人醉後傷人，醒時未有不悔者，今似長醉不醒，所爲過惡，身不自知，命伊讀書寫字，輒蹴然而起，且伊之儀表及學問才技，俱有可觀，今一至於此，非風狂而何？自廢而復立以來，六年之中，朕加意教訓，心血耗盡，鬚白身衰，朕始終望其痊癒，並非有意另立而廢之也，若有此心，前豈肯廢而復立乎？父子之間，不責善，責善則離，離則不祥莫大焉！人莫知其子之惡，莫知其苗之碩，溺愛者不明，貪得者無厭，父之於子，嚴不可，寬亦不可，誠爲難事，如朕方能處置得宜，爾諸大臣俱各有子，凡人教子，常在幼時，乃至長成，各有朋類，各有作爲，至此不復能拘束矣！上取趙申喬奏摺授大學士溫達曰：立皇太子一事，未可輕定，前事已誤，今若輕舉再誤，將若之何？欲明示朕意，故集爾眾大臣諭之，將此摺發還③。

　　前引諭旨指出皇太子胤礽行事乖戾，性行暴虐，不知忠孝，不識廉恥，皆由瘋狂成疾心性迷惑所致，不得已立而復廢，皇太子既廢，遂無意再立儲君。清聖祖又指出清太祖並未立皇太子，諸王貝勒大臣奉皇太極即位，清太宗亦未立世祖皇帝，清聖祖深悔立皇太子之誤，因此不欲另立皇太子，以免輕舉再誤。皇二子

胤礽一方面由於驕縱僭越，清聖祖已忍無可忍，遂不得不廢儲，另一方面由於諸皇子多已長成，各結黨類，互相傾陷，在皇九子胤禟教書的漢人詞臣秦道然稱「二阿哥未廢之時，允禟常向我說二阿哥的過失，因二阿哥待他和允禩、允䄉三個人不好，所以同心合謀，有傾陷東宮希圖儲位之意。」④由此可知皇二子胤礽的種種過失，諸皇子傾陷之語居多。

## 二、清世宗矯詔篡立的傳說

　　孝恭仁皇后烏雅氏生三子：康熙十七年（1678）十月三十日生四阿哥即皇四子胤禛；十九年（1680）二月初五日生六阿哥即皇六子胤祚，五年後卒；二十七年（1688）正月初九日酉時生十四阿哥即皇十四子胤禵，胤禛與胤禵的年齡相差九歲。清聖祖對《起居注冊》記載清聖祖對皇四子的評語云：「朕于阿哥等留心視之已久，四阿哥為人輕率。」⑤皇太子胤礽第二次被廢拘禁後，諸皇子中以皇八子胤禩的勢力最為雄厚，皇九子胤禟為其黨羽。惟因胤禩平日不遵旨戒酒，每於醉後打人，胤禩書法欠佳，清聖祖命其每日書寫十幅呈覽，胤禩每託人代寫，其母為辛者庫出身，地位較低，胤禩自幼「心高陰險」，清聖祖惡之甚深，所以當王鴻緒、揆敘等合詞保舉胤禩時，遂大忤聖祖之意。胤禩既失寵於聖祖，胤禟等乃轉而結納皇十四子。

　　皇十四子的八字是「戊辰甲寅癸未辛酉」，雖非「元武當權」，然而才略兼備，「聰明絕世」。同知何圖曾供出「允禟對人說，允禵才德雙全，我弟兄們內皆不如，將來必大貴。」康熙五十七年（1718）十月十二日，皇十四子年三十歲，正當血氣方剛之時，清聖祖以準噶爾的勢力猖獗，屢侵邊境，特命皇十四子為撫遠大將軍。孟森先生撰「世宗入承大統考實」一文認為此舉

爲清聖祖授予立功機會，以建立其聲望，旣降大任，已有擬爲儲
貳之意⑥。當皇十四子出兵的時節，胤禵說「十四爺現今出兵，
皇上看的也很重，將來這皇太子一定是他。」⑦皇十四子起程
前，胤禵日至其家，二三更方回，「所商之事，總是要允禵早成
大功，得立爲皇太子。」皇十四子臨行時曾囑咐胤禵，若皇父但
有欠安，就早早帶一個信給他。傳說因皇十四子的面貌酷肖清聖
祖，所以特見鍾愛，任命十四皇子爲撫遠大將軍，或許就是册立
皇十四子爲皇太子的預備行動⑧。

　　康熙六十一年（1722）十一月十三日，清聖祖崩殂，皇四子
胤禛竟入承了大統，改翌年爲雍正元年，胤禛就是雍正皇帝，皇
十四子的帝王夢卻成了空，當時京中及各省都議論紛紛，宣稱皇
四子胤禛的得位是矯詔簒奪。《大義覺迷錄》記載了頗多的謠
傳，充發三姓地方耿精忠之孫耿六格稱「聖祖皇帝在暢春園病
重，皇上就進一碗人參湯，不知何如？聖祖就崩了駕，皇上就登
了位，隨將允禵調回囚禁，太后要見允禵，皇上大怒，太后於鐵
柱上撞死。」⑨曾靜在湖南時，有人傳說「先帝欲將大統傳與允
禵，聖躬不豫時，降旨召允禵來京，其旨爲隆科多所隱，先帝賓
天之日，允禵不到，隆科多傳旨，遂立當今。」⑩耿六格在八寶
家中時，有太監于義、何玉柱向八寶女人說「聖祖皇帝原傳十四
阿哥允禵天下，皇上將十字改爲于字。」⑪。

　　《清史纂要》一書的記載，與耿六格所述相近，書中謂「聖
祖疾甚，胤禛及諸皇子方在宮門問安，隆科多受顧命於御榻前，
帝親書皇十四子四字於其掌。俄隆科多出，胤禛迎問，隆科多遽
抹去其掌中所書十字，祇存四子字樣，胤禛遂得立。」⑫《清史
要略》所述較詳：

　　聖祖非傳位於胤禛，胤禛竊而襲之也。胤禛自少頗無賴，

好飲酒擊劍，不見悅於聖祖，出亡在外，所交多劍客力士，結爲兄弟十三人，技皆絕妙；高者能鍊劍爲丸，藏腦海中，用則自口吐出，天矯如長虹，殺人於百里之外；次者能鍊劍如芥，藏於指甲縫，用時擲於空中，當者皆披靡，胤禛亦習其術。康熙六十一年冬，聖祖將赴南苑行獵，會有疾，回駐暢春園，彌留時，手書遺詔，傳位十四子，十四子胤禵也，賢明英毅，常統師西征，甚得西北人心，故聖祖欲立之。時胤禛偕劍客數人返京師，偵知聖祖遺詔，設法密盜之，潛將『十』字改爲『于』字，藏於身，獨入侍暢春園，盡屏諸昆季，不許入內，時聖祖已昏迷矣。有頃，微醒，宣詔大臣入宮，半晌無至者。驀見獨胤禛一人在側，知被賣，乃大怒，取玉念珠投之，不中，胤禛跪謝罪。未幾，遂宣言聖祖上賓矣。胤禛出告百官，謂奉遺詔冊立，並舉玉念珠爲證，百官莫辨眞僞，奉之登極，是爲雍正帝⑬。

　　前引文中亦謂清聖祖手書遺詔，傳位皇十四子，胤禛將「十」字改爲「于」字，此說與耿六格所述相近，可能皆本於《大義覺迷錄》。燕北老人著《滿清十三朝宮闈秘史》謂「世宗蓋偵得遺詔所在，欲私改『十』字爲『第』字」，清聖祖詢知被賣後，「投枕擊之」云云⑭，略有出入。天戥著《滿清外史》一書亦謂改「十」字爲「第」字，「投枕擊之」，清世宗即位後，「凡宮中文牘遇數目字，飭必大寫，亦其絜矩之一端也。」書中又稱「竊詔改竄之策，年羹堯實主持之，蓋胤禛之母，先私於羹堯，入宮八月，而生胤禛。至是，乃竊詔改竄，令爲天下主，故當雍正時代，羹堯權傾朝右，而卒以罪誅，說者比之呂不韋云。」⑮朝鮮密昌君樴亦稱「雍正繼立，或云出於矯詔，且貪財

好利，害及商賈。」⑯歸納各書的敘述，雖有詳略繁簡的不同，但都一致指出清聖祖原傳位於皇十四子，皇四子胤禛矯詔，改「十」字爲「于」字或「第」字，使清世宗的入承大統合法化，各書似乎來自同一源，即取材於《大義覺迷錄》，傳位皇十四子的流言，似乎由於諸皇子帝夢成空後造作蜚語而起的，攻擊皇四子胤禛矯詔篡奪，實諸皇子爭奪繼承帝位失敗後的伎倆，也是一種很自然的現象。

## 三、皇十四子更名問題的異説

皇十四子「胤禵」的名字，《清史稿》「皇子世表」、「諸王列傳」及清實錄等官書都寫作「允禵」，「允」字是清世宗即位後爲了避諱「胤禛」的「胤」字而改書，存宮中檔雍正八年（1730）五月十五日清世宗硃筆改定上諭稿原文如下：

> 上諭，朕名及諸兄弟之名，皆皇考所賜，朕即位之初，允
> 祉、阿其那、隆科多等，以諸王之名上一字，與朕相同，
> 奏請更改，朕不允行，而伊等援引往例，陳懇再三，朕不
> 得巳而許之。至於改用允字，乃從阿其那之請也。今怡親
> 王仙逝，朕回思昔日與王同事皇考，家庭孝友之情，宛然
> 如昨，凡告廟典禮所關，有書王名之處，著仍用原名，以
> 誌朕思念弗釋之意，特諭⑰。

阿其那，原名胤禩，爲皇八子，雍正四年（1726）正月，易名阿其那。如前引文中可知清世宗即位後，其兄弟名上一字，即「胤」字均改爲「允」字，皇十三子胤祥薨後，獨准其仍用原名。澳洲墨爾鉢大學東亞研究系金承藝教授撰〈從『胤禵』問題看清世宗奪位〉一文中略謂：

> 在康熙六十一年（1722）十一月聖祖崩逝以前，他的名字

是不叫胤禵的。當時聖祖諸皇子中，並沒有一個人是叫『胤禵』的，直到康熙六十一年十一月十三日聖祖崩逝之後不久『胤禵』這個名字才突然的出現了；那時候任撫遠大將軍的皇十四子，已經三十五歲了。一個人於突然之間被抹去了眞名，而又無中生有的改成一個叫『胤禵』的新名，就很值得我們注意了⑱。

金承藝教授認爲從今天所見絕大部分的清史典籍中，我們能夠知道皇十四子的名字叫做「胤禵」，乃是「上了清世宗的當，原來這是清世宗偷天換日的傑作。」清世宗運用帝王的權力，想盡辦法，把所有的書籍、資料、記載中留有他十四弟原名的，一概予以隱沒改竄，他想一手掩盡天下人耳目，讓後世的人永遠不知道他這位弟弟的眞名。他佈下了知識上的天羅地網，同時也造了一個陷阱，要我們踩入他爲皇十四子擬好的「胤禵」名字的圈套中。

金承藝教授非常肯定的指出「胤禵」是個「假造」的名字，而「胤禎」才是皇十四子的眞名。在前人的著述中已經透露過「胤禵」的原名叫做「胤禎」，吳昌綬先生著《清帝系、后妃、皇子、皇女四考》一書，於民國六年（1917）出版，書中「皇十四子多羅恂勤郡王允禵，孝恭仁皇后生」一條的底下，著者附了四個小字的注：「原名允禎」；張爾田先生著《清列朝后妃傳稿》一書，於民國十八年（1929）出版，在此書上卷「聖祖孝恭仁皇后烏雅氏」所生子女中的「皇十四子允禵」項下，有雙行夾注，其中一段是：「皇清通志綱要，皇十四子撫遠大將軍，多羅恂勤郡王諱允禎，改諱禵。」王鍾翰先生撰〈清世宗奪嫡考實〉一文中所引著述皆謂皇十四子原名「胤禎」，例如《皇清通志綱要》謂康熙二十七年戊辰正月初九日（1688 年 2 月 10 日）「皇

十四子禎生。」四十八年己丑三月初十日（1709年4月19日），
封「皇十四子諱禎貝子」。五十七年戊戌（1718）三月中旬「命
皇十四子禎授王、撫遠大將軍。」五十九年庚子二月十六日
（1720年3月24日），「命撫遠大將軍王禎以西寧進兵，駐札
穆魯烏蘇。」弘旺《皇清通志綱要元功名臣錄》謂「恂勤郡王諱
允禎，聖祖皇十四子，改名禵」；又同書謂「多羅貝勒、固山貝
子撫遠大將軍、王諱允禎，改諱禵。」王鍾翰先生引述以上二書
後指出「知允禵本名禎，以迄五十九年尚未改易，則改名禵必在
六十一年世宗即位以後無疑矣。」⑲

　　在私人著述中固然指出「胤禎」是皇十四子的名字，即在清
代官方資料，亦可看到「胤禎」的名字，清聖祖撰「御製文第三
集」載康熙四十八年（1709）三月初十日「諭宗人府」云：

> 自去年九月，不幸事出多端，朕深懷愧憤，惟日增鬱結，
> 以致心神耗損，形容憔悴，勢難必逾，於時概觀眾人，不
> 過為尋常虛語，襲用空文，此外別無良法。惟貝勒胤祉、
> 胤禎特至朕前，奏稱皇父聖容如此清減，不令醫人診視，
> 進用藥餌，徒自勉強耽延，萬國何所倚賴？臣等雖不知醫
> 理，願冒死擇醫，令其日加調治，因痛哭陳請，爰於十一
> 月十八日始用醫藥。時皇太子已經開釋，遂亦同竭力趨
> 侍，晝夜不懈，今朕之劇疾業已全愈。從前朕之諸子，所
> 以不封以王爵者，良恐幼年貴顯，必致驕泰恣意而行，故
> 封爵不踰貝勒，此亦朕予之以進勉之路也。今見承襲諸
> 王、貝勒、貝子，日耽晏樂，不事文學，不善騎射，一切
> 不及朕之諸子。又招致種種匪類，於朕諸子間，肆行其讒
> 譖交構，機謀百出，凡事端之生，皆由五旗而起。朕天性
> 不嗜用刑威，不加窮究，即此輩之幸矣。茲值復立皇太子

大慶之日，胤祉、胤禛、胤祺，俱著封爲親王，胤祐、胤
禩、胤䄉、胤禵，俱著封爲貝子，爾衙門即傳諭旨，察例
議奏，特諭，康熙四十八年三月初日⑳。

國立故宮博物院現藏清聖祖撰〔御製文第三集〕內府寫本所
載諭旨內容，與殿刊本相同。前引御製文內「胤禛」，《清聖祖
仁皇帝實錄》作「允禵」㉑。

康熙五十七年（1718）十月，命皇十四子爲撫遠大將軍，內
閣大庫《明清史料》，存有「給撫遠大將軍王胤禛敕書稿」及
「大將軍王胤禛題稿」㉒。「胤禛」，實錄作「允禵」，康熙五
十七年十月十二日，實錄載「命皇十四子固山貝子允禵爲撫遠大
將軍」㉓。

在朝鮮文書中也有與清代官方資料相近的記載，康熙五十九
年（1720），朝鮮冬至行正使李宜顯、副使李喬岳的報告中謂
「彼中事情，多般探問，所謂西賊，上年八月間寧遠大將軍十四
王胤禛，與平逆將軍顏信、定西將軍噶爾弼、征西將軍祁里德、
振威將軍傅爾丹、靖逆將軍富寧安等各領官兵駐札穆魯烏蘇地
方，三路襲擊，至阿喇蒲坦邊境，累次大勝（下略）。」㉔康熙
六十一年（1722），朝鮮冬至行正使全城君李混、副使李萬選的
報告中亦謂「前後所得文書頗多，而其中所謂十四王宗人府置對
之辭，最爲要緊。且經印成貼，似是眞本。急急謄出後，本文書
還給。本文書初面踏宗人府印文，初面最高行，以宋筆書『旨，
胤禛削去王爵，仍存貝子』等十一字，年月上又有印文。」㉕雍
正三年（1725）八月，朝鮮別齎咨官金慶門手本內亦有「十四王
胤禛往哈蜜經略」字樣㉖。朝鮮謝恩使兼冬至行書狀官李日躋聞
見事件內云「在燕時，略聞十四王本末，蓋王與皇帝爲同母兄弟
而名允禛。」㉗雍正十三年（1735）冬至行正史驪善君李墍、副

使李德壽的報告中云「十四王胤禎，被囚於雍正元年，而胤禎妻蒙古王女，故不敢害。」㉘由此可見朝鮮文書中多處提及皇十四子的名字叫做「胤禎」。

金承藝教授指出僅就上面所舉證據之中的任何一兩項，都足夠使我們「斬釘截鐵」的去宣佈：清聖祖皇十四子的名字並不是「允禵」，而是叫做「胤禎」的，「證據確鑿，鐵案如山。」凡是以前清代的官書及所有的清史著述中記述皇十四子的名字而書作「胤禵」的，都錯了，都是被清世宗蒙蔽和欺騙了，今後研究清代史的人凡提及清聖祖皇十四子的時候，不應再沿用「胤禵」這個名字，由於它是自康熙六十一年十二月以後，在強大的政治壓力下，被偷天換日更改了的假名。

王鍾翰先生撰〈清世宗奪嫡考實〉一文雖然指出皇十四子「胤禵」，就是更換名字前的「胤禎」，是將此一更名事件，只認為是一種普通事件，並未覺得「胤禎」的更名會具有任何特殊的意義。王鍾翰先生另一文，即《西征紀實》所稱改「胤禎」為「胤禛」，確實比改「傳位皇十四子」為「傳位于四皇子」的說服力更強，但仍缺乏與清世宗篡立的直接關係㉙。金承藝教授卻將「胤禎」的更名與清世宗的「奪位」聯繫起來，認為「胤禎」更名為「胤禵」的事件，才是研討清世宗入承帝位是否出於篡奪問題的最大關鍵。

自清聖祖崩殂，清世宗入承大統後，即出現一項清聖祖遺詔被更改了的傳說，傳說中的遺詔原是「皇位十四子」，經隆科多之手，把它竄改成為「皇位傳于四子」，因此，皇四子胤禛就當上了皇帝。金承藝教授指出「這項聖祖遺詔被竄改的傳說，在以前我們不知道胤禵原名『胤禎』的時候，就是一項有明顯漏洞的傳說，可信的程度不大。」如今我們知道胤禵是個假造的名字，

「胤禎」才是皇十四子的眞名以後，這情形就完全不同了。試看遺詔中若寫的是「皇位傳十四子胤禎」，或「皇位傳十四阿哥胤禎」，只要將「十」字和「禎」字改動兩三筆，就可以把遺詔改成爲「皇位傳『于』四子胤『禵』」，或「皇位傳『于』四阿哥胤『禵』了，輕而易舉，很難看出更改的痕跡」。朝鮮吏曹判書李坤著《燕行紀事》書中的〈聞見雜記〉篇內謂「雍正少無德望，允禵擁兵在外，屢建大功，衆心咸屬。而康熙死，二三大臣稱以遺詔擁立允禵，物情多惑。其遺詔曰：『傳于四王允禵』，人皆疑之，以『于』字本是『十』字，而矯加一畫於其上；允禵之「眞」字，上頭『十』字改作『卜』字」㉚。金承藝教授認爲雖然李坤把清世宗胤禛和皇十四子撫遠大將軍胤禎的名字，在筆下做了顚倒的記述，可是李坤卻直接了當的指出了當時竄改名字的眞情。金承藝教授經過引證後得到結論如下：

> 總之，我們把聖祖遺詔被竄改的流言，和世宗更改胤禎名爲「允禵」，卻又力圖不使人知的秘密，兩件事情連接在一起看來，則一切疑雲豈不立刻眞相大白！這也證實了兩百五十餘年來，聖祖遺詔被竄改的傳說，果然是有根據的，絕不是向壁虛構，故意中傷的流言。是則，皇十四子撫遠大將軍胤禎，就是聖祖遺詔中的皇位繼承人！皇四子雍親王胤禛－清世宗，是皇位的篡奪者㉛！」

金承藝教授認爲清世宗旣然是以陰謀和篡奪的手段從皇十四子胤禎手中得到的帝位，爲了使後人不會想到他的非法篡奪，所以才給他十四弟強行塑造了一個新名－「胤禵」。然而，金承藝教授仍不免發生疑問，清聖祖共有皇子三十五人，其中成長並經命名齒序的有二十四人，這些經過命名序齒的皇子，取名均不相近，發音也不相同，唯一的例外就是皇四子胤禛和皇十四子胤禎

二人，兩個同母生的皇子，何以會取了字型非常接近，發音又完全相同的名字呢？皇十四子的名字既然叫做「胤禎」，「胤禵」是一個假名，清世宗因利就便也給自己製造一個「胤禛」的假名，清世宗御名不叫「胤禛」。金承藝教授撰「胤禎：一個帝夢成空的皇子」及「胤禎非清世宗本來名諱的探討」二文俱指出清世宗的名字－「胤禛」，是在篡奪大統時因利就便假造出來的㉜，根本否定了清代實錄等官書及《清史稿》的可信度，「胤禵」不是皇十四子的名字，「胤禛」亦非皇四子即清世宗的御名，都是因利就便「假造」出來的。

## 四、皇十四子恢復舊名的探討

　　金承藝教授從一些已經出版的殘存史料中發掘皇十四子的名字叫做「胤禎」，而懷疑「胤禎」不是清世宗的名字，自信已為皇十四子「平反兩百五十年的海底沉冤」，證實「皇位傳十四子胤禎」被改為「皇位傳于四子胤禛」竄改遺詔的傳說是有根據的，文中既以改「禎」作「禛」傳說為可信，卻又懷疑「胤禛」非清世宗的名字，而否定了自己的論點。楊啟樵教授著《雍正帝及其密摺制度研究》一書對金承藝教授的篡立說提出了質疑：

　　　　我個人反對這個看法。舊說聖祖『傳位十四皇子胤禎』，
　　　　被改為『傳位于四皇子胤禛』，在道理上還說得通。如今
　　　　說世宗不叫胤禛，原名不明，假定是X。聖祖崩逝之後，
　　　　X改遺詔中『胤禎』為『胤禛』，挺身出來說：自己便是
　　　　『胤禛』，實非夷所思。須知 X 其人已行年四十有五，
　　　　原名某某，兄弟們自然一清二楚，王公大臣以及宮內行走
　　　　之人當然知道，甚至地方官民中也有熟稔之人。他忽而出
　　　　來，強認自己是胤禛，怎能使上下信服！而且玉牒中如無

此名，豈可任意亂加？最重要的是金先生曾引用聖祖御製文集，康熙四十八年條赫然有胤禛之名。金先生當認此條材料可靠而引用，然則如果原無胤禛其人，爲何康熙時已出現此名？因此，金先生說世宗『因利就便』『給自己製造一個胤禎的假名』之說，是萬難贊同的㉝。

清聖祖撰《御製文第三集》載康熙四十八年諭宗人府文中「胤禎」的名字，旣然可信，文中又有「胤禛」的名字，「胤禛」與「胤禎」同見於一篇諭旨內，可見「胤禛」一名亦屬可信，並非清聖祖崩逝後清世宗因竄改遺詔而製造出來的假名。

金承藝教授撰〈胤禛非清世宗來名諱的探討〉一文中提出追查世宗名諱的線索，略謂台北外雙溪故宮博物院藏有不少的清代史料，其中若有康熙時代宮中檔的底稿或滿文起居注册的原稿本，就有可能發現四阿哥原名的機會了㉞。康熙十年（1671）八月，正式設置起居注官，惟起居注册的記載卻始於是年九月。國立故宮博物院現藏康熙朝滿文本起居注册，始於康熙十年，九、十兩月合爲一册，十一月起每月一册，康熙十一年以降，全年共十二册，閏月增一册，滿文本的數量多於漢文本，漢文本起居注册，始自康熙二十九年（1690）正月，每月一册。現存康熙朝滿漢文起居注册都可以看到清世宗本來的名諱，康熙三十五年（1696）四月二十三日戊申，漢文本起居册原本載：

> 上駐驆西巴爾台，侍讀學士喇錫至，奏言統領正紅旗兵
> 『皇四子胤禎』、宗室公齊克塔哈、內大臣公常泰、都統
> 齊世、護軍統領鄂克濟哈、副都統渣喇克圖法喀、阿達哈
> 哈番顧巴代、侍讀學士覺羅華顯，統領鑲白旗兵僖那郡王
> 岳希、貝子吳爾占、都統噶爾馬、護軍統領桑格蘇赫、副
> 都統納秦，統領鑲紅旗小營兵宗室公蘇努、副都統烏赫，

> 統領正藍旗兵顯親王丹臻、副都統崇古禮禪布、侍郎常
> 綬、閒散宗室哈哈爾薩，統領鑲藍旗兵康親王傑書、貝子
> 魯賓、內大臣阿密達、都統喀代、副都統鄂飛龍西庫、裕
> 親王福全、恭親王常寧、簡親王雅布等議，臣等眾意以爲
> 大將軍費揚古兵至土喇之期尚早，若中路大兵即行前進，
> 使噶爾丹知皇上已至，旋即逃竄，便得脫矣㉟。

前引漢文本起居注冊內統領正紅旗兵「皇四子胤禎」的名
諱，昭然可見。滿文本起居注冊作"duici age in jen"，意即「四
阿哥胤禎」，滿漢文本的記載是一致的。康熙三十五年起居注冊
及康熙四十八年御製文集所載皇四子的名字都作「胤禎」，因
此，所謂清世宗的名諱－胤禛是在篡奪大統時假造出來的推論是
不足以採信的。

至於改「十」爲「于」，改「禎」爲「禛」的假設或傳說，
是難於成立的。按清代制度，所有成長齒序的諸皇子，其稱呼是
依齒序先後排列的，稱爲皇長子、皇二子、皇三子、皇四子，以
下類推，或作大阿哥、二阿哥、三阿哥、四阿哥等，清世宗胤禛
是皇四子即四阿哥，胤禵或胤禎是皇十四子即十四阿哥，假設清
聖祖臨終時有「帝位傳皇十四子胤禎」的遺詔，清世宗改「十」
字爲「于」子；並改「禎」字爲「禛」字，則此竄改後的遺詔當
作「帝位傳皇于四子胤禛」，普天下之下恐無似此不通的文字。
同時，有清一代的重要文書，必兼書滿文，或滿漢字合璧，清聖
祖的滿文，造詣極深，文筆流暢，現存清聖祖親手批發的滿文奏
摺及各類文書如諭旨等爲數相當可觀，聖祖遺詔如以滿文書寫，
則「十四阿哥」滿文作"juwan duici age"，並非如金承藝教授
所說只要改動「兩三筆」輕而易舉的事了。姑不論是否有矯詔之
事，亦不論竄改遺詔出自隆科多或清世宗之手，但改「皇十四子

胤禎」爲「皇位傳于四子胤禛」的傳說，似乎是出自漢人的聯想，於史無徵。

楊啓樵教授已指出不見於《宗室玉牒》的皇子名字，是不可以任意「亂加」的。按清代制度，《宗室玉牒》每經十年修造一次，爲滿文本與滿文本，記載宗室的名字、身世、出生年月日時辰、世爵、官職、陞降賞罰緣由、婚配及子女等項，探討皇子的名字，《宗室玉牒》是一種不可或缺的重要文獻。皇十四子的出生時間是康熙二十七年（1688）正月初九日酉時，其名字首先出現於康熙三十六年（1697）所修的《宗室玉牒》，其中漢文本作「第十四子胤禵」，滿文本作"juwan duici jui in ti"，滿文本與漢文本的記載，彼此相合。

皇四子胤禛的「禛」字，滿文作"jen"，至於「禎」字，《舊滿洲檔》、康熙朝起居注冊滿文本俱作"jen"，亦即「禛」與「禎」兩字的滿文讀音相同。但《滿文老檔》中崇禎的「禎」字，滿文作"jeng"。《康熙字典》釋「禛」字，集韻：之人切，音眞；「禎」字，集韻：知盈切，音貞。《宗室玉牒》中的滿文本，"jen"與"jeng"的讀音輕重不同不能混淆。康熙四十五年（1706）所修《宗室玉牒》的滿文本，第十四子的字共四見，三見作"in ti"，一見作"in jeng"，漢文本亦四見，三見作「胤禵」，一見作「胤禎」，在清聖祖第三子胤祉諸子之後出現「胤禎四子」字樣，滿文本內「胤禎」讀如"in jen"，第十二子胤祹的兒子之後出現「胤禎二子」字樣，滿文本作"in jeng juwe jui"。由此可知在《宗室玉牒》內有四個兒子的「胤禎」，就是皇四子，即後來的清世宗，皇四子的名字始終叫做「胤禛」。皇十三子胤祥是時尚無子嗣，所以有兩個兒子的「胤禎」，應爲皇十四子，滿文讀如"in jeng"，漢字當作「胤

禎」，滿文本作「胤禛」，似由於謄錄的錯誤。質言之，「胤禵」是皇十四子的原名，到康熙四十五年修《宗室玉牒》以前，清聖祖已將原名「胤禵」的皇十四子改名為「胤禎」㊱。《御製文第三集》所載康熙四十八年的諭旨內封為親王「胤禛」與封為貝子的「胤禎」，分別得很清楚。由《宗室玉牒》的記載可知皇十四子的原名叫做「胤禵」，後來改名為「胤禎」。其改名的時間，大約在康熙三十六年修造《宗室玉牒》以後至康熙四十五年又經十年修造《宗室玉牒》以前，所以《御製文第三集》康熙四十八年的諭旨已很清楚地寫作「胤禎」字樣。康熙年間，諸皇子更名者，不僅皇十四子而已，例如皇長子的原名叫做「保清」，康熙三十一年十二月初七日，起居注册的記載云：「太常寺題，十二月二十五日，文皇后忌辰，照例應遣彼處官一員，於暫安奉殿致祭。上曰，遣皇長子保清行禮。」㊲「皇長子保清」，滿文本起居注册讀如「amba age boocing」，意即「大阿哥保清」，滿漢文的記載是相合的。康熙三十五年四月二十三日，起居注册的記載云：「是日，皇長子胤禔等奏至，言臣等十九日自席喇布里圖地方啓行，駐扎西巴爾台。二十日，駐扎察罕布喇克。二十一日，至拖陵，宣化鎮綠旗兵交與漢軍火器營所帶神功礮二十四位於二十二日晚始至（下略）。」㊳「皇長子胤禔」，滿文本起居注册讀如「amba age in jy」，意即「大阿哥胤禔」。按〔康熙字典〕，集韻：禔，章移切，音支，滿文本起居注册的讀音相合。由起居注册的記載可知皇長子即大阿哥的原名叫做「保清」，後來改名為「胤禔」。

　　皇十四子的舊名叫做「胤禵」，康熙三十六年修造的《宗室玉牒》的記錄已足以澄清「胤禵」為偽造的假名之疑。清聖祖將皇十四子胤禵改名為胤禎，所以康熙末年的文書及文集等出現

「胤禎」的名字，清世宗入承大統後，恢復皇十四子的舊名，並非出於所謂篡改清聖祖遺詔的政治需要。清世宗即位後，爲遵照成例，避諱御名，其兄弟名上一字即「胤」字改爲「允」，其與御名「禛」字形聲近似者，例應避諱。皇十四子更名爲「胤禎」，與清世宗的御名「胤禛」，其讀音雖然有輕重之分，但形聲近似，皇十四子既有舊名，所以恢復「胤禵」的舊名，改書「允禵」，可以說是因利乘便的避諱方式，就因清世宗恢復同母弟的舊名，從此以後各類文書或官書一律書寫「允禵」，「胤禎」字樣停止使用，於是乃有改「十」爲「于」及改「禎」爲「禛」等矯詔篡奪的流言。探討史實，必須站在客觀的立場上，充分運用第一手的資料，以便綜合分析歷史現象，皇十四子的舊名「胤禵」與清世宗的御名「胤禛」並非僞造的假名。皇十四子既未經正式冊封爲皇太子，則諸皇子中有力者都可以角逐儲位，皇十四子恢復舊名，並未含有矯詔篡立的任何意義，似乎不必大聲疾呼以「根絕胤禵一名」了。

## 【註　釋】

① 　《晉書・胡貴嬪傳》（台北，鼎文書局，民國六十五年十月），頁962；司馬光撰《資治通鑑》（台北，明倫出版社，民國六十一年八月），卷81，〈晉紀三〉，頁2576。

② 　《朝鮮肅宗大王實錄》，卷54，頁36。肅宗三十九年十一月丙寅，李頤命狀啓。

③ 　《起居注冊》（台北，國立故宮博物院），康熙五十二年二月初二日，諭旨。

④ 　《文獻叢編》（台北，台聯國風出版社，民國五十三年三月），上冊，允禩允禟案，頁7。

⑤　《起居注册》，康熙三十八年三月初二日，上諭。

⑥　孟森撰〈世宗入承大統考實〉，《清代史》（台北，正中書局，民國五十一年十月），頁486。

⑦　《文獻叢編》，上冊，頁1，穆景遠供詞。

⑧　宮崎市定著《雍正帝－中國之獨裁君主》（日本，岩波書店，昭和三十四年五月），頁20。

⑨　清世宗敕撰《大義覺迷錄》（台北，國立故宮博物院，清內府刊本），卷3，頁34。

⑩　《大義覺迷錄》，卷3，頁33號。

⑪　《大義覺迷錄》，卷3，頁34號。

⑫　蕭一山著《清代通史》（台北，台灣商務印書館，民國五十一年九月），第一冊，頁857。

⑬　《清代通史》，第一冊，頁856。

⑭　燕北老人著《滿清十三朝宮闈秘史》（台北，河洛圖書出版社，民國六十七年十二月），頁42。

⑮　天嘏著《滿清外史》（台北，廣文書局，民國六十年八月），頁23。

⑯　《朝鮮景宗大王實錄》，卷13，頁8。景宗三年九月丙戌，據密昌君奏。

⑰　《宮中檔雍正朝奏摺》，第二十五輯（台北，國立故宮博物院，民國六十八年十一月），頁555，上諭。

⑱　金承藝撰〈從胤禵問題看清世宗奪位〉，《中央研究院近代史研究所集刊》，第五期（民國六十五年六月），頁190。

⑲　王鍾翰撰〈清世宗奪嫡考實〉，《燕京學報》，第三十六期（燕京大學哈佛燕京學社，民國三十八年六月），頁217。

⑳　清聖祖撰《御製文第三集》（台北，國立故宮博物院，清內府寫

本），卷 14，頁 9。

㉑　《清聖祖仁皇帝實錄》，卷 237，頁 5。康熙四十八年三月辛巳，諭宗人府。

㉒　《明清史料》（台北，中央研究院，民國六十一年三月），丁編，第八本，頁 782。

㉓　《清聖祖仁皇帝實錄》，卷 281，頁 16。康熙五十七年十月丙辰，諭旨。

㉔　《同文彙考》（台北，珪庭出版社，民國六十九年），補編，使臣別單，卷 3，頁 46。

㉕　《同文彙考》，補編，使臣別單，卷 4，頁 3。

㉖　《同文彙考》，補編，卷 4，頁 26。

㉗　《同文彙考》，補編，卷 5，頁 11。

㉘　《同文彙考》，補編，卷 5，頁 16。

㉙　楊啓樵著《雍正帝及其密摺制度研究》（香港，三聯書店，1981 年），頁 56。

㉚　李坤著《燕行錄選集》（漢城，韓國成均館大學，乾隆四十二年），卷下，頁 682。

㉛　金承藝撰〈從胤禵問題看清世宗奪位〉，《中央研究院近代史研究所集刊》，第五期，頁 209。

㉜　金承藝撰〈胤禎──一個帝夢成空的皇子〉，《中央研究院近代史研究所集刊》，第六期（民國六十六年六月），頁 112；金承藝撰〈胤禛非清世宗本來名諱的探討〉，《中央研究院近代史研究所集刊》，第八期（民國六十八年十月），頁 127。

㉝　《雍正帝及其密摺制度研究》，頁 58。

㉞　《中央研究院近代史研究所集刊》，第八期，頁 156。

㉟　《起居注冊》，康熙三十五年四月二十三日戊申，據喇錫奏。

㊱　馮爾康撰〈康熙十四子胤禵改名考釋〉，《歷史檔案》，第四期
　　（1981 年），頁 97。

㊲　《起居注冊》，康熙三十一年十二月初七日，諭旨。

㊳　《起居注冊》，康熙三十五年四月二十三日，據胤禔提奏。

# 故宮檔案與清初天主教史研究

## 一、前言

明清之際，中西海道大通，西洋人絡繹東來，其中有許多是為傳播福音，具有宗教熱忱，富於殉道精神的天主教傳教士，專意行教，不求利祿，其學問道德，均足以為人表率。

為博取中國士大夫的同情與合作，早期東來的耶穌會士，一方面以學術為傳道的媒介，輸入西學不遺餘力，一方面極力順從中國禮俗，調和中西思想，以便利傳教工作的進行。

耶穌會士習漢語，衣華服，接近民眾，使傳教事業欣欣向榮。但因中國士大夫大都存有華夷之見，更抱名教觀念，天主教的活動，遂屢受朝野攻訐，明神宗萬曆四十四年（1616），仇教運動首先起自南京，禮部侍郎淮沚等人先後疏請取締天主教，下令驅逐傳教士，封閉教堂。

滿洲入關後，耶穌會士轉而為清廷效力，順治、康熙諸帝，善遇西士，曲賜優容。惟天主教其他教派，已接踵東來，開始在中國謀發展，其著名者如方濟各派（Franciscans）、多明我派（Dominicans）等，因忌羨耶穌會的活動，而誣告耶穌會擅許信徒祭祖祀孔，賣教求榮，教會紛爭日烈，遂導致康熙年間清朝與羅馬使節的交涉事件。

雍正、乾隆年間，頒佈禁令，取締天主教，固然與西洋人捲入宮廷政爭有關，其實與當時中國秘密宗教的盛行有更密切的關係。雍正、乾隆諸帝，以西洋人遊歷內地，去來自便，潛匿行

教，殊干禁令，地方大吏多視天主教爲左道惑衆的「邪教」，遂
因取締秘密宗教而株連天主教。教士被捕下獄者，多依邪教律治
罪。教士及信徒遭受酷刑後，多能堅貞不屈，慷慨赴義，歷雍
正、乾隆、嘉慶、道光四朝，前仆後繼，冒難信奉，不挾外來勢
力以自重，終因爲爭取信仰自由而壯烈犧牲，天主教史名爲「教
難」（persecution）①，與咸豐、同治以後因不平等條約而獲致
信教自由，引起民間反感，釀成仇教排外風潮的教案，迥然不
同。

　　檔案是一種直接史料，發掘檔案，是重建信史的主要途徑。
有清一代，天主教案件，層見疊出，地方大吏查辦教案，其呈報
朝廷的文卷，仍多保存，故宮博物院所藏檔案，就是探討清代天
主教活動的珍貴史料。本文撰寫的旨趣，即在就故宮博物院所藏
〈宮中檔〉、〈月摺包〉、〈上諭檔〉等原始資料，以探討清初
天主教在中國的發展，傳教士行教經過，教友分佈狀況，直省臣
工取締天主教情形，並分析清初查禁天主教的原因，俾有助於天
主教史的重建。

## 二、故宮博物院的成立與檔案的整理

　　史料是探討歷史事件的記錄，史學家探討歷史事件所依據的
就是史料。大致而言，史料可以分爲間接史料與直接史料，例如
官書、正史等爲間接史料，又稱爲轉手史料；檔案則爲直接史
料，又稱爲第一手史料。

　　檔案的整理與開放，頗能帶動歷史的研究，發掘檔案，使記
載的歷史儘可能接近眞實的歷史，就是重建信史的主要途徑。民
國十四年（1925）十月，北平故宮博物院正式成立後，即在圖書
館下館文獻部，定南三所爲辦公處，開始集中宮內各處檔案，民

國十四年（1925）十二月，提取東華門外宗人府玉牒及檔案存放於寧壽門外東西院。民國十五年（1926）一月，向國務院接收清代軍機處檔案，移存大高殿。同年二月，著手整理軍機處檔案。八月，提取內務府檔案，存放南三所，民國十六年（1927）十一月，改文獻部爲掌故部。民國十七年（1928）一月，出版《掌故叢編》。同年六月，接收清史館。

民國十七年（1928）十月，國民政府公佈故宮博物院組織法，規定故宮博物院直隸於國民政府。民國十八年（1929）三月，改掌故部爲文獻館。同年四月，軍機處檔冊、月摺包登記編號竣事。八月，開始整理宮中檔案及內務府檔案。九月，接收清代刑部檔案，移存大高殿。十月，清史館檔案移存南三所。十一月，清史館起居注稿本移存南三所。十二月，整理清史館檔案。民國十九年（1930）三月，《掌故叢編》改名《文獻叢編》。六月，清理皇史宬實錄，整理宮中檔案發現康熙年間清朝與羅馬使節關係文件；出版《史料旬刊》。七月，開始蒐集軍機處檔案中有關外交史料。八月，開始編製宮中各朝硃批奏摺目錄，整理乾清宮實錄。民國二十年（1931）一月，開始整理內閣大庫檔案。二月，出版《清太祖努爾哈赤實錄》。出版《清代文字獄檔》。十二月，出版《清代外交史料》②。

民國二十一年（1932）一月，出版《清乾隆內府輿圖》、《康熙與羅馬使節關係文書》。八月，九一八事變後，華北局勢不安，故宮博物院爲謀文物的安全，決定南遷，文獻館檔案物件，開始裝箱編號。十一月，故宮博物院改隸行政院。民國二十二年（1933）二月六日起，故宮文物分批南運至上海。民國二十五年（1936）八月，南京朝天宮庫房落成，十二月八日，故宮文物由上海再遷南京。七七事變發生後，文物疏散後方。

　　抗戰勝利後，文物由後方運返南京。民國三十七年（1948）
十二月，徐蚌戰事吃緊，南京岌岌可危，故宮博物院決定甄選文
物精品，分批遷運臺灣。民國三十八年（1949），遷臺文物儲存
於臺中北溝。民國五十年（1961），行政院在臺北士林外雙溪爲
故宮博物建築新廈。民國五十四年（1965）八月，新廈落成，行
政院公佈國立故宮博物院管理委員會臨時組織規程，明定設立國
立故宮博物院，新址爲紀念　國父孫中山先生百歲誕辰，又稱中
山博物院，同年十一月十二日，正式開幕。

　　國立故宮博物院現藏清代檔案，依照其來源，大致可以分爲
宮中檔、軍機處檔、內閣部院檔、史館檔暨各種雜檔。宮中檔的
內容主要是清代各朝君主御批的硃批奏摺及其附件。所謂奏摺，
就是臣工進呈君主的書面報告，按其書寫文字的不同，可以分爲
漢文摺、滿文摺及滿漢文合璧摺。直省外任官員繕畢奏摺，放入
封套固封以後，裝入加鎖的木匣或綑縛的夾板，外包黃色綢布，
然後差遣親信家丁齎遞進京，詣宮門交奏事太監進呈御覽。奏摺
奉御批發還原奏人後，初無繳回的規定，雍正皇帝繼位後，始命
內外臣工將御批奏摺查收呈繳。奏摺繳回後，貯存於宮中懋勤殿
等處，因其置放於宮中，後世遂習稱御批奏摺及其附件爲宮中
檔。

　　雍正七年（1729），因清廷用兵於準噶爾，一切軍務，事關
機密，經戶部設立軍需房，其後改稱軍機處，職責擴大，不僅掌
戎略，舉凡軍國大計，莫不總攬，軍機處遂由戶部的分支演變爲
獨立的中央統治機構。爲了便於查考舊案，軍機處例應將每日經
辦文書抄錄歸檔。國立故宮博物院現藏軍機處檔案，大致可以分
爲月摺包和檔冊兩大類。前者主要爲宮中檔奏摺錄副存查的抄件
及其附件，此外尚有咨呈、知會、照會、函牘等類文書，因其按

月分包儲存，故稱月摺包；後者爲分類彙抄軍國大政的檔冊，可以分爲目錄、諭旨、專案、奏事、記事、電報等類。

內閣爲典掌綸音重地，其日行記事檔冊及所修官書，數量亦夥，例如每日發科本章，滿漢票簽處摘記事由並詳錄聖旨的簿冊，稱爲《絲綸簿》，取王言如絲，其出如綸之義；其抄錄特降諭旨的檔冊，稱爲《上諭簿》，臣工奏摺奉旨允行及交部議覆者，另抄成冊，因其所記者多爲外任官員的奏摺，所以稱爲《外紀簿》；其記載國家庶政的六科檔冊，稱爲《史書》；記載皇帝言動的檔冊，稱爲《起居注冊》，是一種類似日記體的史料；實錄是一種編年史的官書，清代實錄，除漢文本外，另有滿文本和蒙文本，至於詔書，則爲內閣承宣的文書，其數量亦極可觀。

史館檔包括清代國史館及民國初年清史館的檔案。國史館纂修清朝歷史，與歷代纂修正史的體例相同，主要分爲紀、志、表、傳四大類，其纂修工作，自清初迄末造，始終未曾間斷。民國三年（1914），國務院呈請設立清史館，其所徵集的文獻包括史館大庫、軍機處、內閣大庫、方略館、內務府、國子監、各部及各省督撫衙門等處資料，其中紀、志、表、傳的各種稿本，多已遷運來臺。

爲便於繙檢各類檔案，國立故宮博物院特編印《國立故宮博物院清代文獻檔案總目》及《國立故宮博物院藏清代文獻傳包傳稿人名索引》各一冊。爲便於中外學人的研究，先後影印出版《舊滿洲檔》、《宮中檔康熙朝奏摺》、《宮中檔雍正朝奏摺》、《宮中檔乾隆朝奏摺》、《宮中檔光緒朝奏摺》、《清太祖武皇帝實錄》等共計一百五十餘冊，俱屬珍貴原檔。

## 三、康熙年間天主教在中國的發展

清代宮中檔奏摺的來源，除了部分廷臣的奏摺外，主要是來自各省外任官員。因此，奏摺對地方事宜報告頗詳，含有非常豐富以及價值極高的地方史料，舉凡雨雪、收成、糧價、吏治、民生、刑案、教案等項，都在摺奏之列，對於地方史或區域史的研究，提供了珍貴的資料。

清代直省臣工奏摺，不僅是康熙中葉以來國家通行的文書，而且也是皇帝廣諮博採的重要工具，臣工凡有聞見，無論公私事件，俱應據實奏聞，以便皇帝集思廣益，作為施政的參考，文武大員具摺時，彼此不能相商，各報各的，其內容較例行本章翔實可信。天主教案件，涉及中外關係，臣工不便動用題本。排比奏摺所開教案，可將康熙年間天主教活動列表如下：

清代康熙年間中國天主教史簡表

| 中　曆 | 西　曆 | 大　事　紀　要 |
|---|---|---|
| 三〇、九 | 一六九一、一〇 | 浙江巡撫命杭州府拆毀天主堂。 |
| 三〇、一二、一六 | 一六九二、二、二 | 徐日昇等題請存留杭州府天主堂。 |
| 三一、二、二 | 一六九二、三、一九 | 禮部議准各處天主堂照舊存留。 |
| 三八 | 一六九九 | 德瑪諾在杭州北門創建天主堂。 |
| 四三、一〇、二三 | 一七〇四、一一、二〇 | 教皇發表教書公佈禁約各款。 |
| 四三 | 一七〇四 | 教皇派多羅進京向康熙皇帝交涉。 |
| 四四、一〇、一九 | 一七〇五、一二、四 | 多羅至北京第一次覲見康熙皇帝。 |
| 四六、三、一七 | 一七〇七、四、一九 | 康熙皇帝面諭西洋人遵守利瑪竇規矩。 |
| 四六、五 | 一七〇七、六 | 康熙皇帝命巴哈喇傳旨多羅仍住澳門。 |
| 四六、八 | 一七〇七、九 | 康熙皇帝命西洋人傳教者暫留廣東。 |
| 四六 | 一七〇七 | 康熙皇帝命西洋人艾若瑟前往羅馬。 |
| 四七 | 一七〇八 | 艾若瑟抵達羅馬覲見教皇。 |
| 四八 | 一七〇九 | 直隸眞定縣西洋人高尙德租地。 |
| 四八、二、二六 | 一七〇九、四、五 | 江西饒州府西洋人進呈葡萄酒。 |
| 四八、三、二六 | 一七〇九、五、五 | 江西各府天主堂進呈洋酒等物。 |
| 四八、三、二六 | 一七〇九、五、五 | 廣州天主堂穆德我進呈洋酒。 |
| 四八、四、九 | 一七〇九、五、一八 | 湖南西洋人聶若望進呈葡萄酒。 |

| | | |
|---|---|---|
| 四八、七、三 | 一七〇九、八、八 | 西洋人楊廣文、麥大成抵達廣東。 |
| 四九、一、一〇 | 一七一〇、二、八 | 魏格爾、德瑪諾、孔祿世進京。 |
| 四九、五 | 一七一〇、六 | 山遙瞻、馬國賢、德里格暫住廣州天主堂。 |
| 四九、五、一二 | 一七一〇、六、八 | 多羅病故於澳門。 |
| 五〇、四、一三 | 一七一一、五、二九 | 江西臨江府天主堂傅聖澤奉旨入京。 |
| 五四、一、二九 | 一七一五、三、五 | 直隸真定縣西洋人高尚德爭地鬥毆。 |
| 五四、七、一九 | 一七一五、八、一七 | 畫工郎世寧來華抵達澳門。 |
| 五四、八、六 | 一七一五、九、三 | 廣東巡撫傳喚郎世寧至廣州。 |
| 五五 | 一七一六 | 教皇所發禁約告示到山東。 |
| 五五、七、一四 | 一七一六、八、三〇 | 西洋人嚴嘉樂、戴進賢抵達澳門。 |
| 五五、七、三〇 | 一七一六、九、一五 | 廣東巡撫傳喚嚴嘉樂、戴進賢至廣州。 |
| 五五、八、一〇 | 一七一六、九、二五 | 嚴嘉樂、戴進賢、倪天爵由驛入京。 |
| 五七、一二 | 一七一九、一 | 艾若瑟返回葡萄牙。 |
| 五七、一二 | 一七一九、一 | 教皇命艾若瑟來華復命。 |
| 五八、三 | 一七一九、四 | 艾若瑟搭坐法蘭西船東來。 |
| 五八、五、一二 | 一七一九、六、二九 | 西洋人安泰抵達澳門。 |
| 五八、六、一八 | 一七一九、八、三 | 西洋人安泰由廣東進京。 |
| 五八、七、一七 | 一七一九、九、一 | 西洋人徐茂昇來華抵達澳門。 |
| 五八、九 | 一七一九、十 | 教皇派賈蒙鐸、夏歷三、席若漢來華。 |
| 五八、一〇、二二 | 一七一九、一、二三 | 福建天主堂利國安入京陛見。 |
| 五九、二、七 | 一七二〇、三、一五 | 艾若瑟病故小西洋大狼山。 |
| 五九、七、二二 | 一七二〇、三、三〇 | 西洋人費理伯、何濟各抵達澳門。 |
| 五九、七、二九 | 一七二〇、九、一 | 西洋人費理伯、何濟各由廣東進京。 |
| 五九、八、四 | 一七二〇、九、五 | 賈蒙鐸、夏歷三、席若漢抵達澳門。 |
| 五九、八 | 一七二〇、九 | 席若漢隨員外郎李秉忠入京。 |
| 五九、九、一一 | 一七二〇、一〇、一二 | 嘉樂來華抵達廣州。 |
| 五九、九、二七 | 一七二〇、一〇、二八 | 嘉樂由廣東入京。 |
| 五九、一一、一八 | 一七二〇、一二、一七 | 康熙皇帝面諭西洋人勿悖於敬天。 |
| 五九、一一、二六 | 一七二〇、一二、二五 | 李秉忠於琉璃河傳旨於嘉樂。 |
| 五九、一二、一 | 一七二〇、一二、二九 | 李秉忠向嘉樂取得教皇表章底稿。 |
| 五九、一二、二 | 一七二〇、一二、三〇 | 李秉忠領在京西洋人與嘉樂相見。 |
| 五九、一二、三 | 一七二〇、一二、三一 | 嘉樂覲見康熙皇帝進呈教皇表章。 |
| 五九、一二、五 | 一七二一、一、二 | 嘉樂呈獻方物。 |
| 五九、一二、六 | 一七二一、一、三 | 康熙皇帝賜嘉樂冠等件。 |
| 五九、一二、一三 | 一七二一、一、一〇 | 康熙皇帝召見嘉樂及眾西洋人。 |
| 五九、一二、二二 | 一七二一、一、一九 | 提督隆科多捕拏利國安。 |
| 五九、一二、二四 | 一七二一、一、二一 | 康熙皇帝面諭西洋人德里格罪狀。 |
| 六一、五 | 一七二二、六 | 西洋人楊保、宋君榮抵達澳門。 |
| 六一、七、七 | 一七二二、八、二九 | 廣東住堂西洋人李若瑟進呈教皇表文。 |

資料來源：國立故宮博物院，中國第一歷史檔案館藏康熙朝宮中檔奏摺。

　　清朝初年，天主教在中國的傳教事業，頗爲可觀，據統計廣
東有教堂七所，江南有教堂百餘所。康熙二年（1663），全國教
徒近二十萬人。康熙三十五年（1696），僅北京一地受洗者，即
有六百三十人之多③。但在康熙中葉，中西教案交涉已日趨嚴
重，國立故宮博物院現藏軍機處檔案〈月摺包〉內含有抄錄「西
洋堂內康熙三十一年碑文」，在碑文中敘述康熙三十年（1691）
九月內，浙江杭州府天主堂居住的西洋傳教士殷鐸澤（Introcetta,
Prosper）差人入京，向欽天監治理曆法大臣徐日昇、安多報告，
浙江巡撫命地方官「欲將堂拆毀，書板損壞，以爲邪教，逐出境
外。」同年十二月十六日，徐日昇、安多題請仍舊存留天主堂，
其題本內容略謂：

> 伏見我皇上統馭萬國，臨蒞天下，內外一體，不分荒服，
> 惟恐一人有不得其所者，雖古帝王，亦所莫及，即非西
> 教，亦得容於覆載之中具。皇上南巡，凡遇西洋之人，俱
> 頒溫旨教訓容留之處，眾咸聞知，今以爲邪教，撫臣於心
> 何忍，且先臣湯若望蒙世祖章皇帝隆恩，特知盡心，將舊
> 法不可用之處，以直治理，惟上合天時，方可仰報知遇之
> 恩，而不知爲舊法枉罹不忠之怨，後來楊光先等屈陷以不
> 應得之罪，皇上洞鑒，敕下議政王貝勒大臣九卿詹事科道
> 質明，而是非自白。先臣湯若望雖經已故，奉旨召南懷仁
> 加恩賜予官爵，命治理曆法，承恩愈隆，故知無不言，言
> 無不盡，西洋所習各項書籍曆法本源，算法律呂之本，格
> 物等書，在內廷纂修二十餘年，至今尚未告竣。皇上每項
> 既已詳明，無容煩瀆，若以爲邪教，不足以取信，何以自
> 順治初年以至今日，命先臣製造軍器，臣閱明我持兵部印
> 文泛海差往俄羅斯，臣徐日昇、張誠賜參領職銜，差往阿

羅斯二次乎？由是觀之，得罪於人者，不在為朝廷效力，而在懷私不忠，若忠而無私，無不心服者，若私而不忠，不惟人心不服，而亦不合於理。先臣跋涉數萬里者，非慕名利，非慕富貴而來，倘有遇合，將以闡明道教自來至中國隨蒙聖眷，於順治十年特賜敕命，治理歷法。十四年，又賜建堂立碑之地。康熙二十七年，臣南懷仁病故，以侍郎品級賜謚號，諭祭之處，案內可查明。臣等語音易習滿書，特令學習滿書尺，俄羅斯等處行文，俱在內閣翻譯。臣等何幸蒙聖主任用不疑，若以臣等非中國族類，皇上統一天下，用人無方，何特便殷鐸澤無容身之地乎？實不能不向隅之泣，臣等孤子無可倚之人，亦不能與人爭論是非，惟願皇上睿鑒，將臣等無私可矜之處，察明施行④

徐日昇（pereira, Thomas）、安多（Thomas, Antonine）題本進呈御覽後，康熙皇帝指出西洋人治理歷法，用兵之際，曾製造軍器，隨征俄羅斯，俱有勞績，並無為惡亂行之處，將天主教目為邪教禁止，殊屬無辜。康熙三十一年（1692）二月初二日，內閣奉旨會同禮部議奏。同日，禮部尚書顧八代具題稱，「查得西洋人仰慕聖化，由萬里航海而來，現今治理歷法，用兵之際，力造軍器火砲，差阿羅素，誠心效力，克成其事，勞績甚多，各有居住西洋人，並無為惡作亂之處，又並非左道惑眾異端生事，喇嘛僧道等寺廟，尚容人燒香行走，西洋人並無違法之事，及行禁止，似屬不宜，相應將各處天主堂俱照舊存留，凡進香供奉之人，仍許照常行走，不必禁止，俟命下之日隨行直隸各省可也。」同月初五日，奉旨依議。

清初東來的西洋傳教士，以學術為傳道媒介，為傳教工作的便利，將西學輸入中國，並為清廷効力，頗著勞績。康熙皇帝既

酷嗜西學，對西洋人尤能曲賜優容。康熙三十八年（1699）三
月，康熙皇帝南巡，駐蹕杭州，西洋傳教士德瑪諾（Hinderer,
Romain）在杭州接駕，康熙皇帝賞銀一百兩，德瑪諾即以此項
銀兩在杭州北門大街創建天主堂一座⑤。

　　有些史家認為教儀之爭，固然是由耶穌會士對於中國禮俗採
取寬容的態度而生。其實自十七世紀中葉以後，天主教在中國的
活動，其傳教性質已不單純，來華的傳教士，因會派的不同，常
發生互相攻擊排斥的行動，當時的佈道事業，竟交合政治野心、
權利爭奪於一爐，並非專以行教救世為念，在此情況下，教會內
部的分裂，乃是必然的結果，教儀之爭僅為一種藉口而已⑥。康
熙四十三年（1704），教廷遣使多羅（Charles Maillard de Tour-
non）來華，並攜教廷禁約一紙，故宮博物院編印《康熙與羅馬
使節關係文書》內含有禁約中文譯本，其原件已遷運來臺，保存
於國立故宮博物院。康熙四十四年（1705）十月十九日，多羅入
京覲見康熙皇帝，直接交涉。康熙皇帝認為教廷干涉中國禮俗，
康熙四十六年（1707）三月十七日，因西洋人孟由義等九人請安
求票，康熙皇帝諭眾西洋人云：

　　自今以後，若不遵利瑪竇的規矩，斷不准在中國住，必逐
　　回去。若教化王因此不准爾等傳教，爾等既是出家人，就
　　在中國住著修道。教化王若再怪你們遵利瑪竇，不依教化
　　王的話，教你們回西洋去，朕不教你們回去。倘教化王聽
　　了多羅的話說你們不遵教化王的話，得罪天主，必定教你
　　們回去，那時朕自然有話說。說你們在中國年久，服朕水
　　土，就如中國人一樣，必不肯打發去。教化王若說你們有
　　罪，必定教你們回去，朕帶信與他說徐日昇等在中國，服
　　朕水土，出力年久，你必定教他們回去，朕斷不肯將他們

活打發回去，將西洋人等頭割回去。朕如此帶信去，爾教
化王萬一再說爾等得罪天主殺了罷，朕就將中國所有西洋
人等都查出來，盡行將頭帶與西洋去。設是如此，你們的
教化王也就成個教化王了。你們領過票的就如中國人一
樣，爾等放心，不要害怕領票，俟朕回鑾時，在寶塔灣同
江寧府方西滿等十一人一同賜票⑦。

由前引諭旨可知康熙皇帝並不反對天主教，其禮遇西士，愛
護備至，中外一視同仁。但康熙皇帝態度堅決，不容許「教化
王」干涉禮俗，「立於大門之前，論人屋內之事。」

康熙四十六年（1707）五月，康熙皇帝為西洋人事務差遣戶
部員外郎巴哈喇、養心殿監造筆帖式佛保同到廣東，傳旨給兩廣
總督趙弘燦等人，「多羅不必回西洋去，在澳門住著」；「見有
新到西洋人，若無學問只傳教者，暫留廣東，不必往別省去，許
他去的時節，另有旨意，若西洋人內有技藝巧思或係外科大夫
者，急速著督撫差家人送來。」同年八月，兩廣總督趙弘燦查明
新到西洋人共十一名，其中龐嘉賓精於天文，石可聖巧於絲律，
林濟各善於做時辰鐘表，以上三人均係有巧思技藝之人，俱差家
人護送進京。其餘衛方濟、曾類思、德瑪諾、孔路師、白若翰、
麥思理，利奧定，魏格爾等八名，俱係教士，並非內外科大夫，
遵旨暫留廣東，不許往別省去⑧。以上八人，暫住澳門天主堂，
其中魏格爾又作魏哥兒，會刨製藥品，德瑪諾又作得馬諾，孔路
師又作孔祿世，兩人俱諳天文，康熙四十九年（1710）一月，兩
廣總督趙弘燦差人伴送進京。是年五月十二日，西曆一七一〇年
六月八日，多羅病故於澳門⑨。

大體而言，康熙年間，天主教在中國的傳教事業，並未因多
羅入京交涉失敗而受到重大的挫折，康熙皇帝亦未因此而改變對

西洋人的友善態度，西洋人進呈的洋酒、藥品等物，康熙皇帝都樂於接受。宮中檔奏摺記載頗多西洋人進呈物品的資料，例如康熙四十八年（1709）二月二十六日，江西饒州府居住的西洋人殷弘緒（Entrecolles, Francois D'.）進呈西洋葡萄酒六十六瓶，哈爾各斯默一瓶⑩。同年三月二十六日，江西建昌府天主堂馬若瑟（Joseph de Premare）進呈格爾默斯一瓶，洋酒四瓶；臨江府天主堂傅聖澤（Foucquet, Jean-Francois）進呈洋酒八瓶；撫州府天主堂沙守信（Emeric de Chavagnac）進呈洋酒六瓶：九江府天主堂馮秉正（Anne Marie Moyriac de Mailla）進呈洋酒六瓶；贛州府天主堂畢安進呈洋酒二瓶、德利亞爾噶一盒；南昌府天主堂穆泰來（Jose Simos）進呈洋酒二瓶；廣東省城廣州天主堂穆德我、畢登庸、景明亮各進洋酒。同年四月初九日，西洋人聶若望進呈葡萄酒，由湖南長沙天主堂轉呈。

康熙年間，西洋傳教士絡繹東來，廣東督撫奏報頗詳。康熙四十六年（1707）三月初十日，兩廣總督趙弘燦奉到諭旨，西洋人穆德我、安懷仁、李若瑟、瞿良士、索諾五人在廣東天主堂居住修道。康熙四十九年（1710）四月十五日，廣東巡撫范時崇奉到諭旨，將先後來華的西洋人畢天祥（Appiano, Luigi）、依格安當、高廷用嚴加看守⑪。同年五月二十八日，兩廣總督趙弘燦奉旨將會技巧的西洋人山遙瞻（Bonjour, Guilaume Babre）、德里格（Pedrini）、馬國賢三人安插於廣州府天主堂，令其學習漢語，以便進京効力。其中馬國賢能畫山水、人物，趙弘燦曾將馬國賢（Matteo Ripa）所畫理學名臣陳獻章遺像進呈御覽。七月初三日，西洋人麥大成（Jean-Francois Cardoso）、楊廣文附搭香山澳船東來，兩人俱曉天文、曆法，要求進京効力。康熙五十年（1711）四月十三日，江西巡撫郎廷極奉旨將臣江府居住的西洋

人傳聖澤即速送京，交給養心殿。因傳聖澤患病初癒，不能騎馬，改從水路行走，五月十五日，郎廷極差家人護送登舟進京。

宮中檔奏摺含有畫家郎世寧的來華資料，康熙五十四年（1715）七月十九日，廣東香山澳商船從小西洋貿易返回澳門，附搭西洋人二名，即郎世寧（Joseph Castiglione）與羅懷中（J. Joseph da Casta）。廣東巡撫楊琳具摺時，將郎世寧名字寫作「郎寧石」。是年八月初六日，楊琳將郎寧石等傳到廣州，親自詢問，郎寧石自稱是畫工，現年二十七歲。羅懷中是外科大夫，現年三十六歲。兩人俱於康熙五十三年（1714）三月二十一日，從大西洋搭船，八月初十日到小西洋。康熙五十四年（1715）四月十一日，從小西洋搭船，七月十九日到香山澳，因天氣暑熱，在船日久，亟需休息，並製作衣服，然後進京。楊琳見郎寧石等為技藝之人，即捐給盤費衣服，並繕摺奏聞。其原摺奉康熙皇帝硃批云「知道了，西洋人著速催進京來。」⑫

康熙五十五年（1716）二月二十一日，西洋人嚴嘉樂（Slaviczek）、戴進賢（Ignatius kögler）從大西洋搭船來華，七月十四日，抵達澳門，經廣東巡撫楊琳傳喚後，於七月三十日到廣州。嚴嘉樂現年三十八歲，會天文、彈琴。戴進賢現年三十六歲，會天文，俱願進京効力。八月初，又有諳曉天文的西洋人倪天爵來華。楊琳決定於八月初十日差人伴送戴進賢、嚴嘉樂、倪天爵三人由驛入京⑬。方豪教授著《中西交通史》記載頗詳，嚴嘉樂作嚴家樂，亦作顏家樂或燕嘉祿，於康熙五十五年十一月二十日（一七一七年一月二日），抵京，為數學、音樂與機械專家，亦在宮中製造修理鐘表、風琴⑭。康熙五十八年（1719）五月十二日，法蘭西洋船到達澳門，內有法蘭西行醫外科大夫一人，名叫安泰，現年二十六歲。又有會燒畫琺瑯技藝一人，叫做

陳忠信，現年二十八歲⑮。六月十八日，安泰、陳忠信二人自廣
州起程入京。兩廣總督楊琳奏摺奉康熙皇帝硃批云「二人都到
了，外科故然好、會法瑯者不及大內所造，還可以學得。」方豪
教授著《中西交通史》亦謂安泰修士（Stephanus Rouset）精於
醫術，藹然可親，清晨與午後，往往戶限為穿。康熙皇帝最後數
次出巡，皆以安泰修士相從。當時教禁頗嚴，教友借求醫為名，
入堂誦禱⑯。

康熙五十八年（1719）七月十七日，澳門洋船自小西洋貿易
回棹，搭載西洋人徐茂昇一名，據稱他通曉天文、律法。康熙五
十九年（1720）七月二十二日，教廷所差使臣費理伯、何濟各二
名抵達廣東。七月二十九日，兩廣總督楊琳填給勘合，差遣把總
丁喜等伴送入京。是年八月初四日，西洋人賈蒙鐸、夏歷三、席
若漢三人抵達廣東。據兩廣總督楊琳奏稱，賈蒙鐸、夏歷三是傳
教修道之士，席若漢會雕刻木石人物花卉，兼會做玉器，技藝精
巧手快，後來隨員外郎李秉忠起身入京⑰。九月十一日，教宗使
臣嘉樂（Carlo Mezzabarba）抵達廣州。九月二十七日，兩廣總
督楊琳委員伴送，跟隨員外郎李秉忠入京。康熙六十一年
（1722）五月內，新到法蘭西洋船內附搭西洋人二名，一名楊
保，現年三十歲；一名宋君榮，現年三十三歲，二人俱識天文。
兩廣總督楊琳將楊保、宋君榮安插於廣州天主堂，候旨進京。康
熙年間，西洋傳教士紛紛東來，足不旋踵，但由於禮儀之爭，各
持己見，嘉樂入京交涉，更引起康熙皇帝的不滿。

據《康熙與羅馬使節關係文書》所載，康熙五十九年十二月
二十四日（一七二一年一月二十一日），經康熙皇帝傳至清溪書
屋的在京西洋人，除嘉樂以外，還有蘇霖（Joseph Suarez）、穆
敬遠（Joannes Mourao）、林紀格、郎石寧即郎世寧、倪天爵、

嚴嘉樂、戴進賢、巴多明（Dominicus Parrenin）、白晉
（Joachim Bouvet）、雷孝思（Joannes B. Regis）、馮秉正、馬
國賢、莫大成即麥大成、羅懷忠、費隱（Xavier Fridelli）、張安
多、李若瑟、徐茂盛即徐茂昇等人，其中多為技藝巧思之人，可
謂濟濟多士。

## 四、雍正乾隆年間天主教的活動

雍正初年，由於清廷的嚴厲查禁天主教，使傳教事業遭受更
大的挫折。江蘇巡撫莊有恭奏摺指出西洋傳教士安多尼（Antoine
Joseph）於雍正元年（1723）從澳門到廣州省城開堂設教後，往
來沿海各地，入教之人不下數萬，主教路過時，在途迎送男婦動
輒聚至千人⑱。雍正二年（1724），清廷嚴禁天主教後，傳教士
雖然遵旨入京効力，但仍留教堂地產於各省，潛行往來，收取租
息。例如山東濟南府歷城縣原有天主堂二所，雍正二年，傳教士
南懷德進京後，所遺天主堂，一所改為育嬰堂，一所改為義學。
除天主堂外，尚有房屋八間，墳七畝。地方官因部文內只有天主
堂改為公所之語，至於天主堂以外的房產，部文未經指明，地方
官遂不敢一併改為公用，以致南懷德仍然暗中托人管運，每年收
取租息。山東東昌府臨清州有天主堂一所，雍正二年十月初六
日，傳教士康和子奉旨進京，暫住北京西直門紅橋天主堂內，所
遺臨清州天主堂改為公所，此外尚有房屋三十七間，土地四頃九
十二畝，仍由康和子暗中托人管運，每年潛收租息⑲。監察御史
伊拉齊奏摺指出江南松江府城天主堂內有傳教士畢登榮、莫滿二
人居住，托言養病，常常出門拜客，地方士民入教者頗多，內有
讀書生監。雍正七年（1729）閏七月二十五日，大學士馬爾賽遵
旨寄信各省督撫，密諭澈底查禁天主教，其寄信上諭云：

向因西洋人通曉曆法，是以資其推算修造，留住京師，後因其人來者漸多，遂潛居誦經行教，煽惑人心，而內地不肖之人，無知之輩，往往入其教中，妄行生事，漸為民風之害，是以原任總督滿保奏請將各省西洋人或送至京師，或遣回澳門，其所有天主堂，悉改為別用，經禮部兩次議覆，將各省西洋人准其居住廣州省城，但不許行教生事，其天主堂改為別用。朕曾降旨伊等乃外國之人，在各省居住年久，今令搬移，恐地方之人混行擾累，著給與半年或數月之限，令沿途委官照看，此雍正二年之事也，今已歷數載，各地方中不應復有留住之西洋人矣。近聞外省府縣中竟尚有潛藏居住者，本地無賴之人，相與往來，私從其教，恐久之漸染益深，甚有關於風俗，此係奉旨禁約之事，而有司漫不經心，督撫亦不查問，朕若明降諭旨，則失察之官甚眾，於督撫皆有干係，爾等可密信與各督撫知之⑳。

浙江杭州北門大街天主堂藉名奉有諭旨勅建，亦未拆除。當德瑪諾奉旨進京時，德瑪諾因病具呈調治，寬限回京。雍正七年十月，浙江總督李衛催令起程，德瑪諾仍因老病寒多長途難行，呈請寬限，經李衛驗明，咨報內閣。雍正八年（1730）五月初旬，德瑪諾與林起鳳及薄文三人經地方官伴送到廣東澳門。杭州北門大街天主堂因無人管理，杭州知府稟請撥役看守。李衛認為海洋之中，惟天后最顯靈應，凡近海地方，俱有大廟，商民往來祈福，獨杭州為省會重地，控扼江海，竟未有專祀，故奏請將天主堂改為天后宮，不用更造，只需裝塑神像，擇德行羽流供奉香火，雍正皇帝認為李衛所辦甚好㉑。雍正十年（1732），兩廣總督鄂彌達等人將廣州省城天主堂盡行拆去，並將西洋傳教士一律

遣送澳門。

　　乾隆年間，西洋傳教士仍在內地各省行教，去來自便，因干禁令，故諭令各省督撫嚴辦，天主教案遂層出疊見。福建福安、龍溪等縣，江南吳江縣，四川成都縣，江西盧陵、南康等縣，河南桐柏縣，貴州婺川縣，直隸寶坻縣，先後發生教難，天主教的傳教事業，遭受更大的挫折。乾隆九年（1744）正月，意大利籍的西洋傳教士談方濟各（Tristan d' Attimis），自西洋起身至廣東澳門。同年十一月，談方濟各由廣東經江西一路到江南昭文縣地方何公祠內居住。乾隆十二年（1747），蘇州府知府傅椿訪聞蘇松太各屬尚有內地人民篤信天主教，常熟、昭文一帶，亦有西洋傳教士潛住後即帶同兵役在昭文縣拏獲談方濟各及入教內地人民唐德光等。傅椿同時究出西洋傳教士王安多尼（Antoine Joseph Henriques），在浙江傳教。署理江蘇巡撫安寧即飛咨浙江巡撫顧琮密訪查拏。顧琮即差員於嘉興地方孫景山家內拏獲王安多尼㉒，由於呂宋商船附搭傳教士來華探詢被捕的西洋人而導致王安多尼、談方濟各的被殺。乾隆十三年（1748）閏七月，署理江蘇巡撫安寧將王安多尼擬絞監候。乾隆皇帝諭稱，「外夷奸棍潛入內地，誆誘愚民，恣行不法，原應嚴加懲處。但此等人犯，若明正典刑，轉似於外夷民人故為從重，若久禁囹圄，又恐滋事，不如令其瘐斃，不動聲色，而隱患可除。」㉓易言之，乾隆皇帝諭令督撫將王安多尼、談方濟各二人杖笞飢寒而死，以速行完案，並非在監病故。方豪教授撰〈乾隆十三年江南教難案始末〉，一文謂是年閏七月二十日傍晚，二神父互行告解後，九時，即分別絞死於獄中㉔，至於窩頓西洋傳教士的昭文縣民唐德光亦被監斃。

　　乾隆初年，傳教士白多祿（Petrus Sanz）等人在福建福安縣

境內傳習天主教。據福建巡撫周學健奏摺指出福安縣境內入教男女信徒，共二千六百餘人。乾隆十一年（1746）四月，據福寧府知府董啓祚稟報後，福建巡撫周學健即密遣撫標弁兵會同福寧府鎮等員前往查拏，共計拏獲白多祿，即可敬白主教，又稱桑主教；費若用（Zohannes Alcobel），即費若望神父；華敬（Joachim Royo），即華若亞敬神父；施黃正國（Francisco Diaz），即施方濟各神父；德黃正國（Francisco Serrano），即德方濟各神父，此外有天主堂堂主陳廷柱及白多祿的書記福安縣民郭惠人等人。福建巡撫周學健將傳教士審擬具題，經三法司核擬題覆，奉旨白多祿著即處斬，華敬、施黃正國、德黃正國、費若用依擬應斬，郭惠人應絞，俱著監候秋後處決。清廷行文到閩後，周學健即遵旨將白多祿處決，華敬、施黃正國、德華正國、費若用及郭惠人，俱分禁福建省城司府縣各監。由於呂宋商船船長郎夫西拔邪敏來華探詢白多祿骨殖等事，閩浙總督喀爾吉善爲「絕外夷窺探之端，民人蠱惑之念」，而奏請將華敬等四人明正典型㉕。乾隆十三年（1748）九月初六日，將軍新柱陛辭回閩，將面奉諭旨密札知會喀爾吉善，令其將「擬斬監候之西洋人華敬四犯，但行監斃，以絕窺探。」㉖據《乾隆帝傳》謂白多祿行刑日期爲一七四七年三月二十六日午後五時，華敬等四名西洋傳教士被殺日期爲一七四八年十月二十八日㉗。聖教會尊白多祿及華敬等五人爲殉道眞福。

　　白多祿等遇害後，由於呂宋商船船主郎夫西拔邪敏來華探信，遂引起福建督撫的疑懼。乾隆皇帝亦認爲白多祿被殺一事，乃係內地情事，呂宋遠隔重洋，何以得知？顯有內地教友傳遞信息，故令軍機大臣傳諭福建督撫將軍加意訪察，隨即在漳州府龍溪縣後坂地方查出武生嚴登一家素奉天主教，雍正十一年

（1732），有福安縣民蔡祝接引行教，西洋人聖哥藏匿嚴登家，當地村民亦多信奉天主教。嚴登因窩藏西洋傳教士，依左道惑衆爲從例，發邊外爲民。乾隆二年（1737），嚴登援例捐輸免罪回籍。乾隆十三年（1748）二月，閩浙總督喀爾吉善查出呂宋商船攜帶書信物件送往嚴登家。次年正月，漳州府知府金溶拘拏嚴登，解省嚴究。在嚴登家搜獲天主銅像、大小十字架、天主繡畫像、禮拜日期書册等件㉘。

在乾隆皇帝降旨禁教之前，西洋傳教士牟天池已在四川行教，有川民王尙義等人先後入教㉙。乾隆七年（1742），牟天池身故，乾隆十二年（1747）三月，四川巡撫紀山奉旨查禁天主教，查獲王尙義等家所藏天主教經書。乾隆五年（1740），西洋傳教士李世輔（Urbanus Schamberger）自廣東起程，遊歷山西、陝西二省，並曾住居北京海淀堂等處，收徒行教。乾隆十一年（1746）十一月，李世輔由京返國，西洋人席登元遣直隸南宮縣人蔣相臣及山西曲沃縣人尹得志護送，騎騾坐轎由江西饒州府繞道鄱陽縣，爲地方官拘捕。江西巡撫開泰以其行蹤詭異，未便遣送回國，具摺請旨。乾隆皇帝在開泰奏摺批諭云「此人且不可令其回國，即在江西拘禁，俟事楚後摺奏請旨。」乾隆十二年（1747）四月十四日，乾隆皇帝又頒諭稱「李世輔遊歷山陝，授徒行教，其從前經由之澳門等關口，並未照例奏明，顯係多事不法之人，此等奸徒，若押令回國，伊必揑造妄言，肆行傳播，轉爲未便。其蔣相臣、尹得志等既隨從附和，此外必尙有黨與，若押遣回籍，又得串通消息，不若將此三人，即於江西省城，永遠牢固拘禁，則伊等狡獪伎倆，舉無所施，不致蔓延生事。」江西巡撫開泰隨後又在高安、萬安、鄱陽、浮梁等縣查出胡柳等五十餘人奉行天主教，俱交地保嚴加約束，舊有教堂，則查照入官。

根據清代《宮中檔》奏摺及《軍機處檔月摺包》所開供詞，可將內地奉行天主教者列出分佈表如下：

清代乾隆年間天主教信徒的籍貫及職業分佈表

| 姓　　名 | 教　　名 | 籍　　貫 | 職　　業 |
| --- | --- | --- | --- |
| 王　七 | | 山 東 德 州 | |
| 尹 得 志 | | 山 西 曲 沃 縣 | |
| 朱 維 幹 | | 江 西 泰 和 縣 | |
| 朱 行 義 | 啞 得 爾 亮 | 福 建 莆 田 縣 | |
| 牟 亨 漕 | 米 額 兒 | 甘　肅 | |
| 李 文 輝 | 尼 里 牙 | 陝　西 | |
| 李 剛 義 | 伯 多 祿 | 廣 東 順 德 縣 | 販賣洋漆桌椅 |
| 李 闊 娘 | | 福 建 龍 溪 縣 | |
| 吳 和 榮 | | 福 建 福 安 縣 | |
| 吳 均 尙 | | 江 西 盧 陵 縣 | |
| 吳 廣 甜 | 伯 多 祿 | 福　建 | 販 賣 雞 鴨 |
| 何 亞 定 | 鄂 斯 定 | 廣 東 潮 陽 縣 | 挑 賣 米 糕 |
| 何 佩 枝 | | 廣 東 順 德 縣 | |
| 周 多 默 | | 江 西 南 城 縣 | |
| 姜 祖 信 | 姜 保 祿 | 江 西 金 溪 縣 | 米 店 幫 工 |
| 紀 煥 章 | | 江 西 貴 溪 縣 | |
| 紀 奉 禮 | 紀 約 伯 | 江 西 宜 黃 縣 | |
| 馬 亞 成 | | 廣 東 南 海 縣 | 傭　工 |
| 馬 士 俊 | 馬 西 滿 | 江 西 南 昌 縣 | 糧 船 把 舵 |
| 徐 健 | 安 得 力 | 甘　肅 | |
| 秦 姓 | 秦 伯 多 祿 | 山　西 | |
| 張 沛 宗 | 達 爵 | 廣 東 南 海 縣 | |
| 張 繼 勛 | | 甘　肅 | |
| 陳 阿 喜 | | 廣 東 海 陽 縣 | 開 粉 食 店 |
| 陳 惟 政 | | 湖 南 益 陽 縣 | |
| 陳 達 宗 | 鄂 斯 定 | 廣 東 保 昌 縣 | |
| 黃 元 鼎 | | 福 建 福 安 縣 | |
| 馮 文 子 | | 福 建 福 安 縣 | 貿　易 |
| 馮 信 子 | | 福 建 福 安 縣 | 開 張 麵 店 |
| 彭 彝 敍 | | 江 西 萬 安 縣 | |
| 潘 聲 瓏 | 福 爵 | 廣 東 南 海 縣 | |

|  |  | 籍貫 | 職業 |
|---|---|---|---|
| 唐名德 | 望德夫 | 湖廣 |  |
| 趙安志 | 思德斯 | 廣東樂昌縣 |  |
| 劉志 |  | 陝西臨潼縣 |  |
| 劉渭 |  | 福建福安縣 |  |
| 劉芳名 |  | 江西贛縣 |  |
| 劉必約 | 斯德望 | 陝西西安 |  |
| 劉臣 | 安得力 | 四川 |  |
| 劉剛 |  | 四川 |  |
|  | 劉多明我 | 陝西臨潼縣 |  |
| 劉桂林 |  | 江西萬安縣 |  |
| 蔣相臣 |  | 直隸南宮縣 |  |
| 蔣登庸 |  | 貴州婺川縣 |  |
| 蔣日達華 |  | 江西萬安縣 | 外科醫生 |
| 鄭必華 |  | 湖南益陽縣 |  |
| 繆上禹 |  | 福建福安縣 |  |
|  | 戴加爵 | 廣東惠來縣 |  |
| 蕭文湖 |  | 江西廬陵縣 |  |
| 蕭文漢 |  | 江西廬陵縣 |  |
| 李松章 |  | 山東歷城縣 | 祿爵 |
| 譚錦登 |  | 江西南豐縣 | 傭工 |
| 嚴登 |  | 福建龍溪縣 |  |
| 顧士俶 |  | 廣東新興縣 | 藥商 |

資料來源：國立故宮博物院宮中檔奏摺、軍機處檔月摺包奏摺錄副等。

　　由上表所列內地奉行天主教的信徒，就其籍貫而言，主要分佈於廣東、福建、江蘇、浙江、四川、安徽、江西、湖北、湖南、貴州、直隸、山東、山西、河南、陝西、甘肅等省所屬各府縣。為了便於了解其地理分佈，可列地理分佈簡表於下：

清代乾隆年間天主教教案地理分佈表

| 省別 | 府　別 | 州　　　縣　　　名 |
|---|---|---|
| 廣東省 | 廣州府 | 廣州、南海縣、順德縣、香山縣、番禺縣。 |
| | 肇慶府 | 新興縣、高要縣。 |
| | 韶州府 | 樂昌縣。 |
| | 南雄直隸州 | 始興縣、保昌縣。 |
| | 潮州府 | 潮州、海陽縣、潮陽縣、惠來縣、普寧縣。 |
| 福建省 | 福寧府 | 福安縣。 |
| | 邵武府 | 邵武縣、光澤縣。 |
| | 漳州府 | 龍溪縣。 |
| | 興安府 | 莆田縣。 |
| | 福州府 | 福州府城。 |
| 江蘇省 | 蘇州府 | 蘇州府城、長洲縣、崑山縣、常熟縣、昭文縣、吳江縣、新陽縣、婁縣、華亭縣。 |
| | 松江府 | 上海縣、南匯縣、青浦縣。 |
| | 太倉直隸州 | 嘉定縣、寶山縣。 |
| | 鎮江府 | 丹陽縣。 |
| | 江寧府 | 上元縣。 |
| 安徽省 | 徽州府 | 徽州府城。 |
| 浙江省 | 杭州府 | 杭州府城。 |
| 四川省 | 成都府 | 成都縣、溫江縣、崇慶州、新都縣、崇寧縣、華陽縣、郫縣。 |
| | 重慶府 | 江津縣、巴縣、榮昌縣、涪州、銅梁縣。 |
| | 敘州府 | 宜賓縣。 |
| | 雅州府 | 雅州、天全州、雅安縣。 |
| | 潼川府 | 安岳縣。 |
| | 綿州直隸州 | |
| | 酉陽直隸州 | 彭水縣。 |
| 湖北省 | 襄陽府 | 襄陽縣。 |
| 湖南省 | 長沙府 | 長沙縣、湘潭縣、益陽縣。 |
| 江西省 | 南昌府 | 南昌縣。 |
| | 廣信府 | 玉山縣、弋陽縣、鉛山縣、貴溪縣。 |
| | 建昌府 | 南豐縣、南城縣。 |
| | 九江府 | 九江。 |
| | 撫州府 | 金谿縣、宜黃縣。 |
| | 饒州府 | 鄱陽縣、浮梁縣。 |
| | 吉安府 | 廬陵縣、泰和縣、萬安縣。 |

| | | |
|---|---|---|
| 江西省 | 贛州府<br>瑞州府<br>南安府 | 贛縣。<br>高安縣。<br>大庾縣、南康縣。 |
| 貴州省 | 思南府 | 婺川縣。 |
| 直隸 | 順天府<br>眞定府<br>廣平府<br>冀州直隸州 | 寶坻縣。<br>藁城縣。<br>威縣、清河縣。<br>南宮縣。 |
| 山東省 | 濟南府<br>泰安府<br>臨清直隸州<br>兗州府<br>東昌府 | 歷城縣、德州。<br>東平州、東阿縣、平陰縣。<br>武城縣。<br>滕縣。<br>東昌府城。 |
| 山西省 | 平陽府 | 曲沃縣。 |
| 河南省 | 南陽府 | 桐柏縣。 |
| 陝西省 | 西安府 | 長安縣、臨潼縣、渭南縣。 |
| 甘肅省 | 甘州府<br>蘭州府<br>涼州府 | 山丹縣 |

資料來源：清代宮中檔、軍機處檔月摺包。

　　從乾隆年間西洋傳教士行教地區及內地入教人民的籍貫，大致可以了解當時天主教教案的地理分佈，其中福建、廣東、江蘇、浙江等省，其教案較頻繁的地點，多在沿海各府州縣，其餘各省教案較頻繁的地點，多在內陸水陸交通線上的各府州縣城鎮，例如江西省各府的府城多有天主堂，江西通省十三府，其中建昌、臨江、撫州、九江、贛州、南昌等府都在府城內建有天主堂。從崇奉天主教內地人民的職業分佈，可以知道入教的信徒，多屬於非農業性的人口，例如在廣東十三行販賣洋漆桌椅，或其他販夫走卒，傭趁度日的市井小民，內含販賣雞鴨、挑賣米糕、米店幫工、糧船把舵、開張麵食、粉食小吃店、藥商及醫生等類職業。

　　從西洋傳教士及內地信徒的供詞，可以了解天主教在內地流傳的經過。乾隆三十二年（1767）五月二十四日，廣東署保昌縣知縣英昌等人在縣境義順行店拏獲江西民人蔣日逵、劉芳名、西洋人安當、呢都、船戶李嶺南五人，解往廣州，發交按察使富勒渾等人審訊，兩廣總督李侍堯、廣東巡撫王檢會銜具摺奏報審訊經過，其原摺略謂：

> 蔣日逵籍隸江西萬安縣，素業外科，劉芳名籍隸江西贛縣，俱係世奉天主教。緣從前有西洋人林若漢在盧陵縣社下村買張若望房屋，供奉耶穌畫像，有吳君尚等十數家信從入教。乾隆二十二年，林若漢因病回國，本年正月，蔣日逵往社下村買布，會見吳君尚，告以該村久無西洋人掌教，上年陳保祿自澳門回籍，知有西洋神父來澳，當給盤費錢一千二百文，囑令邀請，蔣日逵即往邀劉芳名，於四月二十四日到澳門，向西洋人安瑪爾定買膏藥，敘及同教脩道前由。時有大西洋歐羅巴國之安當、呢都二人向在該國天主堂誦經，因至小呂宋國，遇見林若漢，言及曾在江西掌教，若至廣東澳門，即有教友照應，隨搭船來至澳門，寄寓天主堂，與安瑪爾定時相往來。安瑪爾定即將安當、呢都二人令蔣日逵等接往江西，並給以抄書六本，抄單二紙，安當、呢都改穿內地衣帽，並交出花邊銀錢一百二十三圓。蔣日逵等雇坐李嶺南船隻前往南雄，及沿途飯食，共用去銀錢二十八圓，尚剩九十五圓，於五月二十三日搬上義順行店，次日被獲㉚。

　　廣東香山縣屬澳門一區，向為西洋人寄居之地，乾隆初年，據廣東督撫奏報西洋男女不下三、四千人，內地民人往來出入者亦夥。西洋人建有三巴板障等天主堂，內地人所建「進教寺」，

由漢人林姓掌管㉛。福建巡撫周學健亦指出澳門天主堂共有八堂，每一堂經管中國一省㉜，澳門天主堂就是來華傳教西洋人的集結地。

　　山東歷城縣拏獲天主教信徒李松，據李松供稱是山東歷城縣城東谷家墳庄人，自祖父以來即傳習天主教，李松入教後，教名祿爵，又名拉番額爾，先後兩次入京，四次赴粵。乾隆二十二年（1757），李松同廣東人李剛義往澳門，接引西洋人梅神父到山東臨清、直隸威縣等處傳教。李松被捕時，在家中搜出《聖教四規》等經板四十塊，《天主實義》等經卷六十三本。乾隆四十九年（1784），西洋傳教士格雷西洋諾與吧呲哩啞喥由山東臨清人邵珩等接引山東武城、平陰等縣行教，所到之處多住信徒家裡㉝。

　　西洋傳教士李瑪諾被捕後，地方官錄有詳細供詞，乾隆五十年（1785）三月十七日，江西巡撫伊星阿具摺時，將供詞進呈御覽，其供詞云：

　　李瑪諾供年四十四歲，是西洋衣斯罷尼亞國人，姓滿大剌德，名撒格喇門多，教名李瑪諾。本國專奉天主教，我十六歲時，慕中國人好善，發心要中國闡揚教法。乾隆三十四年，從本國搭洋船由墨溪呂宋各國走了兩年多纔到廣東省澳門，在方濟各堂住下，遇著西洋人伯爾那多，並安伯老同住了數月。有傳習天主教的若亞敬要到江西，伯爾那多就托他帶我同行，因服色不便，叫我換了中國衣帽。乾隆三十六年冬間，同若亞敬到南安府大庚縣風山地方，在董萬宗田寮內住了一宿，次日到習教的董有亮教名達尼老家住下，若亞敬就回去了。後有贛縣人劉瑪竇即劉華邀我到贛縣劉能崇家傳教，因彼此不懂得講話，無人學習，住

了一夜，仍回董有亮家。三十七年冬間，有萬安縣劉添福
接我到他家傳教。他同兒子劉林桂拜我為神甫，後有萬安
縣黃、劉、蔣、彭、郭各姓十餘人，陸續歸教。我從本國
起程，只帶得番銀八十圓，用到江西，所剩無幾，先後四
次打發朱有林、劉青華、劉桂到澳門寄信與伯爾那多、安
伯老，共寄番銀四百三十圓，都是我自己收用。四十九年
八月內，彭彝敘帶我到廬陵縣，有蕭文湖、蕭文漢歸教。
在他家住了一夜，就往泰和縣有朱維幹、朱樂廷歸教，我
送給圖像、經本、齋單，住了兩日，又有胡彷逸、胡兼友
歸教，住了兩月，仍回萬安，總在劉林桂家長住。我到中
國，不過想闡揚教法，要人尊敬天主，吃齋念經，守戒行
善，現世可以邀福，來生各有好處，並無別項邪術煽惑人
心及斂錢聚眾，並給人銀錢、誘人入教情事。若亞敬回去
後總沒見面，不知他的實姓籍貫，董有亮、劉青華、朱有
林聞得都已亡故。四十八年十二月內，姜保祿領了唎嚙嘶
喫噶來勸我往山東傳教，劉林桂不肯放我，姜保祿把方濟
覺留下住了一個多月，四十九年二月內姜保祿又來領了方
濟覺去的是實㉞。

從前引供詞可以了解李瑪諾到江西行教的經過，但在供詞中
所謂天主教要人吃齋念經，守戒行善，「現世可以邀福，來生各
有好處」的果報思想，應是內地秘密宗教的共同特質，並非李瑪
諾的本意。江西南昌縣人馬士俊入教的原因是「小的患了熱病，
適有搭船的陝西人婁姓習天主教，教名保祿，將病治好，勸小的
習教念經，可以消災卻病，小的拜他為師。」㉟內地秘密宗教每
藉消災祛病招人入教，市井小民偶逢治病痊癒，即皈依入教，南
昌縣人馬士俊亦因患了熱病，為了消災祛病而皈依天主教，下層

社會的民眾固然接受民間宗教與天主教，地方大吏將天主教視同民間教派者，亦不乏其人，甚至因取締秘密宗教而波及天主教，天主教案件遂層出不窮。

## 五、結論

清初以來，西洋傳教士絡繹東來，深入內地傳播福音，舉凡廣東、福建、江蘇、安徽、浙江、四川、湖北、湖南、江西、貴州、直隸、山東、山西、河南、陝西、甘肅等省，俱查有西洋人往來行教，內地民人入教者亦甚眾多。康熙末年，地方大吏雖有查禁天主教的行動，但是並不嚴厲，地方大吏多未澈底執行禁令。雍正初年，直省大吏遵旨嚴厲取締天主教，惟雍正皇帝在位僅十三年，天主教案件並不多見。乾隆皇帝在位六十年，取締更加嚴厲，教案疊興，傳教士屢遭迫害，歷次查禁天主教範圍之廣，時間之長，較雍正年間的禁教有過之而無不及。惟乾隆年間大規模禁教，尚未引起中外交涉，故不覺教案的重大。

柯保安教授（Prof. Paul A. Cohen）著《中國與基督教》一書，分析十九世紀清朝仇教排外的主要原因，從傳統儒家的正邪觀念與闢異端的精神，以說明知識分子的思想背景。傳教士進入內地後，威脅縉紳以維護傳統文化為己任的尊嚴及其在社會上的特殊地位與權益。地方督撫在紳民反教情緒及朝廷飭令執行條約義務雙重壓力下深感行政困難與處理教案之棘手。傳教士倚恃不平等條約，深入內地傳教，干涉地方行政，其傳教事業已摻入侵略性質。清末中央政權日趨式微，不克有效履行條約承諾，傳教士乃自尋途徑，以堅船利礮為後盾，以達其傳教目的，中外教案遂層見疊出㊱。呂實強教授著《中國官紳反教的原因》一書則指出儒家思想與基督教的教義，並無太多衝突之處，由傳教事業的

侵略特質所衍生的各種具體問題給予國人的困擾與反感的深重，
以及中國社會禮俗與西方不同等問題，都是構成國人反教的重要
原因㊲。

　　清初禁教的背景，與清末迥不相同，清初國勢鼎盛，中央政
權鞏固，中外之間亦未簽訂不平等條約，西洋傳教士富於宗教熱
忱，冒險犯難，以傳播福音，並未以不平等條約為護符，其傳教
事業固未摻入侵略特質，更不至於威脅地方縉紳的尊嚴與利益，
紳民與教徒衝突案件並不多見，事實上在各省所獲教犯中有出身
監生者。乾隆皇帝對天主教並非決不寬容，他認為西洋人崇奉天
主教，為其習俗，原所不禁，西洋人來華之後，在京師或澳門天
主堂瞻禮聚會，向不過問，但不得擅自私往各省潛匿內地，誘人
入教。乾隆五十年（1785）三月二十四日，寄信上諭云：

> 向來西洋人進京行藝，原所不禁，但必須稟明地方官，經
> 該督撫奏明，始准委員伴送赴京効力。至內地民人傳習天
> 主教者，雍正年間久經禁止，哆囉輒敢私派多人赴各省傳
> 教惑眾，而梅神甫、安多呢等亦以西洋人藏匿山西、山東
> 至一、二十年之久，殊干例禁，不可不澈底嚴查。此案本
> 應按律定擬，將該犯等即實重辟，第念伊等究係夷人，免
> 其一死，已屬法外之仁，未便仍照向例發回該國懲治，因
> 令刑部將各該犯牢固監禁，以示懲儆，現在案已審擬完
> 結，著傳諭孫士毅將辦理緣由就近傳集在廣貿易之各該國
> 夷人詳悉曉諭，俾該夷人等咸知感懼，益加小心，恪守內
> 地法度，如有情願赴京者，仍准報明督撫具奏伴送，不得
> 仍前潛赴各省傳教滋事，如再有干犯功令私行派往者，必
> 當從重嚴辦，不能再邀寬典也㊳。

西洋人來華，既未稟明督撫具奏伴送，亦未持有官方核發照

票，竟由內地民人輾轉接引，潛往各省，殊干例禁。是時內地秘密宗教勢力猖獗，秘密會黨方興未艾。教會案件屢見不鮮，清廷既通令各省嚴厲取締本土「邪教」，其外來「異端」信仰亦不許內地民人傳習，後藤末雄教授著《乾隆帝傳》一書亦指出「乾隆時代，朝廷因對白蓮教之政治陰謀懷有極大之恐怖觀念，遂將此種觀念擴大至天主教身上。」㉟

在各省秘密宗教猖獗的背景下，西洋天主教的傳教士私自潛往內地行教，實為朝廷所不允許。乾隆皇帝所接受的西學，只限於西方技藝，向來西洋人入京効力，原所不禁，但乾隆皇帝不允許國人接受西洋宗教，質言之，清初查禁天主教，其政治意義，亦不容忽視㊵。

有清一代，自清初迄清末，直省教案層出不窮，現在存案史料亦極豐富，若能以檔案為主，輔以方志、文集、傳記及西文資料，互相比較，彼此補充，史料既較齊全，可信度亦較高，則於清代教案的研究，必有極大的貢獻。由於清代教案史料數量極夥，可將涉及傳習天主教活動的各種史料，有系統的加以搜集，仿郭廷以教授《近代中國史事日誌》的體例，依據新舊史料，按月日繫事，編成清代中國天主教史事日誌，這種工具書極便於研究者的參考及檢查。至於各種檔案資料，可以年經月緯，加以排比，編成清代天主教史料彙編，如此，對於天主教流傳中國史的纂修既有幫助，且於專題研究亦有裨益㊶。

## 【註　釋】

① 方豪撰〈乾隆十三年江南教難案始末〉，《華岡學報》，第八期（中華學術院，台北，民國六十三年七月），頁 301。

② 《文獻論叢》，〈附錄〉，「文戲館大事年表」（臺聯國風出版

社，臺北，民國五十六年十月），頁1至13。

③　《中國近代史》（幼獅書店，臺北，民國五十六年十月），頁13。

④　《軍機處檔・月摺包》（國立故宮博物院，臺北），第2751箱，7包，48450號，「抄錄西洋堂內康熙三十一年碑文」。

⑤　《宮中檔雍正朝奏摺》，第十六輯（國立故宮博物院，臺北，民國六十八年二月），頁464，雍正八年五月二十二日，浙江總督李衛奏摺。

⑥　張維華著《明清之際中西關係簡史》（齊魯書社，山東濟南，1987年），頁142。

⑦　〈康熙與羅馬使節關係文書〉，《文獻叢編》（臺聯國風出版社，臺北，民國五十三年五月），頁168。

⑧　《康熙朝漢文硃批奏摺彙編》，第一冊（檔案出版社，北京，1984年），頁702。

⑨　《康熙朝漢文硃批奏摺彙編》，第三冊，頁7，康熙四十九年閏七月十四日，兩廣總督趙弘燦奏摺。

⑩　《康熙朝漢文硃批奏摺彙編》，第二冊，頁334，康熙四十八年三月初二日，江西巡撫郎廷極奏摺。

⑪　《史料旬刊》（國風出版社，臺北，民國五十二年六月），頁42。

⑫　《康熙朝漢文硃批奏摺彙編》，第六冊，頁442，康熙五十四年八月十六日，廣東巡撫楊琳奏摺。郎寧石，《唐熙與羅馬使節關係文書》，作「郎石寧」。聶崇正撰〈郎世寧和他的歷史畫、油畫作品〉《故宮博物院院刊》，1979年，第三期，頁39，謂郎世寧生於康熙二十七年（1688），五十四年（1715）由歐洲來華，與宮中檔所述相合。

⑬　《康熙朝漢文硃批奏摺彙編》，第七冊，頁356，康熙五十五年八月初十日，廣東巡撫楊琳奏摺。

⑭　方豪著《中西交通史》（中華文化出版事業社，臺北，民國五十七年七月），第四冊，頁 78。

⑮　《康熙朝漢文硃批奏摺彙編》，第八冊，頁 506，康熙五十八年六月初二日，兩廣總督楊琳奏摺。

⑯　方豪著《中西交通史》，第四冊，頁 127；《康熙朝漢文硃批奏摺彙編》，第八冊，頁 524，康熙五十八年六月十八日，兩廣總督楊琳奏摺。

⑰　《康熙朝漢文硃批奏摺彙編》，第八冊，頁 725，康熙五十九年八月十四日，兩廣總督楊琳奏摺。

⑱　《宮中檔乾隆朝奏摺》，第七輯（國立故宮博物院，臺北，民國七十一年十一月），頁 224。乾隆十八年十二月二十一日，江蘇巡撫莊有恭奏摺。

⑲　《宮中檔雍正朝奏摺》，第十四輯（國立故宮博物院，臺北，民國六十八年二月），頁 471，雍正七年九月十九日，暫署山東巡撫費金吾奏摺。

⑳　《宮中檔雍正朝奏摺》，第十四輯（民國六十八年二月），頁 470，雍正七年九月十九日，暫署山東巡撫費金吾奏摺。

㉑　《宮中檔雍正朝奏摺》，第十六輯，頁 464，雍正八年五月二十二日，浙江總督李衛奏摺。

㉒　《軍機處檔·月摺包》，第 2772 箱，12 包，1691 號，乾隆十二年十二月十二日，署江蘇巡撫安寧奏摺錄副。顧保鵠編《中國天主教史大事年表》（光啓出版社，臺北，民國五十九年十二月），頁 48，謂談方濟、黃安多二耶穌會士在常熟戈莊及蘇州胥門外被捕。

㉓　《清高宗純皇帝實錄》，卷 320，頁 12，乾隆十三年閏七月己未，上諭。

㉔　方豪撰〈乾隆十三年江南教難案始末〉，《華岡學報》，第八期

（中華學術院，臺北，民國六十三年七月），頁 309。

㉕ 《軍機處檔・月摺包》，第 2772 箱，22 包，3142 號，乾隆十三年八月初七日，閩浙總督喀爾吉善奏摺錄副。

㉖ 《軍機處檔・月摺包》，第 2772 箱，23 包，3337 號，乾隆十三年十月初二日，閩浙總督喀爾吉善奏摺錄副。

㉗ 後藤末雄著《乾隆帝傳》（日本，生活社，昭和十七年十月），頁 116。

㉘ 《軍機處檔・月摺包》，第 2772 箱，17 包，2368 號，乾隆十三年四月二十七日，閩浙總督喀爾吉善奏摺錄副。

㉙ 《宮中檔》，第 2725 箱，31 包，6752 號，乾隆十九年五月二十一日，四川總督黃廷桂奏摺。

㉚ 《宮中檔乾隆朝奏摺》，第二十七輯（民國七十三年七月），頁 538，乾隆三十二年閏七月十三日，兩廣總督李侍堯奏摺。

㉛ 《軍機處檔・月摺包》，第 2772 箱，4 包，496 號，乾隆十二年三月二十四日，兩廣總督策楞奏摺錄副。

㉜ 《清高宗純皇帝實錄》，卷 275，頁 19，乾隆十一年九月壬戌，據福建巡撫周學健奏。

㉝ 《文獻叢編》，上冊，頁 448，乾隆五十年二月初九日，山東巡撫明興奏摺錄副。

㉞ 《文獻叢編》，上冊，頁 455，乾隆五十年三月十七日，江西巡撫伊星阿奏摺錄副。

㉟ 《文獻叢編》，上冊，頁 454，乾隆五十年三月十七日，馬士俊供單。

㊱ Paul A. Cohen, "China and Christianity, The Missionary Movement and The Growth of Chinese Antiforeignism," 1860-1870. Harvard University Press, Cambridge, Massachusetts, 1963.

㊲　呂實強著《中國官紳反教的原因》，一八六○～一八七四（中央研究院近代史研究所，台北，民國五十五年八月），頁6。

㊳　《方本上諭檔》（國立故宮博物院，臺北），乾隆五十年春季分，三月二十四日，「大學士公阿等字寄署兩廣總督孫」。

㊴　後藤末雄著《乾隆帝傳》，頁283。

㊵　莊吉發撰〈清高宗禁教考〉，《國立中央圖書館館刊》，第新七卷，第二期（國立中央圖書館。臺北，民國六十三年六月），頁145。

㊶　莊吉發著《清代史料論述》（文史哲出版社，臺北，民國六十八年十月，第一冊，頁151。

兩廣總督奴才楊琳
廣東巡撫奴才楊宗仁謹奏

聞伴送西洋人來京事本年五月十二日到有

法蘭西行醫外科一名安泰文會法瑯技

藝一名陳忠信擬稱在虹日久必稍歇息

方可赴京奴才寺業經會摺具

奏在案今安泰陳忠信二人於六月十八日

自廣州起程奴才寺公同差人伴送合再

謹

奏

聞

二人都到了外科故然好會法瑯者不及大內

所造還可以學得

康熙伍拾捌年陸月拾捌日奴才楊宗仁

兩廣總督楊琳等奏摺

# 從鄂爾泰已錄奏摺談
# 《硃批諭旨》的刪改

## 一、硃批諭解題

　　清初本章制度，沿襲前明舊例，公題私奏，相輔而行。直省循常例行公事，使用題本，用印具題，臣工本身私事，則用奏本，概不鈐印，俱經通政使司轉呈御覽。清聖祖親政以後，鑒於本章輾轉呈遞，缺乏行政效率，爲欲周知中外，洞悉天下利弊，於是倣奏本形式，因革損益，而命臣工於露章題達之外，另准用摺奏事，密封進呈，逕達御前。無論公事或私事，凡涉及機密事件，或多所顧忌，或有更張之請，或有不便具題之處，或慮獲風聞不實之咎，俱在摺奏之列。具摺時例應由原奏人親手書寫，摺內之言，不謀於人，不洩於外，硃批密諭，亦不許互相傳閱，或私相探問。至於奏摺的齎遞過程，尤其隱密，在京王大臣或親詣南書房，將奏摺面交宮報首領①，或逕送宮門交由奏事太監轉呈御覽，各省文武的奏摺若屬軍情重務，准由驛馳遞外，其餘摺件俱令親信家丁或千把總齎送入京。奏摺奉君主御批後，即發還原奏人。清聖祖關心地方民情，孜孜求治，臣工於大小事務，凡有見聞，亦皆據實奏聞，天下諸臣成爲君主的股肱耳目，所有地方利弊，施政得失，君主多能洞鑒，其所頒諭旨，訓示方略，亦能措置咸宜，地方文武在千里之外，有如咫尺天顏，親聆睿語。清初政治清明，行政效率尤高，奏摺制度實已充分發揮其功能②。

　　康熙六十一年（1722）十一月十三日，清聖祖崩殂，是月二

十日，世宗胤禛即皇帝位，二十七日，諭令內外文武大臣將所有
聖祖硃批諭旨，敬謹查收進呈，不得留匿焚棄，否則定行從重治
罪③，嗣後繳批遂成了定例，雖硃批「覽」或「朕安」一二字者，
亦不准隱匿。世宗在位期間，臣工遵旨定期繳回宮中的奏摺件數
至夥，國立故宮博物院現存宮中檔雍正朝漢文奏摺計二萬二千三
百餘件，滿文奏摺約八百九十件。雍正十年（1732），世宗特檢
歷年批發的硃批奏摺，命內廷詞臣繕錄校理，付諸剞劂，工未告
竣，僅成數帙。高宗即位後，不敢意爲增益，但就世宗檢錄已定
的手批奏摺，彙著爲目，乾隆三年（1738），刊印成書，頒賜文
武大臣，計十八函，分爲一百一十二帙，凡三百六十卷：除第九
與第十兩函各裝八冊外，其餘十六函，每函各裝六冊，俱係當時
外任官員二百二十三人繳還的硃批奏摺，多者以一人分爲數冊，
少者以數人合爲一冊，冠以世宗硃筆特諭，殿以高宗後序，並開
列編次、校對、監造、收掌諸臣名銜，稱爲《世宗憲皇帝硃批諭
旨》④，此即一般所謂《硃批諭旨》。因奏摺及夾片均奉御筆硃
批，或在簡端，或在句旁，或在餘幅，地方大吏多將硃批奏摺簡
稱爲硃批，呈繳硃批奏摺亦間稱恭繳硃批，此外奏摺內亦常附有
硃筆特諭，另以素紙硃書，因此所謂《硃批諭旨》實係硃批奏
摺、硃批上諭以及硃筆特諭的簡稱或複合名詞。雍正年間奏摺浩
繁，充溢巨簏，世宗隨檢隨發，高宗亦不復排類，並無先後倫
次。在二百二十三人內，文職最低者爲知府、同知，如山東兗州
府知府吳關杰，襄陽府周知廖坤，其餘則爲道員、布政使、按察
使、學政、觀風整俗使、巡撫、總督等。武職最低者爲副將、總
兵官，其餘則爲提督、副都統、都統、將軍等，其中有二人或三
人會銜具奏者，因此實際署名具摺人數，當在二百三十人以上
⑤。《硃批諭旨》所選刻的奏摺，稱爲已錄奏摺，然不過佔雍正

朝奏摺總數的十之一二而已其後又檢出可以頒發者，準備陸續校理刊印而未予付梓者，稱爲未錄奏摺。其奏摺或因未奉硃批，或因硃批文意鄙陋粗俗，或因地方大吏爲世宗所憎惡不足爲天下表率者如年羹堯等輩奏摺，或因奏摺事涉機密而不便公諸天下者，俱不擬刊印，稱爲不錄奏摺⑥。

　　清世宗在位期間，充分發揮奏摺制度的功能，一方面放寬臣工專摺具奏的特權，司道等員以下亦准用摺奏事，另一方面世宗採行密奏制度，不僅欲周知中外，或君臣協議政事，亦將奏摺作教誨臣工的工具⑦。世宗頒行《硃批諭旨》的動機，即欲令天下臣民循環跪誦，於展讀之下咸知世宗圖治之念，誨人之誠，而感動奮發各自砥礪，以爲人心風俗之一助。世宗於《硃批諭旨》御製序文中亦云「每摺或手批數十言，或數百言，且有多至千言者，皆出一己之見，未敢言其必當。然而教人爲善，戒人爲非，示以安民察吏之方，訓以正德厚生之要，曉以福善禍淫之理，勉以存誠去偽之功。」吳秀良教授於《清初奏摺制度之發展》一書中亦指出在康熙時代奏摺的主要功能是用來了解地方情形，至雍正時代奏摺的功能，已不限於政治方面，世宗刊印《硃批諭旨》不僅在教育其臣工，且欲藉以訓導全國社會，打破舊傳統⑧。《硃批諭旨》是許多外任官員奏摺的集合，亦爲研究雍正時代的歷史所不可缺少的史料。是書所彙集的資料係世宗個人與地方官員之間直線往來的文書，濃厚地表現出各人的個性。就其內容而言，臣工奏摺的分量雖比君主的文字還多，但臣工的奏議因有君主的硃批，而更增加其價值。且《硃批諭旨》係從地方官員進呈的奏摺挑選刊印者，對於地方政治的實情，提供相當有價值的史料。其中亦含有不便形諸本章的機密事項，或與朝廷體統攸關的各種資料，往往有不少重要的史料⑨。惟對照宮中檔已錄奏摺原

件後，可以發現《硃批諭旨》不僅將臣工奏摺內容逐件刪略，硃
批旨意尤多潤飾，而減低了其史料價值。國立故宮博物院宮中檔
現藏鄂爾泰奏摺原件共計三百三十四件，《硃批諭旨》所選刻的
奏摺即已錄奏摺計二百八十九件，分爲八冊，內含附片一件，請
安摺九件，其餘俱爲鄂爾泰在江南江蘇布政使、雲南巡撫、雲貴
總督任內奏報地方事務的摺件，起自雍正元年十一月二十六日至
雍正九年九月初二日。本文僅就宮中檔鄂爾泰奏摺原件與文源書
局景印《雍正硃批諭旨》已刊奏摺的比較以探討《硃批諭旨》的
增刪潤飾。

## 二、鄂爾泰傳略

鄂爾泰（1680～1745），字毅菴，西林覺羅氏，滿洲鑲藍旗
人。曾祖圖捫於清太宗天聰五年（631）從征明朝，大凌河之
役，力戰陣亡，授騎都尉。祖圖彥圖襲世職，官至戶部郎中。父
鄂邦，官至國子監祭酒。鄂爾泰自幼兼習滿漢文。康熙三十八年
（1699），中舉。四十二年（1703），襲佐領，授三等侍衞。五
十五年（1716），遷內務府員外郎。雍正元年（1723）三月二十
二日，擢江南江蘇布政使司布政使。三年（1725）八月初六日，
奉旨入京陛見。是月二十五日，陞爲廣西巡撫。十二月二十六
日，調雲南巡撫，管雲貴總督事務。四年（1726）十月二十六
日，實授雲貴總督，加兵部尚書銜。十年（1732）二月，授保和
殿大學士，兼兵部尚書，辦理軍機事務。十一年（1733）十月，
充八旗通志總裁，兼署吏部。十二年（1734）七月，署鑲黃旗滿
洲都統。乾隆十年（1745）四月卒，諡文端。

鄂爾泰受清世宗非常知遇，故能由員外郎在三年之內超擢布
政使、巡撫、管理總督事務。據禮親王昭槤稱，鄂爾泰任務府員

外郎時，世宗在藩邸，因事召鄂爾泰，鄂爾泰拒之云「皇子宜毓德春華，不可交結外臣。」世宗善其言。世宗即位後，首召鄂爾泰諭云「汝以郎官之微，而敢上拒皇子，守法甚堅，為大臣必不受請託。」是以立授江南江蘇布政使⑩。世宗信任別爾泰甚專，曾云「朕有時自信，不如信鄂爾泰之專。」⑪鄂爾泰每具一摺，世宗必嘉其忠誠。雍正二年（1724）五月二十七日，署理浙江布政使佟吉圖抵達江蘇，口宣諭旨稱「鄂爾泰自到江蘇，聲名甚好，毫不負朕恩，是天下第一布政。」鄂爾泰在布政使任內，無時不以「報君恩，盡臣職」為念，積極整頓吏治，移風易俗，不遺餘力。世宗亦諄諄教誨，密諭治理地方之道。世宗寵遇鄂爾泰異於他臣，但並未寬縱鄂爾泰。蘇州府同知陳紳署武進縣事任內，虧空地丁銀七千二百餘兩，鄂爾泰失於覺察。雍正二年七月初二日，鄂爾泰接獲其兄鄂臨泰家書，得知奉旨從寬免其處分，鄂爾泰即具摺謝恩，惟奉硃批云「知道了，不可因取信於朕而放縱改易也，勉之又勉，莫負朕用。」世宗與鄂爾泰一種君臣相得之情，不比泛常，世宗每歸之於無量劫善緣所致，故期望鄂爾泰共勉精修。雍正四年（1726）二月二十四日，覆奏稱「自顧鈍根，實何修而得此，若不勉力精進，稍有墮落，現在不作善因，未來定受孽果，既不敢亦不忍，惟願生生世世依我慈父，了臣一大事，以求多福而已。」⑫世宗與鄂爾泰年歲相近，鄂爾泰事君如父，惟世宗常諭鄂爾泰不必作兒女態。鄂爾泰固須循例具摺恭請聖安，亦應將其自身健康狀況奏聞世宗。鄂爾泰曾云「臣之一身疾痛，疴癢呼吸之間，上關聖慮。」世宗關懷鄂爾泰，遠勝己子。雍正四年五月二十五日，鄂爾泰奏陳圖報聖恩一摺，奉硃批云「聞你總不惜力養精神，朕實憂而憐之，若如此則為不知朕，負朕也。似爾如此大臣，朕之關心若不勝朕頑劣之子，天地神明

共鑒。」雍正四年十月初二日，雲南府知府袁安煜到任，口傳諭旨云「你到雲南下旨與總督鄂爾泰，聞得他些須小事，每辦至二三更天，若是勞壞了時，不是欲報朕恩，反爲負朕矣，嗣後但辦大事，斷不可如此。」鄂爾泰具摺時亦稱「臣之受恩至矣，盡矣，內外臣工無有如臣者。」鄂爾泰凜遵慈訓，加意調攝，且奏請世宗少就暇豫，勿過於任勞。世宗日理萬幾，立志以勤先天下，外來奏摺晚間批諭者十居八九。鄂爾泰捧讀硃批，每當讀至「又係燈下字，墮淚披覽」等語時，則氣咽涕垂，無以自處。凡諸外用大臣入京陛辭時，世宗不忍別至於落淚者，惟鄂爾泰一人。世宗知人甚明，但不輕許人。雍正初年，王大臣之中，惟怡親王胤祥、高其倬、鄂爾泰三人爲其股肱心腹。怡親王忠敬性成，勤愼廉明，爲不世出之賢王，高其倬端正和平，世宗初亦保不再移其志，因事失寵後，世宗即許鄂爾泰爲國家的名器。雍正四年十一月十五日，鄂爾泰謝恩摺內奉硃批云「朕臨御四載，亦只得卿與怡親王二人耳。」世宗與鄂爾泰內外合作無間，君臣之情如同手足腹心。世宗晚年，召鄂爾泰宿禁中，逾月不出。雍正十三年（1735）八月二十三日夜，世宗崩殂，召受顧命者惟鄂爾泰一人。

## 三、史事的刪略

元明以來，苗蠻劫掠，久爲西南各省的腹心大患。清初整理苗疆，改土歸流，開始甚早，康熙三十一年（1692），四川東川士酋祿氏已獻土改流。雍正初年，在鄂爾泰補授雲南巡撫以前，雲貴總高督其倬已開始積極清理苗疆。督撫開拓苗疆的政策，撥兵進剿各寨頑苗的經過，內廷詞臣奉敕選刻《硃批諭旨》時多經刪略。雍正三年（1725）四月，高其倬奏陳調劑黔省事宜云「廣

順州所屬之長寨者貢同筍焦山一帶之苗，多係仲家，性好搶掠。其附近各寨，不下數百處，與長寨等處居地相連，暗相依倚，以數百里深阻之地，數百寨兇頑之苗，連成一片，地方文武相離甚遠，鞭長不及，應多設官兵，安立營汛巡防。」⑬此摺奉旨依議，鄂爾泰已錄奏摺原件曾節錄高其倬奏文，於雍正四年四月初九日具摺奏陳肅清頑苗。惟世宗敕編《硃批諭旨》時，高其倬已奉旨降調，故將鄂爾泰摺內摘錄高其倬奏文部分悉行刪略。雍正四年八月初六日，鄂爾泰具摺奏請分別流土考成以靖邊事，內稱「前於烏蒙事案，荷蒙聖諭，有改土歸流之旨。此誠聖主之軫恤邊氓良法美意，臣等所當仰體聖心，以推類及餘，雖不必明示大舉而為之，相其形勢，察其事機，可改歸者，即行改歸，其不可改歸，與不必改歸者，姑暫仍其舊。」⑭易言之，鄂爾泰清理苗疆，不過仰承世宗改土歸流諭旨而行，世宗曾屢飭臣工不准將密諭敘入本章內，《硃批諭旨》既欲頒賜臣工，故將前錄諭旨等項刪略不刊。

　　鄂爾泰為剿滅頑苗，屢檄粵黔等兵進討，其所撥兵丁數目，《硃批諭旨》多不刊載。雍正初年，苗氛日熾，烏蒙兵馬不及一萬。雍正四年十二月二十一日，鄂爾泰於赴黔之便，沿途酌派官兵及各土兵，在營候調，計：鎮兵一千名，左協兵五百名，右協兵三百名，尋霑營兵二百名，威寧鎮兵八百名，大定協兵二百名，畢赤營兵二百名。鄂爾泰於原摺又奏稱「烏蒙至成都省城一千九百餘里，凡申詳文案，每多耽延，且差遣土人，往往遭野賊劫搶，或為奸吏停壓，天高聽遠，下情難以上達。今幸聖天子睿哲仁慈，准將東川府撥歸雲南轄治。烏蒙與東川緊連，去滇省不過六百里，情願照例撥歸雲南，所納蕎折糧銀一百二十兩，解歸雲南藩庫。」烏蒙及東川撥歸雲南，重劃行政區域，鄂爾泰奏摺

原件實係重要史料。惟《硃批諭旨》但稱「據黃士傑呈送祿萬
鍾、祿鼎坤詳文，俱稱烏蒙與東川緊連，去滇省不過六百里，情
願照例撥歸雲南等語。」⑮

威遠等處猓黑，從不耕種，亦無房屋棲止，專以打牲劫擄爲
生。雍正五年（1727）正月十七日夜間，鎮沅夷猓聚衆數百人，
突將衙署放火焚燒，威遠同知劉洪度被害，遊擊楊國華詳稱「威
遠猓黑、鎮沅人等於正月十七日午刻，先在抱母井地方抄擄，當
夜四更時分奔赴府城，燒衙傷官，劫課放囚。」副將張應宗等亦
報稱「正月十八日巳時，有鎮沅府民人及按板井吏目王廷相、者
樂甸土官刀聯斗攜帶家屬至景東仰里汛被稱有猓黑數百，於十七
日晚至鎮沅府按板井二處將各路口邀截，圍燒搶擄，我等投奔前
來，其陸續人民，口稱賊衆將劉府衙署及下衙鹽店營房盡行燒
毀，傷壞兵民甚多，現在集聚千人，望求招安。」⑯地方將弁所
報頑苗滋事經過甚詳，鄂爾泰據實具摺奏聞，《硃批諭旨》亦刪
略不刊。

清理苗疆，首先必將漢奸惡目盡法懲治，絕其根株。雍正五
年正月十七日，威遠猓黑夜燒衙署，殺官劫課，縱囚作亂，其爲
首奸民，除刀西明外，尚有刀匡國、刀璋、刀廷貴、刀廷傑、方
老長、陶正紀、陶運武、張開坤、尤普運、左老大、田保、袁正
綱、刀榮祖、刀波遁、曾鬍子、刀廷國、王三禮、鄧把事、謝公
枝、段覽、葉在皐、刀有義、方炳、方明、嚴廷獻、方文英、羅
喇得、陶波半、陶奔歸、刀如珍、刀二等三十一名糾合猓黑共千
餘人放火劫殺，把總何遇奇、兵丁劉肇慶等遇害，井民周國鼎等
被羈留，奸民猖獗，《硃批諭旨》俱將奸民姓名盡行刪略。旋將
奸民要犯先後擒獲，頭人刀波幸、陶小保自首，獻出鹽課二封，
「一封八十五兩三錢，一封七十三兩三錢。」刀如珠誘擒刀廷

貴，綑綁押解到營。在牙賽坡頭查獲刀波瞞，丁怕坡頭拏獲陶波公黨賊方老大及猓黑十名。把總吳起鵬等拏獲戶猛寨夥賊陶小五外，尚有刀三難、陶小四、刀小三、陶波冊、陶波半、王波孫、愛半、張老大、刀波賀、陶波賴、陶波幸、陶老三、陶鼎等，鄂爾泰原摺所開列姓名，《硃批諭旨》俱未刊印。鄂爾泰屢檄文武員弁招撫烏蒙苗酋祿萬鍾，惟祿萬鍾遠竄他處，不肯就撫。鄂爾泰隨檄文武各員搜括其財物。雍正五年五月初十日，鄂爾泰具摺奏稱「今俱具有清冊，開有單摺，臣復切囑劉起元、賈擴基等嚴加詰訊，毋令隱匿。續據質審之下，又將隱匿之物一一供吐，雖此外尚有疏漏，難以臆斷。然就漢彝耳目所共見聞者已搜括無遺，如烏蒙一府印信，則有前代部頒者共計五顆，執事則有銀牌、銀瓜、銀月爺、銀鳳鎗、銀蛇鎗、銀方天戟、銀截花、銀兵權、銀提爐之類。器物則有銀罎、銀瓶、金銀壺、金銀盃盤、銀碗、銀勺、銀攢盒、銀壽星、銀鶴鹿、金鞍、銀鞦之類。至於金珠冠帔、金珠首飾、以及珍珠珊瑚瑪瑙錦繡緞疋日用服飾之具，亦大概粗備。但存貯銀兩現無著落，稍遲時日，諒終難隱匿也。」以上起出物件甚夥，頗有助於明清兩代治理土司的研究，惟原文俱不見於《硃批諭旨》。

清軍進剿苗寨經過及苗人頑抗情形，鄂爾泰原摺敘述甚詳。雍正八年（1730）三月二十六日，鄂爾泰於奏聞生苗剿定河路開通一摺稱「以土兵為奇兵，五路迎敵，當場大砲傷死兇苗三十餘人，帶傷者不可勝計，該苗等始退據隴寨，卑職等即嚴行督率，先奪其船，且敵且渡，人人奮勇，直逼寨門，又鎗傷兇苗數人。」原摺又稱「正在收兵，忽見北岸苗寨內烈焰衝天，探知係新撫之九圼苗民素受來牛荼毒，乘此報復私仇，並見投服之誠等情。又報稱於二十五日密撥官兵埋伏於來牛南岸之上流下流二

處，職等帶領少許官兵，離營少許，在南岸中路果有兇苗數千蜂擁北岸，放鎗叫喊，我兵且敵且誘。兇苗見我兵少，遂由北渡南，職等隨放號砲三路齊發，人人奮勇，鎗砲打死苗賊數十名，負傷逃竄赴水淹沒者，不可勝計。兇苗標鎗傷害土兵二名，我兵見同類被傷，愈加奮力，奪船渡江追殺，放鎗打死苗賊數十名，手砍苗賊五名，又搜箐斬殺兇苗二名，日暮收兵。」⑰鄂爾泰將員弁所報剿苗情形，據實奏聞，其原摺實係研究清初經營苗疆的重要史料，但《硃批諭旨》俱刪略不刊。

鄂爾泰在雲貴總督任內，曾辦理安南畫界及南掌、緬甸進貢事宜，俱係研究清初中外關係的重要史料。雍正六年（1728）七月二十一日，鄂爾泰奏稱「安南定界一事，臣因開化文武廢弛已久，屬內屬外並未曾經心，以致陝阯土目漸有輕忽之意，故欲乘此整頓以遵體統。今雖蒙恩賞給土地，然該國委員受地時，猶可當下劃清邊界，飭令遵守，原無大干係，此固臣力能調理事也。若明知無大干係，不礙調理，而窺測聖主之虛公從善如轉圜之至意，故陳辯詞停留勅旨，以自博直亮，有擔當之名，此則奸邪之徒，巧於欺罔與於不忠不誠之甚者，臣之心行隱微皆早在聖明洞照之中，敢或不肖至此乎，荷蒙慈訓，一德同心四字，當諸事凜體敬謹誌之。」世宗因寵信鄂爾泰，諸事常不欲自主定意，故多徵求鄂爾泰的意見，鄂爾泰忠誠不貳，諸事凜遵聖諭而行，乃有此奏。前引奏摺不僅有助於研究早期安南關係，亦係研究清世宗與鄂爾泰之關係的重要史料，《硃批諭旨》刪略不載。雍正八年十二月十七日，鄂爾泰奏聞南掌使臣回國莽國請貢事宜，內稱是年十月十六日，莽國又名阿瓦，即緬甸，差大頭目猛古叮叭喇等至車里致賀力紹文承襲宣慰。猛古叮叭喇告知守備燕鳴春云「我莽國原早要進貢，不是被前人嚇怕。國王歸誠，久在南掌之先，

今還造化，猶得目覩，回去告知國王，明年一定進貢。但路途遙遠，回去就是數月，不能即來，務懇預先稟明雲南大人，求准代奏。」此段記載有助於清初中緬關係的研究，經《硃批諭旨》纂修詞臣校理後但云「回去告知國王，明年一定進貢，懇預先稟明雲南大人求准代奏。」⑱

地方豎旗起事案件，《硃批諭旨》多諱飾史事，難窺眞相。雍正八年，兩廣有邪教散箚事件，擒獲李天保等各犯，並搜出邪書。鄂爾泰具摺奏稱「何大什、藍都堂即馮顯成、陳百川、馬朝烈、石公茶、黃道鳳、王公顯等七人姓名，俱有陰名陽名，並載開平、羅平、歸化字樣，治病避鬼符咒乞掘金寶畫圖，並天兵天將喬臣喬人等名色。」又稱「李天保視爲秘本，勾合馮顯成，共推詭稱盤王之李金星即李布翁爲老祖，歷年往來泗城田州村寨，非借解穰爲詿財，即掘窖爲聚衆。迨掘窖不驗，起意散箚獲利，邀徐召年商謀，在韋宋家造稱開平僞號，羅平僞旗，雕印造箚，潛至田州楊秀家住歇。又糾同夥乞窖之蒙薦、班康、吳順、黃全等分散僞箚，每張要銀三兩五錢。僞旗上寫羅平字號，可解瘟疫，並避兵火，以此惑衆騙財。已將李天保等詳解臬司審轉。其供出各犯，現在關移密拿。至田州泗城並無廣東案內供出大倫地名及文姓與楚雲公等，反覆嚴訊各犯，俱稱不知。續拿獲收存木印之羅總重、羅條，並知情之譚六，追獲大小木印二顆。又獲陳百川即龔武梅、馮顯成及其子馮特宗、馮特祖，搜獲道士印、符咒書、腰刀、鳥鎗等項，俱經起解。」又據思恩府知府劉斌稟稱「奉諭嚴查匪類，因思卑職前任廣西橫州時於雍正二年正月據墟民農扶振首出符牌二張，訊供係道士韋日富身帶之物，詰訊韋日富行蹤下落，展轉供扳，而韋日富畏罪遠颺，訪緝無蹤，當經具稟前任孔督院蒙諭俟獲首犯，然後詳報。後獲夥犯馬雲標等供與

韋日富皆算命看風水營生，併講論開窆古窖，言有符牌，能避瘟
疫，惑騙銀錢，錄供呈送前任李撫院，令將現犯分別枷責，押回
各原籍拘管在案。今李天保等所犯事亦類此，合行據實稟明。」
在廣東方面亦有李梅等捏造謠言案件，鄂爾泰奏云「或稱交趾李
九葵係安南國王第七子，要圖大事，和尚智開做軍師。又稱有姓
文的說他哥子在陝西要圖大事，招有許多兵馬，從廣西就到廣
東。楚雲公是文姓的弟郎，偽造木印箚付八卦旗，詭稱能驅邪，
能拒兵馬，訛騙民財，愚民梁子賓、李崑玉等墮其術中，為之傳
佈誘騙，李時行、李伯侯等各出銀錢領旗以為避禍之具。」⑲兩
廣等地秘密結社，勢力猖獗，地方文武查拏甚嚴，鄂爾泰據實奏
聞，敘述甚詳，《硃批諭旨》隱諱史實，俱刪略不刊。

　　《硃批諭旨》內含有不少經濟方面的史料，惟地方官員虧空
銀兩及稅收銀兩數目多經刪略。雍正元年十一月二十六日，鄂爾
泰抵江南江蘇布政使新任後奏明交盤已竣並陳額外虧缺情形。其
中奏報江蘇藩庫錢糧計存庫銀「二十四萬六千二百五十四兩九錢
六分二釐九毫」，在鄂爾泰原摺內以硃筆將存庫銀兩數作刪節號
省略，《硃批諭旨》以刪改後的文字刊刻，故不載藩庫現存銀兩
總數。前任布政使李世仁虧空雜項等銀計一萬七百八十二兩六錢
三分零，經鄂爾泰屢次嚴催，陸續還庫，並由「前任藩臣李世
仁、署任臬臣葛繼孔二任內經手」。刊刻《硃批諭旨》時，於銀
兩數目處粘貼簽條，改書為一萬餘兩，其餘各項銀兩，亦將百位
數以下銀兩細數刪略，原摺內經手人員李世仁、葛繼孔二人姓名
亦刪略不刊。雍正五年五月初十日，鄂爾泰於「遵旨議覆事」一
摺內將雍正元年起至雍正四年止各項所增銀兩，俱按年入於正項
額外贏餘冊內，其原摺稱「雍正元年分造報過正項盈餘銀五萬八
千六百一十七兩六錢三分五釐零，雍正二年分造報過正項盈餘銀

六萬五千七百六十四兩九錢二分七釐零，雍正三年分造報過正項
盈餘六萬五千七百七十二兩四錢四分九釐零，雍正四年分現在造
報正項盈餘銀六萬五千七百三十三兩二錢九分七釐零。雍正元、
二兩年分造報過額外盈餘銀五萬三千九百九十二兩五錢五分，雍
正三年分並二年分未經造入各項餘存銀四千八十一兩一錢六分
零，共造報過額外盈餘銀四萬七千三百一十二兩七錢五分七釐
零，雍正四年分現在造報額外盈餘銀四萬七千八百五十七兩八錢
五分五釐零。」新開只舊草溪井雍正二三四三年辦獲課銀一萬二
千兩。麗江土井雍正三四兩年辦獲課息秤頭等銀五千二十一兩八
錢八分八釐。按板、抱母、恩耕、香鹽等井雍正二三四三年辦獲
課息等銀五萬七千四百八十一兩六錢六分七釐零。俱照原題留為
創開井地等費，並存放新設普威營官兵俸餉之需。⑳以上詳細數
目，俱不見於刊刻出版的《硃批諭旨》。雍正五年十一月十一
日，鄂爾泰於奏明新增鹽課餘息一兩，奏報麗江井年煎正額鹽共
二十萬一千餘斤，「實獲課價秤頭銀二千七百七十七兩零，以二
千五百一十兩零撥抵琅安二井減價餘銀，造入額外贏餘冊內。」
又景東井年額煎鹽十六萬九千二百斤，「辦正課贏餘共餘三千四
百八十五兩。」又雲龍井年煎額鹽一百五十一萬一十四斤，趕煎
鹽三十萬斤，「每百斤有秤頭鹽二十六斤，徵正課公費銀五千一
十一兩零，正項贏餘歸公銀二萬三千八百八十九兩零，額外贏餘
銀一千六百兩。」㉑前列銀兩數目，刊刻《硃批諭旨》時盡行刪
略。其餘刪略之例尚多，無煩縷舉。

## 四、供詞的刪略

　　宮中檔內附有甚多供單，奏摺中亦抄錄不少供詞，俱係研究
當時史事的第一手資料。鄂爾泰經營苗疆期間，俘獲人犯所錄供

詞，俱具摺奏聞，《硃批諭旨》多刪略不刊。雍正五年正月十七日夜，鎮沅夷人勾通威遠猓黑乘夜放火焚燒衙署，其起釁情由，各持一說。據夷人刀沛供稱「惡目刀西明、刀如珍、刀廷貴、陶奔歸等逆天不法，捏署府待民刻薄，又涎羨鹽課，威逼伊等從逆，不允，即要殺死爲首之人，尙有小班陶贊門子、刀西侯、張開坤，鄉官刀西燦，料理陶正紀，族人刀廷遺糾約城內及各村寨百姓並猓黑，於正月十七日三更時，將下衙焚燒，後到上衙，先逼劉同知要印，隨即燒殺。」問其府印，據供「係刀廷貴等帶至戶猛村，隨追至戶猛，並無一人，遣各將追擒堵禦招撫，把總何遇奇等始脫圍困。」刀沛所供夷猓黑滋事經過甚詳，惟不見於《硃批諭旨》。

車里宣慰司地方，近逼老撾，遙連緬甸，有窩泥部族。據鄂爾泰奏稱「窩泥一種，雖具人形，而生性冥頑，與禽獸無異，藉江外爲溝池，倚茶山爲捍衞，盤踞萬山之中，深匿巖險之內，入則借採茶以資生，出則憑剽掠爲活計。」㉒雍正五年四月初六日，窩泥渠魁麻布朋等率衆在慢課慢林等處要截路口，劫殺行人，茶商客衆多被殺傷，經官兵先後拏獲兇犯七十人。訊問各供，據糟鼻子布朋等稱「麻布朋於四月初六日到莽芝小寨，與者老二商量，他們就動手殺死王姓江西一人，李姓景東一人，石屛陳姓一人。土主廟門前殺迤西張姓一人，小蠻磚路殺趙先翰一人，屍骸俱已埋了。」據頗郁等供稱「在大寨殺七個，小寨殺三個，莽芝路上共十個。」又詢殺死係姓何姓名，據供稱「湖廣蕭老五夫妻兩個，劉客長一個，李二哥一個，石屛馮大價一個，老閻一個，其餘五個不知姓名，俱是麻布朋者令莽芝人，傳有手指髮辮，逼勒大家動手是實。」在慢課地方又殺死銅匠一人，姓名爲黎崇文。據李廈乃夜供稱「麻布朋傳手指髮辮來著大家去邀

路，就是小的兩個遇著這一個人，即用弩箭先動手打死了。」猛崙地方又有客人六名被殺。據嫩白勒阿扯約供稱「大家追客至猛崙酒房，殺死湖廣姚弘樹一個，范老官一個，張湖廣一個，大理劉紹先一個，又兩個不知姓名。」又於小寨殺三人，「一係江西楊飛祿，傷重，恐被殺自縊死。一係蘇老三，帶傷來躲，數日而死。其一人自慢林被賊趕來箭傷，至寨藥發身死，不知姓名。」據卑者供稱「劉江西是小的們同倚邦廈扯殺的，手指髮辮傳往莽芝去是實。」又據廈扯供稱「前麻布朋來殺客，大家追至細腰子河邊，殺死迤西趕馬的王姓客一個，得青馬一匹，紫馬一匹，茶十一馱，鞍子十一副。」㉓雲南窩泥部族，橫逆肆惡，屢次剽掠劫殺，實爲地方大害，前引供詞，俱經刪略，不見於《硃批諭旨》。

鄂爾泰爲開通都江水道，於雍正八年正月二十一日調遣粵兵剿撫定旦、來牛頑苗。二月初六日，據候補守備高本陽等率同寨比苗民拏解定旦首惡阿當到營。隨加嚴訊起意糾黨兇首共有幾人。據阿當供稱「阿斗、阿掌、阿直、阿爪、阿憤、阿擺、老卓、阿扛、阿叭，與小苗共十個人商量的。」又訊問兇首藏匿何處，據供稱「阿叭已經被火燒死，阿擺、老卓、阿扛三個通被官兵殺死了。」初九日，苗民阿埃到營稟稱兇首等「只在對山坡上，不敢過江。」副將趙文英等預遣兵丁埋伏，令通事阿么誘至江邊，隨拏獲阿直等五人。據寨比等處苗民到營稟稱，「阿當的係積盜，兼會做鬼。」即阿直、阿爪亦稱「打雞蛋卜卦及攔江截殺，總是他起意。」阿當亦供認不諱，隨將阿當斬首。前引供詞，雖嫌瑣碎，惟當時進剿頑苗，其供詞實甚重要。世宗敕編《硃批諭旨》時，苗氛已靖，故將其供詞細節，俱行刪略。

古州三保地方，貼近諸葛大營，車寨尤逼處營側，營基舊爲

頑苗土地,就地建營後,苗人迄未帖服,出沒無常,肆虐劫殺,
商客蒙害,此腹心大患一日不除,則地方文武一日不能安枕,鄂
爾泰遂奏請剿滅各寨兇苗,雍正八年七月二十四日,鄂爾泰將辦
理經過具摺奏聞。土舍楊茂枝帶領各寨老苗跪路哀求稱「後生們
爲寨頭藏弩的人誤害,今被剿盡,只求饒命,盡繳兇器,綑獻首
犯。」嚴訊兇苗,據供稱「係車寨人名老戛到龍早來叫我們做
的。」通事帶領黨祥、佳沙二寨苗人跪營悔罪云「起意傷人,原
係龍早做的,今後再不敢爲歹。」《硃批諭旨》將苗人供詞俱行
刪略。據副將趙文英稱「職等看來從前各處山苗俱係車寨勾結是
實,初八日,有蠟酉佳色等六寨苗民帶領龍早苗人到營備牛砍
款,供有頭人十四個,老歇、老類、老擺、老拉、老路、老戛、
老松、老桑、老哀、老遜、老亨、老果、老佳、老商都是他們做
的事。今見營門掛頭,割取耳鼻已死了十一個,止有老果、老
佳、老商三個逃脫,願拏三個解來。並據供老戛一犯係車寨的人
進來勾結我們。又供老歇等殺人,原是車寨叫做的等。職等勒令
擒獻老果等三兇方免死罪,衆苗鳴誓而去。」㉔苗人供詞及將弁
詳報的內容,俱係研究清初經營苗疆的重要史料,俱不見《硃批
諭旨》。

## 五、諭旨的增刪潤飾

奏摺密封進呈御覽後所奉硃批,有行間的夾批即旁硃,亦有
餘幅的尾批,甚至在封面上亦見硃批,間亦另附硃筆特諭。《欽
定四庫書總目》亦謂所奉硃批少者數十言,多者每至數百言,其
肯綮之處,經御筆圈出抹出者尤爲詳悉,「無不循名責實,斥僞
求眞,或即委而知源,或見微而識著,玉衡之平,不可欺以重
輕,金鑒之明,不可炫以妍醜,推求一事,而旁燭萬端,端拱九

天，而坐照四海。凡堯徵舜咨具寓於羲畫禹書之中，天下臣民循
環跪誦，蓋皆得而仰喻焉。」㉕但《硃批諭旨》所收錄的奏摺，
其硃批旨意，俱經增刪潤飾。或因原摺硃批文字粗俗鄙陋，或因
世宗深夜燈下批諭而多錯別字，或因世宗隨意所及而以通俗口語
批摺，刊印《硃批諭旨》時幾乎逐句逐字加以潤飾。雍正二年六
月初八日，鄂爾泰任江南江蘇布政使時具摺謝恩並繳硃批諭旨，
原摺所奉硃批云：

> 所奏甚是，向聞得你所做得法，故未諭你，你今既有此
> 奏，將朕意諭你，凡移轉風俗之事，須徐徐漸次化理，不
> 可逆民之意，強以罰繩之也。先前湯濱等有幾任巡撫，亦
> 有此舉者，皆不能挽回而中止，反爲百姓之怨望，無濟於
> 事，如蘇州等處酒船戲子匠工之類，亦養多少人，此輩亦
> 有游手好閒者，亦有無產業，就此覓衣食者，倘若禁之絪
> 急，造作無益之物者，不能養其生理，回田者無地可種，
> 而亦不能任勞，若不能養生，必反爲非他求矣。必須爾等
> 地方大吏，正已率屬，徐徐化導，使百姓明解其非，樂從
> 務本，知其利害，方可長久尊行，風移俗化也，萬不可嚴
> 急，使民失業。至於蘇常等處，還是禮義懦弱之風，雖尚
> 奢靡，不過好嬉戲耳。況人姓多巧，可以掙得出飯吃，若
> 較好勇鬥狠之風相去遠矣。若盡令去讀書，天下官還不勾
> 蘇州一府人用，非長計也。若驅令歸濃，此輩懦怯無能之
> 人，何能力田服勞也。不過棄鄉棄土而往他省，仍務其惡
> 業耳，非長策也。凡事順人情就風俗而理之，漸漸委曲開
> 導方可，此等事一點迂腐淺見不得，虛名務不得，地方上
> 刁頑矜紳縱不得，末業小民苦不得，必須一夫不獲其所，
> 若已推而納之溝中，如此寬仁，如此識見，方可爲民父

母。諸事若不打量久長，暫圖一時高興，不能令風移俗美，而翻成勞而無功，沒趣之極也。只可以善言徐徐化導，不可以罰害小民生理也。此朕密諭爾之旨，不可再令一人聞之，要緊，要緊㉖。【圖版壹】

清初反滿運動，此仆彼起，君主屢飭地方大吏極力避免激起漢人反滿情緒，欲令百姓各得其所，漸漸消弭種族意識。鄂爾泰補授江南江蘇布政使後即奏稱「江蘇地方，外似繁華，中實凋敝，加以風俗奢靡，人情浮薄，縱遇豐年，亦難爲繼，但逢歉歲，遂致成災。」世宗恐其操之過急，官逼民反，故諄諄密諭治理地方之道。內廷詞臣奉敕編印《硃批諭旨》時，將前引諭旨潤飾改正，先用奏摺紙以墨筆重抄硃批全文。惟其重抄時已將世宗誤書錯別字及欠妥詞意俱行改正，如：「向聞得你所做得法」一句，重抄時將聞得之「得」字省略。「凡移轉風俗之事」，重抄作「凡轉移風俗之事」。湯斌，世宗誤書作「湯濱」，重抄時亦經改正。「覓衣食者」，重抄作「覓食者」。「縐急」，改正爲「驟急」。「尊行」，改正爲「遵行」。「人姓多巧」改正爲「人性多巧」。「不勾蘇州一府人用」，將「勾」改正爲「彀」。墨筆楷書抄畢後，續將潤飾字句書於黃簽粘貼其上。茲將原批及修改文句俱錄於後：

所奏甚是，向聞『你所做』（爾料理）得法，故未諭『你，你』（及），今既有此奏，（因）將朕意諭『你』（爾），凡轉移風俗之事，須『徐徐』漸次化理，不可『逆』（拂）民之意，而強以『罰』（法）繩之也。『先時』（從前如）湯斌等『有』（及）幾任巡撫亦有（爲）此舉者，皆不能挽回而中止，反『爲』（致）百姓之怨望，無濟於事。如蘇州等處酒船戲子匠工之類亦（能）養

（瞻）多『少』人，此輩『亦有游手好閒者，亦有無產無業就此覓食者，倘『若』禁之驟急，『造作無益之物者』，（恐）不能『養其』（別尋）生理，『回田』（歸農）者無地可種，『而』（且）亦不能任勞，若不能養生，必反爲非『他求』（不可究竟）矣。『必須』（惟在）爾等地方大吏正己率屬，徐徐化導，使百姓明『解』（識）其非，樂從務本，知其利害，方可長久遵行，風移俗化也，萬不可嚴急，使民失業。『至於』（究之）蘇常等處，還是禮義柔弱之風，雖（習）尚奢靡，不過好（爲）嬉戲耳。況人性多巧，『可以掙得出飯吃，若』（頗嫻技藝，善於謀食），較（之）好勇鬥狠之風，相去遠矣。若盡令『去』讀書，『天下官還不彀蘇州一府人用，非長計也』（勢必不能）。若『驅』（槩）令歸農，此輩懦怯『無能』之人，何能力田服勞『也』，（將來）不過棄鄉棄土『而』（遠）往他省，仍務其『惡』（舊）業耳，非長策也。凡事順人情就風俗而理之，『漸漸』（從容布置），委曲開導，方可『此等事』（有成），一點迂腐淺見（存）不得，虛名務不得，地方上刁頑矜紳縱不得，末業小民苦不得，必須一夫不獲其所，若已推而納之溝中，如此寬仁，如此識見，方可爲民父母，『諸事』若不『打量』（計及）久長『暫圖』（祇圖）一時高興，（匪惟）不能『令』風移俗美，『而』翻成勞而無功，『沒趣之極也』，只可『以』善『言徐徐』（爲）化導，不可『以罰』（使）小民（失其）生理也，此朕密飭諭之旨，不可『再』令一人聞之，要緊，要緊。【圖版貳】

前引硃批墨抄，『 』內詞句係墨抄原文，（ ）內詞句係粘貼黃簽改書的文句，《硃批諭旨》的硃批部分即據粘簽刪改後的文字刊刻成書【圖版參】，其餘奏摺內的夾批或餘幅尾批，即據此刪改潤飾，例繁不勝枚舉。

《硃批諭旨》一書所載奏摺餘幅尾批，有一部分係敕編該書時增補者，並非世宗發還硃批奏摺當時所書。例如雍正八年正月十三日，鄂爾泰於「奏聞黔省撥派調度情事」一摺，餘幅奉硃批云「大局業已蒙上天慈恩，盡屬妥協矣，似此細端，朕不慮也，卿酌量為之。」㉗《硃批諭旨》所載該件奏摺尾批云大局業已蒙上天慈恩，盡屬妥協矣，似此細端，猶在卿酌量詳慎，不可少忽，以貽後患，然古州一事，朕終不敢信其久無他變也，卿其誌之。若能始終如今日之妥帖，誠出望外。」㉘「酌量為之」一句以下係刊印《硃批諭旨》時增補者。雍正八年三月二十六日，「奏聞清水江苗剿定畏服事」一摺，原摺奉硃批云「嘉悅覽焉，朕為古州八萬之憂釋然矣。」㉙《硃批諭旨》一書所載該件奏摺尾批為：「嘉悅覽焉，朕為古州八萬之憂懷，今日始少釋矣，尤宜詳慎。」㉚

宮中檔摺件內除夾批、尾批外，世宗間亦以另紙硃書特諭封入摺內，刊印《硃批諭旨》時，即將所附硃筆特諭刻入奏摺內而成為該摺餘幅尾批的一部分。雍正四年十一月十五日，鄂爾泰於「奏覆欽奉上諭事」一摺，其原摺餘幅奉硃批云「所論甚是，已密諭韓良輔矣。」此摺另附世宗親書硃筆諭旨一紙，並經墨抄改正及潤飾。其文云：

> 陳時夏有母『親』在家，『他』欲告假接其母同『來』（赴）任所，朕許『他』命地方官送來，可以不用『他來』（伊親往），『他』（伊）深感情愿，『你』（爾）

可與楊名時委一微員同陳時夏之弟一路用心照看，好好送
至蘇州，可命乘驛『再』（前去），爾等亦幫助『前來』
（費用），令其如意，即伊家『裡』（中）亦爲之安
『插』（頓）妥協，不可令其母繫念，爾等『亦』（併）
時常照看『特諭』，將此『諭』亦『與』（諭）楊名時
『看』（知之）。（再）起身日期不可催迫，『動身』
（遲早）取伊母之便『好』，有年紀人路上著『他們』好
生照「看」（料），隨便歇息行走，不必因乘驛定限，
『再』（特）諭㉛。

　　前引硃筆特諭，『　』號內字句係硃筆原文，因詞意欠妥，
奉敕刪改或潤飾，（　）號內文字則係墨抄時粘貼黃簽改書的詞
句，《硃批諭旨》即將修改潤飾過的硃筆特諭刻入該件奏摺末幅
尾批之後，惟硃筆特諭，亦有非世宗親書，而以正楷硃筆書寫
者，此類特諭，有一部分疑即出自校理《硃批諭旨》詞臣之手。

　　《硃批諭旨》一書，不僅將上諭逐件潤飾改正與增補，同時
將不便公諸天下者俱行刪略。滿人入主中原後，極力籠絡知識分
子，欲緩和漢人的反滿意識，硃批諭旨內凡涉及滿漢畛域者，一
律刪略不刊。雍正四年十二月二十一日，鄂爾泰於「欽遵聖諭
事」一摺抄錄奉到硃諭具摺覆奏，其硃諭云：

　　　朕即位來，如此推心置腹待漢人，而不料竟有王日期，查
　　　嗣庭之輩，頑不可化者。今伊等悖逆不道之事，自然天下
　　　共聞者。近因查嗣庭進上物件，記載一事，有旨凡漢人進
　　　獻，朕皆不納，楊名時所進之物，朕亦引此旨不受發還。
　　　諸如各省督撫之進獻，朕本不喜此事，但朕凡百槩遵守聖
　　　祖成規而行，若止行此事，非今日之不是，即當日之非
　　　也，所以于朕甚不便，今既有此一機，故發露之。但楊名

時有名人物，諸漢人之領袖，可勸他求上一疏或一摺，怪查嗣庭之無人臣禮，引古君臣貢獻之儀，芹敬之道。若如此拒絕未免隔君臣之情，虧外臣之典之文奏一奏，則從來此事皆是矣。楊名時迂拙，必委曲令爲此舉方好。密之，密之，萬不令楊名時知朕之諭也㉜。

鄂爾泰原摺所抄錄該道上諭，粘貼黃簽書明「擬刪」字樣，《硃批諭旨》遂不見此段硃諭。鄂爾泰覆奏云：

臣跪誦之下，不勝憤恨。伏惟聖主推誠用恕，遠邇靡遺，凡遇內外滿漢莫不一視同仁，有耳共聞，有目共睹，乃查嗣庭輩悖逆不道，暗肆譏諷，私載日記，以逞奸邪，此誠自然生成，不容於天地者也。臣奉諭後隨札致楊名時，大略謂齎摺家人自京來，聞奉聖旨，因查嗣庭日記一事，凡漢人進獻，一概不受，而老先生貢物，亦遂未蒙賞收。竊思五玉三帛，載在虞書，時享歲貢，紀之周禮，大禹來九州之筐篚，成湯受萬國之共球，凡以通上下之情，洽君臣之誼，二帝三王，未之有易，即漢唐以來，職貢有圖，方物有錄，皆所以昭示海隅，並非以秘藏篋衍也。今查嗣庭輩以奸險之心，逞詭僻之智，致干聖怒，凡屬臣僚，莫不切齒。但忠佞各殊，良楉逈別，雖百爾愛戴之誠，實結於儀物未陳之始，而戔戔微末，用表寸忱，曝背獻芹，野老且然，況大臣乎。即我聖祖仁皇帝，凡於大小臣工貢獻，皆俾得達，其綢繆悖輩之誠，我皇上臨御以來，孝治天下，事事仰承，而於內外臣子教育備至，體恤尤周。今以一二宵小之徒梗拒內外臣工之獻，在群小罪不容誅，而諸臣心難自己。老先生清正典型，爲聖主所眷注，務當敬抒誠悃，援引大義，立具奏本，懇祈聖慈，則不惟聯外臣下

之情，並以存千古朝常之體，所關甚鉅，又不獨爲老先生
一人計也。愚所見道理實應如是，萬勿小有顧慮等語。臣
料楊名時人雖迂拙，頗諳經義，必痛切敷陳，懇乞慈鑒
也。

　　《硃批諭旨》旣將前奉密諭刪略，亦將鄂爾泰此段覆奏之詞
及致書楊名時的內容一併刪去。楊名時，字賓實，江南江陰人。
康熙三十年（1691），進士，改庶吉士，四十一年（1702），督
順天學政。五十三年（1714），充陝西考官。五十六年
（1717），授直隸巡道。五十八年（1719），遷貴州布政吏。五
十九年（1720），擢雲南巡撫。雍正三年（1725），擢兵部尙
書，改授雲貴總督仍管巡撫事。翌年，轉吏部尙書，仍以總督管
巡撫事務。尋以題本內誤將密諭敍人，世宗嚴加斥責，命解總督
任㉝。雍正四年十月二十六日，特旨補授鄂爾泰爲雲貴總督。楊
名時接獲鄂爾泰信札後，即具本進獻方物。是年十二月二十六
日，世宗諭內閣云：

　　朕即位以來，視滿漢臣工均爲一體，時時訓誨，以君臣之
　　間，務敦元首股肱，一體聯屬之實心，而不在於儀文度數
　　之末。至於上之賜賚於下，下之進獻於上，不過藉微物以
　　表誠意之交孚，若誠意不孚，而徒事虛文，則大非君臣一
　　體之道也。朕三年以來，素服齋居，從未令進獻，至上年
　　八月，三年之期已滿。十月爲朕萬壽節，在廷諸臣，有進
　　獻書籍筆墨文玩之事。朕以諸臣之意，出於誠懇，若一槩
　　拒卻，恐無以聯上下之情，而成泰交之誼，故其物雖極輕
　　微樸陋，朕亦鑒其忱悃，收納一二，此朕優待臣工，曲體
　　下情之深恩，並非因其進獻之物，可適於內廷之用而收納
　　也，旋已命停止群臣之進獻矣。朕之視爾諸臣，實不過家

人骨肉，是以偶有食用之物，朕亦不論物之輕重，遇便即行頒賜，如論語所記，賜食賜腥，古人早已行之，朕實出於一片待下之誠心，豈藉此鼓勵，望其報效乎。向來年節之時，聖祖仁皇帝以口外所進鹿豕雉兔之類，頒賜諸王外，其餘止及於漢大學士及內廷供奉之翰林，則其優待漢人者如此。朕踵而行之，偏及於在廷大臣，無非家人父子，歲時伏臘，歡欣浹洽之意，不在微物也。乃查嗣庭私編日記，譏訕朝政，而於賞賜進獻之物，則以無爲有，以少爲多，將來散布流傳，必致人議論。即如楊名時、李紱、何世璂、甘汝來等所進之物，奏單現在，李紱、甘汝來又因不收，再三奏懇。觀其所獻，俱堪一笑，此亦非伊等今日所進，偶涉菲薄，乃向日之例，大率皆然。我聖祖仁皇帝六十餘年，諸臣進獻之物，不過如此，天下人所共知者，蒙聖祖寬大包涵之度，鑒其微忱，不遺菲菲，所收率多筆墨箋紙書冊之類，恩誼可謂至矣。假若有悖逆狂妄，如查嗣庭之誣妄記載者，六十餘年之久，又不知如何訛言也，不幾以聖祖恤下之弘仁，而反啓僉壬之訾議乎。朕事率由舊章，祇因查嗣庭之妄行訕謗，是以有禁止漢官進獻之旨，即年節賞賜之事，朕意亦躊躇，蓋恐照舊行之，或啓無知小人之議論。若將進獻賞賚，槩行停止，又將謂朕之待下，過於嚴峻，無以聯上下之情，而不合於聖祖之政。此雖細微之事，中有關係，朕不得不加詳愼，著將甘汝來奏摺並李紱等進獻奏單，發與漢大學士九卿閱看議奏㉞。

如前引諭旨，楊名時等進獻物件，據實錄所載，係楊名時自願進獻，惟對照鄂爾泰奏摺原件，發現楊名時進獻物品，乃因楊

名時為著名漢大臣，籠絡楊名時，則足以影響其他漢人，以塞天
下人之口。楊名時進獻，並非出自其本意，乃係世宗授意於鄂爾
泰，開導楊名時藉進獻以抒誠悃。尋漢大學士九卿等援據舊典，
合詞具奏，內外官員進獻及廷臣常年賞賜，懇請仍照舊例。奉旨
云「此朕慎重之意，惟恐以濫賞啓人議論，又恐因進獻開諂媚之
端，故令漢大臣等會議具奏。今覽所奏，援引舊典，情詞懇切，
著照所請行。至於諸臣進獻之事，外任大臣自古有進獻方物之
理，今仍准其進獻。但所進之物，必令廷臣共知之，朕酌量收
納，亦必令廷臣共知之，在內諸大臣，原無方物可獻，若以慶賀
令節之期，視為成例，相率進獻，朕槩不收納。朕前所降諭旨甚
明，仍著遵行。」查嗣庭既被指為無的放矢，遂以謗訕下獄。雍
正五年五月，查嗣庭卒於獄，仍戮其屍。

　　硃批詞意不雅者，亦經刪略。雍正五年五月初十日，鄂爾泰
「奏陳銅鑛大旺工本不敷懇恩通挪」一摺，行間奉硃筆夾批云
「豈有此理，孰肯如此，觀此一事料理而不慶快者除非木石
也。」「豈有此理」一語不應出自帝王之口。原摺附該夾批墨抄
一紙，粘貼黃簽修改潤飾後云「孰肯如此料理，觀此而不慶快者
殊非人情。」㉟雍正五年六月二十七日，鄂爾泰「奏覆欽奉上
諭」一摺，奏陳泗城同知劉興第係特用之員，或可勝知府之任。
奉夾批云「此人朕計初看老成去得的人，細問不實在，少鬼些，
不然可總兵才，中上。」《硃批諭旨》改作「此人朕識得，初看
老成，人去得，細問不實在，不然可總兵才，中上。」而將「少
鬼些」刪去，並加以潤飾。

　　密諭一人知道，未成定案，不便宣露者，亦奉旨刪略不刊。
雍正五年五月初十日，《硃批諭旨》載鄂爾泰奏報豆麥收成分
數，摺尾硃批為「實慰朕懷，今歲春收，直省可稱大有，近日都

中左近雨水甚屬調勻，各省奏報，似亦皆然。但今夏令或恐有雨
水過多之處，總在天恩之賜，亦不敢預料。」惟查該摺原件硃批
則云「實慰朕懷，今歲春收，直省可稱大有，近日都中左近雨水
甚屬調均，各省奏報似亦皆然。但今夏令少恐有雨過多之景，總
在天恩之賜，亦不敢預料。張大有原係平和過於謹慎無能為人，
近來陛見，甚覺昏憒，伊言有病，現命醫調視。常德壽向在戶部
漕務，甚是熟悉，未知可勝此任否，此亦預備之意，朕意未
定。」㊱張大有一節涉及當時人事，不應令諸臣得悉聖意，不便
宣示於眾，故刪略不刊。

　　宦海浮沈，禍福難測。漢軍鑲黃旗人高其倬，於康熙三十三
年由進士改庶吉士散館授檢討，尋兼佐領，累遷內閣學士。五十
九年，授廣西巡撫，親往招撫叛苗。六十一年，世宗即位後擢雲
貴總督。青海羅卜臧丹津叛，入侵西藏，高其倬檄諸將自中甸進
駐察木多。雍正二年，平定青海，中甸喇嘛番酋率眾納土請降，
世宗嘉高其倬之能，賞給世職拜他勒布喇哈番。三年，進兵部尚
書銜，加太子少傅，調閩浙總督，深得世宗寵任。世宗不輕許
人，封疆大吏中惟獨高其倬蒙世宗許為天下第一大臣。雍正四年
二月二十四日，雲南巡撫管雲貴總督事務鄂爾泰奏謝聖恩事，摺
內末幅奉硃批云「朕又得高其倬一人矣，可喜之至，朕惟以手加
額，爾等福壽綿長，永永輔弼朕躬，以利養生也。汝二人實朕之
寶棟梁之器，高其倬朕視較汝還優。朕原許你朕第一大臣，今日
要許你第二人也，朕實慶幸之至。」【圖版肆】《硃批諭旨》所
選刊的奏摺，其末幅摺尾未奉硃批者，實屬罕見。內廷詞臣奉敕
編印《硃批諭旨》時，高其倬業已失寵，雍正十二年，高其倬回
兩江總督任內因坐徇知縣趙崑理償海塘工款，部議降調，授江蘇
巡撫，故將前引世宗原許高其倬第一大臣之處俱行刪略，而使該

件奏摺末幅不見硃批【圖版伍】。其原摺硃批部分係以硃筆抹去，「高其倬」三字則以濃硃塗抹㊲，其硃筆塗抹，實係世宗敕編《硃批諭旨》時所刪去。因雍正四年五月十四日鄂爾泰家奴保玉賚回奏摺二匣並御賜小種茶到滇，開啟摺匣，恭讀總批，仍未塗抹，鄂爾泰將所奉硃批抄錄呈覽，並奏稱「臣伏讀至此，不勝驚喜，不勝惶愧。竊思臣元年雲南典試，親見高其倬為人端方謹慎，又復平恕，及前在途相遇，論事有條理，到滇署後知其臨事能識大體，不沾沾細務，心甚重之，實不能及。乃蒙聖恩以臣相擬，許臣以第二人，而且愛臣如寶，重臣如棟梁，倚臣為輔弼，望臣以利蒼生，極之於喜之至慶幸之至矣盛矣，喜起之風蔑以加斯矣，臣又何心敢不自勉，敢不自重，願臣等福壽綿長，永永輔弼，竊思聖主膺九如之福，享無疆之壽，永於萬年，臣等亦必自邀福蔭，以永永贊助於無窮也。」【圖版陸】前引硃批既經刪略，鄂爾泰所奏感恩一段亦不刊。雍正四年六月二十日，鄂爾泰謝恩摺內奉硃批，以怡親王、高其倬、鄂爾泰三人俱為世宗股肱，「當代惟高其倬汝三人，朕保再不移志者，其他朕實不敢。」【圖版柒】敕編《硃批諭旨》時將「高其倬」姓名以硃筆抹除，並將「三人」改為「二人」【圖版捌】。

　　高其倬在雲貴總督任內經營苗疆，處理對外交涉，頗具功績，鄂爾泰摺奏時曾屢次述及其貢獻，惟《硃批諭旨》竟將涉及高其倬者多加以刪略。雍正六年正月初八日，鄂爾泰奏陳窩泥規畫事，內奉硃筆夾批云「可謂實在情形矣，但李衛曾欲少振作，朕因其人秉性喜自恃，恐其草率孟浪，未敢信任也。先前高其倬、李衛曾見面奏緬國云，有向內之意，伊等曾有招撫處，未知近日可有聲息否。」世宗敕編《硃批諭旨》時，於「高其倬」姓名右旁粘貼黃簽，書明「奉旨不刻」字樣。並將招撫緬甸一段刪

略不刊。雍正六年三月二十八日，鄂爾泰抄錄所奉硃批覆奏，並
稱「臣查前督臣高其倬曾委遊擊張崔前往探聽，住永昌一年，屢
經張崔札移開示。據緬文回稱，內有天朝，外有緬國，原是一片
金一片銀，舊無干犯之事，亦無歸附之說等語。金銀之喻，蓋以
論尊卑也，及細詢情由，因有一二漢奸勾連近邊彝目，欲內附以
叛主，希圖挾制該國，實並無此意。且其地雖與滇省接壤，而過
永昌、騰越猶須四十餘日，此亦六合之外，只可存而不論。至於
老撾國緊連車里地方，若得內附，用作外衞，甚於邊計有賴。臣
早經留意，現在或有機可乘，俟一有確信，即當奏聞。」㊳此摺
原件係研究清初中緬關係的珍貴史料，惟《硃批諭旨》俱刪略不
刻。至於緬文內所稱金、銀，並非用以比喻尊卑，實係比喻鄰國
和好相處不犯疆界之意。清高宗乾隆三十三年征緬期間，木邦苗
溫曾以棕葉緬文致書清軍將領，略謂「自一千一百一十一年上，
九龍江十二處土司都我們得了，有漢官二蘇野一位，頓大野一
位，帶字來到我們這裡，說兩國成一國，兩塊金子成一塊，成一
條金路、銀路，兩國相好，百姓買賣相通，得有利息，兩下裏各
還兩國的錢糧，你做永昌的官，管兩國邊界，不要犯了王法。」
㊴易言之，金、銀兩國，彼此相好，不犯疆界。

　　《硃批諭旨》將有關對外作戰兵敗經過盡行刪略，隱諱史實
之處屢見不鮮。雍正八年十二月十七日，鄂爾泰具摺奏聞南掌使
臣回國及莽國請貢事，原摺奉硃批云「極好之事，此皆卿代朕宣
猷之所致。但總聽其自然，不必有意設法張誘，此等事雖係虛
聲，實國家榮幸之實跡，惟靜待天恩，非人力之所能者。再昨諄
噶兒出於意料之外，傾其大隊來犯西路軍營，盜創馬駝，幾至措
手不及，技無所施，深費朕之勞慮。蒙上天慈祐，兩次與分遣小
營對敵戰敗，今已回其巢穴矣。或復傾其賊衆再來，我軍一一皆

作準備，無甚過慮處也。事既緩功可圖，此番事實上天神明恩示以進剿之不可輕忽也，朕實感幸焉。但與醜類萬不可歇手，務必滅此而復朝食，破敵操必勝之策畫已有八九成矣。但所需錢糧浩繁，尚未通盤計算，量已敷用也，隨便諭卿知之，恐卿因前諭或風聞為朕過慮也，特諭。」諤噶兒即準噶爾，雍正七年，清軍分西北兩路夾攻準噶爾，惟清廷低估其實力，雍正八年，噶爾丹策零汗突率大隊邀截清軍，官兵損失慘重，兵鍾琪等遂因此被繫囹圄。《硃批諭旨》經刪略後云「極好之事，此皆卿代朕宣猷之所致，但總宜聽其自然，不必有意設法誘致，蓋此等事乃國家榮幸之實跡，惟靜待天恩，非人力之所能者。」⑩《硃批諭旨》將有關用兵準噶爾部分，俱行刪除。原摺硃批字數計二百四十一字，經刪改後僅餘下五十三字，出入懸殊。雍正九年五月二十六日，鄂爾泰於「奏覆準噶爾事」一摺略稱「至於諤噶兒逆賊噶爾丹策零悖亂妄誕，自取滅亡，我皇上以萬不得已之深衷，為邊防久長至計，天心有契，睿算無遺，定計剋期不難掃靖。惟是以閫外旋轉之機宜，備煩一人宵旰之謀畫，而調兵輸餉，岫衆安民，鉅細運籌，一出聖慮。臣每敬讀硃諭，不禁心動神馳，上天神明，固應昭鑒精誠，早滅此醜類，又不獨準備已周，早操必勝之策也。」《硃批諭旨》亦不見此段文字。同日，鄂爾泰具摺請旨起程進京後雲貴總督印務交待事宜，七月二十日，接奉硃批，八月初一日，鄂爾泰恭錄硃批覆奏，內有「朕意於今冬或明春再觀朕躬與軍務光景，再降旨著卿來。馬爾賽，朕欲令為軍前統領元戎督進剿事」等語。《硃批諭旨》但云「朕意於今冬或明春著令卿來」，而將軍務籌畫刪略不刊。鄂爾泰又於原摺內敬陳軍務意見云「於西邊軍務，臣雖未悉情形，然地既險遠，賊復狡猾，事非可已，惟應速圖，用兵數萬，歲需糧餉數百萬，緩待一年，即多

一年之累，故決策審機，先示以無備，誘之使來，暗截去路，出奇兵擊之，此為上策。料賊不來，反欲誘軍淺進，以為擾亂疲敝計，我算必勝即尅定往還日期，疾驅直搗，毋少遲疑，此為中策。未有大將在軍，諸煩聖慮，指授精詳，猶毫無領會，竟以無備致挫軍威，可諉諸偏裨者。岳鍾琪或長於攻戰，殊短於運籌，就論一端，恐難獨當大任。大學士公馬爾賽忠誠有至性，才亦豁達，雖微少歷練，而識力較優。今仰邀聖鑒，欲令為軍前統領元戎督進剿事而不親進剿事，是軍分兩路，此為中樞，且曰聆聖訓，倍悉機宜，即坐鎮邊關，有裨於軍務地方均非淺鮮也。臣本愚陋，材不逾中人，自顧無知，何敢妄言大事，但受恩深重，無與比倫，知無不言，可否非所計。」質言之，鄂爾泰所稱用兵上策，不過為來勿縱，去勿追而已，終世宗一朝，清廷不肯輕議用兵於準噶爾，即固守此原則，《硃批諭旨》亦刪略不刊。以上所舉諸例，俱係犖犖大者，其餘增刪諱飾之處尚多，無煩縷舉。

# 六、結語

清聖祖御極六十一年，休養生息，物阜民康。惟康熙末年，因皇太子再立再廢，諸子各樹朋黨，彼此傾陷，紊亂國政，聖祖心力交瘁，用人施政，不免失之廢弛。世宗即位之初，即頒降諭旨，令各省督撫將軍提鎮呈繳硃批奏摺，一方面固恐不肖之徒，指稱聖祖之旨，捏造行事，於聖祖盛治大有關係，另一方面，亦可藉以了解地方利弊及施政得失。世宗亟於求治，為廣諮諏，洞悉庶務，於是擴大採行奏摺制度，放寬專摺具奏的特權，封達御前，世宗亦親筆批發。其有可採者，即見諸施行，介在兩可者，或勅交部議，或密諭督撫酌奪，其有應行指示開導及戒勉懲儆者，則因人而施，量材而教，嚴急者，導之以寬和，優柔者，濟

之以剛毅，過者裁之，不及者引之。奏摺遂成為世宗考核百官、教育臣工的工具，亦為世宗拆散朋黨，鞏固政權的利器。世宗選刻《硃批諭旨》，即欲令天下臣民咸知世宗圖治之念，誨人之誠。乾隆三年，高宗於《硃批諭旨》御製後序中謂摺奏浩繁，不勝編錄，世宗敕編《硃批諭旨》時係隨檢隨發，無先後倫次。高宗即位後，不改父道，刊刻出版《硃批諭旨》，亦不復排類。惟就現存世宗朝宮中檔而言，《硃批諭旨》選刻的已錄奏摺，係經世宗挑選酌量可以頒發者，檢出付刻，其餘未刊奏摺，則係不便公諸天下者。而且《硃批諭旨》的增刪潤飾，姑無論係出自世宗及鄂爾泰之手或內廷詞臣奉旨刪改⑪，惟其盡刪所諱，湮沒史蹟，將許多重要的史料，刪略不刊。清代雖刊刻《硃批諭旨》，仍未減低已錄奏摺原件的史料價值。有關世宗一朝的史實，仍可從未刊奏摺及已錄奏摺原件找到不少珍貴的史料。

## 【註　釋】

① 拙撰〈從故宮博物院現藏宮中檔談清代的奏摺〉，《故宮文獻》，第一卷，第二期（台北，國立故宮博物院，民國五十九年三月），頁 46。

② 拙撰〈清初奏摺制度起源考〉，《食貨月刊》，復刊第四卷，第一、二合期（台北，食貨月刊社，民國六十三年五月），頁 13。

③ 《宮中檔》（台北，國立故宮博物院），第 77 箱，93 包，2642 號。雍正元年二月二十五日，吳陞奏摺。

④ 《欽定四庫全書總目》（台北，國立故宮博物院），卷 55，史部，詔令奏議類，頁 11；《雍正硃批諭旨》（台北，台灣文源書局，民國五十四年十一月），第十冊，頁 6353。

⑤ 黃培撰〈說硃批諭旨〉，《大陸雜誌史學叢書》（台北，大陸雜誌

社，民國四十九年十一月），第一輯，第七冊，頁 73。

⑥ 《宮中檔》（台北，國立故宮博物院），第 75 箱，398 包，11857
號。雍正六年二月十二日，田文鏡奏摺內附素紙簽云，「此係密奏
之摺，內有硃筆刪改之處，硃批內又有密諭田文鏡之旨，伏祈皇上
訓示，奉旨不錄。」又如《宮中檔》第 77 箱，295 包，三屯營副
將趙國瑛密奏十四阿哥被拘禁於湯山情形，其奏摺俱奉旨不錄。見
拙撰〈清世宗拘禁十四阿哥胤禔始末〉，《大陸雜誌》，第 49 卷，
2 期（民國六十三年八月），頁 24 - 38。

⑦ 拙撰〈國立故宮博物院典藏清代檔案述略〉，《故宮季刊》，第 6
卷，第 4 期（台北，國立故宮博物院，民國六十一年夏季），頁
59。

⑧ Silas H. L. Wu, "Communication and Imperial Control in China: Evol-
ution of Palace Memorial System, 1693-1735." P.73. Harvard Univer-
sity Press, Cambridge, Massachuseffs, 1970.

⑨ 宮崎市定撰〈雍止硃批諭旨解題－其史料價值－〉，《東洋史研
究》（日本，東洋史硏究會，昭和三十二年三月），第 15 卷，第
4 號，頁 26 - 28。

⑩ 汲修主人著《嘯亭雜錄》（台北，文海出版社，九思堂藏本），卷
1，頁 9。

⑪ 錢儀吉編《碑傳集》（台北，文海出版社，民國六十二年九月），
卷 22，頁 18。

⑫ 《宮中檔》，第 79 箱，316 包，6176 號。雍正四年二月二十四日，
鄂爾泰奏摺。

⑬ 《宮中檔》，第 79 箱，316 包，6181 號。雍正四年四月初九日，
鄂爾泰已錄奏摺。

⑭ 《宮中檔》，第 79 箱，316 包，6195 號。雍正四年八月初六日，

鄂爾泰已錄奏摺。

⑮　《硃批諭旨》，第九函，第一冊，硃批鄂爾泰奏摺，頁 100。原摺見《宮中檔》，第 79 箱，316 包，6211 號。

⑯　《宮中檔》，第 79 箱，316 包，9274 號。雍正五年二月初十日，鄂爾泰已錄奏摺。

⑰　《宮中檔》，第 79 箱，315 包，6150 號。雍正八年三月二十六日，鄂爾泰已錄奏摺。

⑱　《硃批諭旨》，第九函，第八冊，硃批鄂爾泰奏摺，頁 30。

⑲　《宮中檔》，第 79 箱，315 包，6155 號。雍正八年四月二十日，鄂爾泰已錄奏摺。

⑳　《宮中檔》，第 79 箱，361 包，9293 號。雍正五年五月初十日，鄂爾泰已錄奏摺。

㉑　《宮中檔》，第 79 箱，314 包，6105 號。雍正五年十一月十一日，鄂爾泰已錄奏摺。

㉒　《硃批諭旨》，第九函，第三冊，硃批鄂爾泰奏摺，頁 28。

㉓　《宮中檔》，第 79 箱，314 包，6103 號。雍正五年十一月一日，鄂爾泰已錄奏摺。

㉔　《宮中檔》，第 79 箱，315 包，6162 號。雍正八年七月二十四日，鄂爾泰已錄奏摺。

㉕　《欽定四庫全書總目》卷 55，史部，詔令奏議類，頁 11。

㉖　《宮中檔》，第 79 箱，316 包，6170 號。雍正二年六月初八日，鄂爾泰已錄奏摺。

㉗　《宮中檔》，第 79 箱，315 包，6141 號。雍正八年正月十三日，鄂爾泰已錄奏摺。

㉘　《硃批諭旨》，第九函，硃批鄂爾泰奏摺，第七冊，頁 19。

㉙　《宮中檔》，第 79 箱，315 包，6149 號。雍正八年三月二十六日，

鄂爾泰已錄奏摺。

㉚ 《硃批諭旨》，第九函，硃批鄂爾泰奏摺，第七冊，頁45。

㉛ 《宮中檔》，第79箱，316包，6206號。雍正四年十一月十五日，鄂爾泰已錄奏摺。

㉜ 《宮中檔》，第79箱，316包，6209號。雍正四年十二月二十一日，鄂爾泰已錄奏摺。

㉝ 鑄版《清史稿》（香港，文學研究所出版），列傳七七，頁1116。

㉞ 《清世宗憲皇帝實錄》，卷51，頁30。雍正四年十二月癸未，上諭。

㉟ 《硃批諭旨》，第九函，第二冊，頁76；《宮中檔》，第79箱，361包，9292號。雍正五年五月初十日，鄂爾泰已錄奏摺。

㊱ 《宮中檔》，第79箱，361包，9287號。雍正五年五月初十日，鄂爾泰已錄奏摺。；《硃批諭旨》，第九函，第二冊，頁60。

㊲ 《宮中檔》，第79箱，316包，6176號。雍正四年二月二十四日，鄂爾泰已錄奏摺。

㊳ 《宮中檔》，第79箱，314包，6129號。雍正六年三月二十八日，鄂爾泰已錄奏摺。

㊴ 拙撰〈清高宗時代的中緬關係〉，《大陸雜誌》，第45卷，第2期，頁27。

㊵ 《硃批諭旨》，第九函，第八冊，頁31；《宮中檔》，第79箱，312包，6036號。雍正八年十二月十七日，鄂爾泰已錄奏摺。

㊶ Beatrice S. Bartlett. "The Secret Memorials of The Yung Cheng Period（1723-1735）: Archival and Pubished Versions." National Palace Muesum Bulletin, Volume 9, Number 4. P.8, 1974.

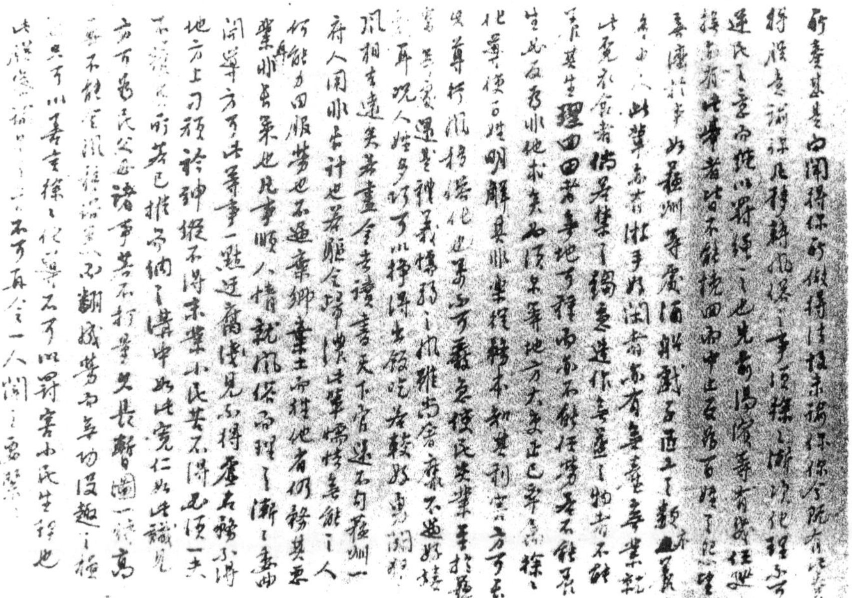

圖版一，《宮中檔》硃批奏摺

硃批

所奏甚是向間爾料理諸法故未諭及今既有
此奏將朕意諭爾凡移風俗之事須漸漸次
化理不可拂民之意而徒以法繩之此等如滔滅
革及數年後巡撫亦有此等者皆不能挽回而中止
反致百姓之怨想無薪於事如蘇州等處酒船戲
子匠工之類亦甚多　人此等有游手好閒者
亦有無處無業就此覓資者倘一禁之驟急乎此
恐不能引手生理歸農者無地可種重
亦不能任勞若不能養生必反為非乎先完在
爾等地方大吏正己率屬徐徐化導使百姓明識
其非樂從諸本知其利害方可長久遵行風移俗
化也萬不可嚴急使民失業完之蘇常等處遲是
禮義榮名之風踴尚奢靡不過好婦戲耳況人性
多巧朋妒挑撥善較好勇閒狠之風相去
遠矣若盡令　諸書勞必不能

能力田服勞尚未過棄鄉棄土連往他省仍務其

若將令歸農此等懦怯□□之人何

爾亭地方大吏正己率屬徐徐化導使百姓明識
其非樂從諸本知其利害方可長久遵行風移俗
化也萬不可嚴急使民失業完之蘇常等處遲是
禮義榮名之風踴尚奢靡不過好婦戲耳況人性
多巧朋妒挑撥善較好勇閒狠之風相去
遠矣若盡令　諸書勞必不能

能力田服勞尚未過棄鄉棄土連往他省仍務其

若將令歸農此等懦怯□□之人何

其業開非長策也凡事順人情就風俗而理之最
甚善曲閒農方可有成　一時迂腐淺見不得盡
名務不得地方上□頌稱紳縱不得束棄小民苦
不得必須其仁如此識見方可為民父母　若
父長祇須一時高興而不能　風俗俗美卻成勞
　　　六可　善為　凡化導不可　令
使小民生理也此服家翰潤之言不可　令

一人閒之安察安察

圖版二，《宮中檔》，墨筆抄錄硃批

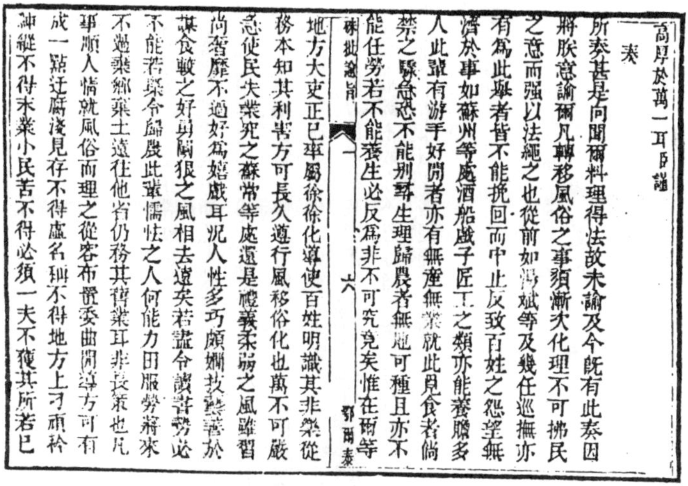

高厚於萬一耳臣謹
奏
所奏甚是向聞爾料理得法故未諭及今既有此奏因
將朕意諭爾凡轉移風俗之事須漸次化理不可拂民
之意而强以法繩之也從前如馮斌等及幾任巡撫亦
有爲此舉者皆不能挽回而中止反致百姓之怨望無
濟於事如蘇州等處酒船戲子匠工之類亦能養贍多
人此輩有游手好閒者亦有無產無業就此覓食者倘
禁之驟急恐不能别尋生理歸農者無地可種且亦不
能任勞若不能養生必反爲非不可究竟矣惟在爾等
硃批諭旨　六　鄂爾泰
地方大吏正己率屬徐徐化導使百姓明識其非樂從
務本知其利害方可長久遵行風移俗化也萬不可嚴
急使民失業究之蘇常等處還是禮義柔弱之風雖習
尚奢靡不過好爲嬉戲耳況人性多巧頗嫺技藝善於
謀食較之好勇鬬狠之風相去遠矣若盡令讀書勢必
不能若盡令歸農此輩懦怯之人何能力田服勞將來
不過棄鄉棄土遠往他省仍務其背業耳非長策也凡
事順人情就風俗而理之從容布置委曲開導方可有
成一點迂腐淺見存不得虛名珊不得地方上寸頑矜
神縱不得末業小民苦不得必須一夫不獲其所若已

圖版三，《硃批諭旨》已刊硃批

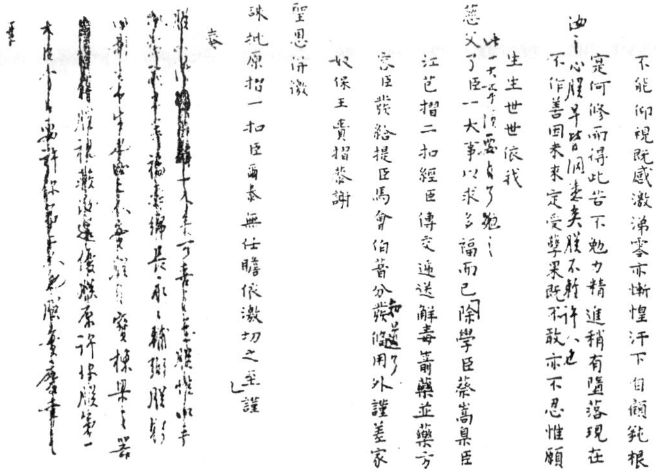

不能仰視既感激涕零亦慚惶汗下自顧鈍根
寔何修而得此苦不勉力精進稍有墮落現在
不作善因未來定受孽果既不敢亦不忍惟願
生生世世依我
慈父了臣一大事以求多福而已除學臣蔡嵩臬臣
江芑摺二扣經臣傳交遞送解毒萬藥並藥方
密臣裴絡提臣馬會伯暫分發備用外謹差家
奴保王貴摺叩謝
聖恩併激
硃批原摺一扣臣爾泰無任瞻依激切之至謹
奏

圖版四，《宮中檔》奏摺硃批

闕叩頭領受訖及敬啟摺扣欽奏

硃批覽奏甚爲欣慰新正大禧諸凡平安如意也朕

與卿一種君臣相得之情實不比泛泛乃無量划善

緣之所致期共勉之欽此臣跪讀數四不能仰視既

感激涕零亦慚惶汗下自顧鈍根實實何修而得此

朕不彝醉以他不敢亦不忍惟願生生世世依我

若不勉力精進稍有墮落玅在砒儼善因彻祢送

慈父此二十大事頓懃以求多福而已臣謹

奏

同日又

圖版五，《硃批諭旨》已刊硃批奏摺

君下不負親生生世世此身有極此心無極以爲不
了之乃故衷

聖訓趋也臣又自了也臣又伏讀

批朕又得高其保一人矣可喜之至朕惟以手加
額頌爾等福壽長永永輔弼朕躬以利蒼生也
汝二人實朕之寶棟梁之器高其倬朕視較汝選
優朕原許你朕第一大臣今日要許你第二人也
朕實慶幸之至欽此臣伏讀至此不勝驚喜不勝
惶愧爲思比元年雲南典武親見高其倬爲人
端方謹慎愼之後知其臨事能識大體不沾沾細務
理到洀署後又前在途相過論及有條
心甚重之實不能及乃蒙

聖恩以臣相擬許臣以第二人而且愛臣如寶重臣
如棟梁猗臣爲輔弼聖臣以利蒼生版之歡喜

圖版六，《宮中檔》硃批奏摺

硃批

怡親王實不世出之賢王卿實國家之名器真皆
朕之股肱心膂朕有意囑此門親也卿當慶幸者
爾前陛見時朕已有言言你起身促迎未得見怡
親王查勸河務尚需時日可圖他日曾面之吉
及你勤勞朕告以你為人居心王之代朕
慶幸之意動諸辭色你一切奏摺多與王看王
之一種敬慕構諸之懷實難華諭王實人之有
投若已有之實能容之而凡受敬之人知者當代惟
賢嫉汝二人朕保再不移志者其他朕實不敢爾
等皆朕心腹王大臣相識並非　　私交令既
秦吉聯姻一切書札問候來往彼此起誅以報朕
知遇之恩同心合德賛襄朕與蒼生造福凡形迹
影像之懷一點不必存中遺音行莫疑

圖版七，《宮中檔》硃批墨抄

圖版八，《宮中檔》硃批奏摺

鄂爾泰畫像

# 清高宗時代的中緬關係

　　緬甸在清代的藩屬體系內，雖不如朝鮮的密切，亦無法與中越悠久的歷史淵源相提並論。但從地理上而言，緬甸與中國西南地區，尤其與雲南，係屬於同一個文化圈，在早期文化的發展過程中，無論是生產方法，或生活方式，幾乎都是朝著相同的方向前進，而且緬甸的民族成分與西南邊民也是相同的，可以說是中華民族的國外宗支。緬甸與中國的官方往來，於後漢和帝永元九年（97）已見諸史實，元世祖遣兵三次征討緬甸，責其貢賦而還，明初設宣慰司以羈縻之。清高宗乾隆初年，緬甸遣使朝貢中國，旋告中斷。甕藉牙崛起以後，清高宗接連四次興師征討緬甸，卻屢戰屢敗，緬甸則小勝求和，清軍撤回內地後，中緬兩國俱未履行和約條款，雙方爽約食言，兩國緊張狀態迄未解除，邊務經久未結，抱怨與爭執達二十年之久，緬王始遣使進表納貢，接受冊封，緬甸正式納入中國的藩屬體系之內。王昶著《征緬紀略》，雖稱詳盡，紕繆之處仍多，《清史稿》緬甸屬國傳內有關清初中緬交涉部分，全襲《征緬紀略》，難成信史。本文撰寫之目的，即在就國立故宮博物院典藏清代《宮中檔》奏摺及軍機處《緬檔》與月摺包奏摺錄副等原始資料以探討清高宗時代的中緬關係。

## 一、吳尚賢與緬使入貢

　　雲南孤懸西南邊疆，內則百蠻環處，仇殺劫奪，習以為常，外則三面臨邊，南接交阯、南掌，西鄰緬甸。從西元前二世紀以

後，中國已經以緬甸為貿易孔道，循伊洛瓦底江（Irrawaddy River）、薩爾溫江（Salween River）而下，經曼德勒轉往阿富汗，以絲茶換取歐洲的貨物①。十一世紀，緬甸建立蒲甘王朝（Pagan Dynasty）統一政權以來，仍與中國維持密切關係，時遣使入貢。滿洲人入主中原以後，一方面因亟於加強中國本部的統治權，無意勤遠，另一方面因中緬邊界夷氛不靖，水土惡劣，往來維艱，故當順治十八年緬王縛獻南明桂王後，清軍隨即班師，未責以朝貢。

緬甸本名婆蔴（Burma），因其俗紋身，暹羅稱其人為花肚番或烏肚番②，清代官私記載則習稱其人為緬子。在雍藉牙建立新緬甸以前，清朝與緬甸的關係，實係雲南茂隆銀廠與緬甸的關係。雲南山多田少，民鮮恆產，惟地富五金，不但滇民藉此以為生計，即江西、湖廣、貴州各省民人亦多由騰越雲州等隘口出邊開採，滇緬交界尤富於銀礦，但邊夷不諳煎煉，多由內地漢人前往經營，食力謀生，夷民亦樂享其利，彼此相需，故能相安無事。邊外各土司及諸夷，其一切日用貨物，或由內地販往，或自緬甸販來。清代定例雖禁止內地民人出關開礦，惟向來商賈貿易則不在禁例之內，經查無違禁物品即可放行，貿易民人或遇貨耗，欲歸無計，不得不覓礦謀生。因此，冒禁潛出採礦者蜂屯蟻聚，日益眾多。乾隆初年，雲貴總督張允隨乃奏請聽從內地民人出邊開礦。在永昌順寧徼外有卡瓦部落，其地北接耿馬土司界，西接緬甸木邦界，南接生卡瓦界，東接孟艮土司界，地方二千餘里。其部長稱為蚌筑，自號葫蘆國王，不知其所自始，有世傳鐵印，緬文為「法龍湫諸木隆華」，即大山箐之長。所居為木城草房，其長戴釘金葉帽，似盔形，穿蟒衣，其所屬頭目則戴釘銀葉帽，亦似盔形，穿花衣，俱跣足。夷民山居穴處，以布纏頭，敝

衣短褲，婦女著短衣桶裙，以紅藤纏腰。田少山多，刀耕火種，
兵器唯刀鏢弓弩③。自古未通中國，其境內有茂隆山銀廠，靠近
滾弄江，與木邦僅一江之隔。其廠周圍六百餘里，廠丁聚至二三
萬人④。該廠遠在邊外，清廷因鞭長莫及，並未安塘設汛。乾隆
十年（1745），雲南石屏州人吳尚賢以家貧前往茂隆廠開採，是
年六月，開獲堂礦，礦砂大旺，且得卡瓦部長蚌筑信任，獲利甚
豐，經總督張允隨委爲該廠課長。吳尚賢在邊外日久後與外夷往
返習熟，遂說蚌筑以廠課納貢內屬。蚌筑即將乾隆十年七月至十
月所抽廠課銀三千七百餘兩，開造收課細册，懇請耿馬宣撫司罕
國楷之叔罕世屏率領頭目召猛，會同課長吳尚賢、通事楊公亮於
乾隆十一年正月十八日將課銀解至雲南省城，並進呈緬文稟書，
請求歸誠納貢。總督張允隨奏稱册開課銀三千七百餘兩，乃係四
個月所收，若以年計，每歲應納一萬一千餘兩，爲數過多，恐廠
地盈縮靡常，難爲定額，請照雍正八年孟連土司刀派鼎所納募酒
廠課銀減半抽收成例辦理，而將所取課銀以一半解納，以一半賞
給部長蚌筑，藉慰遠人之心。乾隆十一年六月，經議政王大臣等
議覆，准照所請辦理。乾隆十二年正月二十六日，部長蚌筑遣令
廠民吳賢斌齎稟謝恩。吳尚賢獲利既豐，乃於原籍廣置產業，並
捐納通判，官名吳枝。

　　乾隆十三年（1748）六月間，普洱府邊外景線⑤所屬猛勇、
整謙兩處夷民互相仇殺。據緬甸差掌事大頭人詢知係「猛勇的人
到整謙的愣育地方販牛，因牛走入愣育牛群，就誣指愣育的人偷
他的牛，回去報了猛勇的叭勇，就弄起這樣事來。」⑥猛勇恃強
侵擾整謙，將其所轄猛累、猛歇、猛都等處擄掠一空，房屋穀倉
盡行焚燬，其難夷二百三十餘人逃入普洱府屬猛籠地方躲避。因
猛勇、整謙與車里宣慰司地界相連，宣慰司刀紹文屢次遣員前往

勸息，猛勇頭目叭勇不服勸諭，轉以整謙百姓逃匿猛籠爲由，聲言要到猛籠搶掠。刀紹文恐因小成大，難以了結，即差人前往緬甸進貢。乾隆十三年閏七月二十九日，緬甸行文景線頭目牛萬，令其與刀紹文督率各猛帶練同往猛勇和解，以「安民靖疆杜患」。車里宣慰司自明代嘉靖年間起已依附緬甸，清初平滇後，車里宣慰司投誠內附，仍受世職，歲輸國賦，但同時又外納緬貢。雍正八年（1730），刀紹承襲土職，緬甸遣使致賀，因此，車里宣慰司成爲介於中緬所共屬的土司。總督張允隨以刀紹文既係內地授職土司，未便令其前往外城，亦未便竟置不理，於是飭令刀紹文遣派頭目酌帶土練數十名前往猛勇代往勸息，並回覆緬甸以安邊境。但緬甸力阻內地弁目深涉其境，窺其虛實。故當刀紹文繕寫緬文行知各猛土弁協力防守，並遣幹練頭目前往猛勇查辦時，緬王先已差遣二三十人抵達猛勇勸息。是年十月十一日，猛籠土把總刀阿興接獲景線頭目牛萬轉遞緬文，阻其前往。其文稱「我們莽王前有緬文與宣慰，同來替他們講和。如今莽王已著人來查清楚，必要調理妥當，你可稟明宣慰，各守各界，不要著人來打擾我們地方罷。」同時刀阿興亦云「今莽王已委該屬酋長查明曲直，或賞或罰，在所必行。若有內地土弁在彼，恐罰者見恥，于人反爲未便，故牛萬致字來阻。」清高宗認爲「邊夷固當將就了事，以夷治夷，但不可令其騷擾內地可也。」高宗但求邊境無事，於領土主權的要求遠不如緬王積極。

乾隆十四年（1749），礦徒鄒啓周在木邦籌劃開採猛牙、邦迫二廠，茂隆廠課長吳尚賢恐銀礦此旺彼衰，互相競爭，因而揑稱鎮康土司刁悶鼎等招致鄒啓周及其夥伴張亮采邀結黑山門野傈傈擾害木邦。雲南迤西道朱鳳英即飭令吳尚賢率衆擒拏，嗣經議和，廠礦復開，但以水淹移採西灑。吳尚賢忌其獲利，復於是年

十二月十九日仍以朱鳳英諭飭擒拏爲名，遣孫二郎、孫蘭登帶領廠練數百名前往西灘將鄒啓周等十餘人拏獲，其餘廠民亦各星散。木邦平靜後，請求納貢內附，清廷以木邦於明末以來久爲緬屬，未便准許而卻之。吳尚賢爲挾緬自重以壓服邊夷，遂議入緬說其朝貢清廷。乾隆十五年正月初三日，吳尚賢帶領廠練一千二百餘人自猛幹起程，經木邦、錫箔、宋賽至阿瓦，所過土司爭先餽贈。惟波龍銀廠貴家頭目宮裏雁⑦因與緬甸有隙，率兵阻之。是年三月初七日，吳尚賢爲貴家所敗，遂由麻里腳洪地方返回茂隆銀廠。緬王瑪哈達馬雅薩・第帕蒂（Mahadammayaza Dipati 1733-1752），清代官書仍習稱蟒達喇，旋即遣使臣希里覺塡等來華進貢。是年四月，緬使、人役、貢物抵邊，暫住茂隆廠，由吳尚賢代爲轉稟雲貴總督碩色，其一切人役及象隻供應亦皆由吳尚賢備辦。同年十二月初十日，緬使等由邊入關，抵達蒙化府，總督碩色將所需盤費賞號等項，循照南掌進貢成例，於耗羨章程案內酌動公件銀兩二千五百兩，並派順寧府知事孟士錫，把總趙宋儒等護送入京。十二月二十九日，希里覺塡一行二十人抵達雲南省城，因天氣寒冷暫住省城。署布政使迤西道沈嘉徵據吳尚賢稟稱「緬使由滇赴京，程途萬里，恐夷人飲食嗜好各異，初入內地，不諳中華禮法，沿途或有滋事，內地委員難以照料約束。」吳尚賢旣熟諳緬人情性，易於約束，不令生疑滋事，且願自備資斧，伴同往回，沿途照料，遂准其請。乾隆十六年（1751）二月十六日，由滇起程赴京⑧。六月二十五日，清高宗御太和殿，受緬甸使臣朝貢⑨。禮部照蘇祿國王進貢成例，欽頒勅諭一道，筵宴二次，並賞賜蟒緞、青藍綵緞、藍素緞、錦、紬、羅、紗等物。七月二十一日，緬使返國，清廷照例派禮部額外主事郗通額伴送。但正使希里覺塡素患弱症，經湖北荆州府時舊病復發，九

月二十日，入黔省玉屏縣境，二十二日至鎮遠府暫駐，遣醫調治，病情好轉，二十六日起程前進，十月初十日途次安順府毛口驛地方病故。據其隨從打慢覺塡等稟稱「緬國舊規，凡出差官員跟役，如途中病故，即于其地埋葬。」郗通額命貴州安順府知府王守雲等備棺殮寄毛口地方，其餘隨從跟役仍繼續前進，十月十九日抵達雲南省城，督撫遵照禮部所議，筵宴一次，并照南掌貢使回國成例，另備寄帶緬甸國王緞物，於十月二十六日起程回國。因自雲南出口至耿馬土司地方尙有六站，恐外境野人滋擾，總督碩色仍遣順寧府知事孟士錦、把總趙宋儒沿途護送，由雲州出口送至耿馬土司交收，令其接替送至木邦交土目接收轉送，是年十二月，緬王遣其子至猛洒地方來迎。總督碩色另遣雲南試用官王廷玉前往貴州安順府毛口將希里覺塡棺柩搬至雲州邊界地方擇地坐葬，立石豎識。

　　吳尙賢本係「無藉細民」，乾隆十五年六月，碩色抵雲貴總督新任時恐吳尙賢於擒拏鄒啓周後日益膽大妄爲，已諭知迤西道沈嘉徵嚴加誡飭。同年十月十九日，具摺時議將吳尙賢撤回內地。十二月二十九日，吳尙賢伴同緬使至雲南省城，碩色「察其言貌舉動粗野無知，終非安分之人，難任久居徼外。」清高宗降諭時亦稱吳尙賢與緬使親密日久，往來傳話，即可任意編造，將來若再令其赴廠，誠難保其不與木邦緬甸夷人私相往來，造言誇張聲勢。碩色又奏稱懷柔荒服之道，不宜使內地民人與之交通往來，吳尙賢素與諸夷親善，若僅停其赴廠而不爲拘留，恐不免仍有潛往交通之事，若拘留管束，則吳尙賢尙無罪愆，又未足以服其心，何況緬使入京返國往來盤費，吳尙賢貼補甚多，頗效勞力。吳尙賢既係捐納通判，應將其發往黔省試用。至於內地無業游民群集邊外，恐貽慮未來，必須漸次解散，乃密飭騰越、雲州

各隘口文武嚴加稽查，止許入而不許出，以冀廠民漸少，礦衰利盡，邊境可靖⑩。乾隆十六年七月，緬甸貢使希里覺塡出京後，軍機處寄信碩色稱「將來緬使回滇之日，另行委員護送出境，其吳尙賢即令居住省城，如果安分守己則已，設或暗布流言，煽惑番夷各情，即將吳尙賢拘禁，奏聞請旨辦理。」緬使抵滇後，碩色即向伴送貢使順寧府知事孟士錦查詢吳尙賢沿途舉止動靜，據孟士錦稟稱吳尙賢由滇一路赴京，望恩倖澤，意氣洋洋，及回滇之時，因聖恩優待使臣，錫予隆厚，吳尙賢望澤未遂，時懷悵怏，見于辭色。迨緬使由滇起程返國時，碩色將吳尙賢留住省城，另委員弁伴送，吳尙賢竟唆使緬使隨從打慢覺塡投遞呈詞，請令吳尙賢同行，居功要挾，煽惑外夷。乾隆十六年十一月十一日，碩色正式參奏吳尙賢種種不法情事，主要爲：㈠吳尙賢將歷年應賞葫蘆酋長蚌筑一半課銀，每年僅實給二百兩，其餘或假名散給書巡工食，或分賞地方火頭，侵肥入已；㈡吳尙賢因茂隆廠遠在徼外，內地文武查察難周，恃其通判職銜，凡在廠出入，竟敢鼓吹放炮，乘坐回轎，擺列坐鎗旗鑼黃傘，幷私設廠練護衛，製造鎗砲軍器，乖張僭越；㈢乾隆十四年，吳尙賢捏告鄒啓周勾結野夷搶劫外域，率練擒拏廠民十餘人拘禁斃命；㈣元江府民彭錫祿控告吳雪賢起意圖財害命，霸佔其兄彭錫壽廠礦，將彭錫壽縛綁拷打致死。碩色奏請將吳尙賢嚴加拘禁，幷委員弁將其家產逐一查明封貯。乾隆十七年三月，據吳尙賢供稱「開挖茂隆廠，于乾隆十一年始得堂礦，歷年除報解課銀之外，實止得銀約二十萬兩。又節年侵蝕恩賞葫蘆酋長一半課銀二萬八千九百餘兩，緣廠例所得之銀係與砂丁四六剖分，除分給砂丁四分幷買供油米歷年買備綢緞等物送給酋長及在廠一切花用約用去銀十萬三四千兩外，每年陸續寄回原籍置買產業供給與人，幷托謝光宗代置田產

及上年在京交給謝光宗金銀幷寄存朱瑛處金銀約共有銀九萬餘兩，前已供明。此外惟乾隆十五年在廠交給吳茗銀二萬兩、金子一百兩，托吳茗同惲萬成、王秉中等赴川捐官適捐例停止，伊等復至京師，亦無捐例，除盤費花用銀外，王秉中借用銀三千六百兩，惲萬成借用銀二千一百兩，繆繩祖借去銀五百六十兩。又將銀一千三百兩兌金一百兩，同帶去之金子一百兩，共作銀二千六百兩，借與杜七之子杜時昌，又借與新選金山縣房連元銀二百兩，石屛州人賽琢菴銀一百兩，又交在京提塘芮國勳代捐封典銀三百兩，止存銀七千二百兩。」⑪惟據雲南府知府武深布及臨安府知府鄧士燦查封吳尙賢在雲南省城寓所及其原籍石屛州貲產清單所列，其原搜續搜金銀首飾、玉磬、玉杯、綠玉數珠、象灘石數珠、茱玉水晶、瑪瑙數珠、番珠、蔥根玉杯、九九色廠餅及制錢、碧霞犀數珠等共合銀一十二萬五千餘兩。吳尙賢被拘禁後不久在監病故，屠述濂纂《緬考》謂吳尙賢被拘於空宅，餓而死。吳尙賢義子吳世榮亦被撤回內地，茂隆廠必須另委課長，責成董理。無如身家殷實者旣不肯遠赴邊外出資開礦，其貧窮無賴者又無資本辦理，而且課長有稽查廠衆抽收課銀之責，必須誠實幹練開有礦硐爲廠衆素所信服之人始克充當，若一時另易生手，必於廠務有礙。碩色奏稱茂隆廠從前督臣張允隨所委課長雖止吳尙賢一人，其實該廠尙另有課長三人，一名楊公亮，係雲南順寧府人，一名唐啓虞，係湖廣衡州府人，一名王朝臣，係雲南楚雄府人，俱在廠多年，熟諳廠務，且非吳尙賢手下羽翼，其中王朝臣已經病故。碩色奏請以楊公亮充當課長，董理廠務，以唐啓虞充當協辦。碩色又定章程，定期三年更換，俟三年限滿，將課長撤回，即以協辦頂充課長。此次更張實係清初中緬關係的一大轉變，中國從過去以茂隆銀廠爲中介的對緬關係轉變爲清廷與緬甸

兩國政府直接的交涉。乾隆十三年，緬甸曾遣喇札達等來華訂貢，時因緬王任用乳母之夫波凌，以致與庶兄蟒禮覺紅失好，為清廷所卻。次年，復遣使至雲南稱波凌已被廢黜，蟒禮覺紅感悟，與國王和好，請求納貢投誠，復為清廷所卻。茂隆課長吳尙賢為挾緬自重，代稟投誠進貢，雲南督撫具摺以聞，奉旨准其朝貢，是為滿洲入關後，緬甸首次正式遣使來華納貢求封。惟因吳尙賢坐交通外夷等罪伏誅，緬甸內亂方殷，中緬國交旋告中斷。

## 二、甕藉牙之崛起與清軍征緬之原因

甕藉牙（Aungzeya）是近代緬甸的締造者。甕藉牙意譯即征服者（the Conqueror），康熙五十三年（1714），生於木梳城（Mokso-bo），此城在當時是一個住有三百戶人家的小村莊，木梳的原意是指獵夫之長（Shikari-leader）。依照緬甸史家的記載，甕藉牙是緬甸王室的後裔，世代充當木梳城頭目，不過甕藉牙年輕時實係一位卓越的獵夫，也是一位天生的領袖人物，富於組織能力。據英國人貝克（Baker）的描述，甕藉牙儀表堂堂，豪爽寬厚，高約五呎十吋，帶著一副權威性的面孔。十八世紀以後，因緬甸連年內亂，得楞人（Talaings）勢力興起，屢來侵擾，甕藉牙乃加強木梳地方的防禦工事，各村莊利用椰子、棕櫚樹的莖幹築成堅固的木柵，足以抵抗鎗砲的攻擊，同時連合附近四十六個村落共同抗拒得楞人，在村民的同意下他採取堅壁清野的措施，將附近樹林房舍盡行焚燬，河流與水井俱被填塞，結果在木梳城外數里之內成為一片不毛之地。乾隆十七年（1752）四月，得楞王賓雅達拉（Binya Dala, 1747-57）在葡萄牙人與荷蘭人的援助下攻陷阿瓦（Ava），將緬王瑪哈達馬雅薩・第帕蒂（Mahadammayaza Dipati）及王族俘至白古（Pegu），東吁王朝

（Tunngoo Dynasty）遂亡。因甕藉牙拒絕向得楞王宣誓效忠，將軍塔拉班（Talaban）由阿瓦分四路向木梳進攻，竟爲甕藉牙所敗。甕藉牙徧發檄諭，號召所有的緬甸人共同反抗得楞人，且募集一支將近萬人的步卒與一支艦隊。乾隆十八年（1753），甕藉牙率軍圍攻阿瓦，是年十二月，城內緬人紛起反叛，得楞人被迫放棄阿瓦，匆促撤回白古。甕藉牙命其次子懵駁（Myedu）戍守阿瓦後即返回木梳，建造一所宮殿，改名爲瑞波城（Shwebo），其意即黃金領袖城⑫，自稱爲阿隆丕耶（Alaung-paya），其意即佛胎（Bodhisatva），定都瑞波城，緬甸史家稱甕藉牙所建的新王朝爲阿隆丕耶王朝（1752～1885）。是時雲南督撫於緬甸政情亦甚注意，因向來內地商賈往來木邦一帶貿易，總督碩色於乾隆十八年冬間已聞得商民傳說緬甸內部有仇殺之事。永昌府知府亦密委猛卯土司衍玥赴緬探訪，據稱其起釁緣由是「因緬甸大和尙撒喇惰同大頭目捧奪藐、捧奪紀、波林四人辦事不公，以致所轄之得冷子怨恨，於上年三月內率衆將緬國大城攻破，隨將大和尙撒喇惰殺死，其大頭目三人逃走，不知去向，惟有緬國所轄之鬼家不服，仇殺數次，互相勝負，尚未定局。該國王蟒達喇現在避跡海邊，其蟒達喇二子同在該國所屬之猛洒地方守護其御賜物件，均未回國。」⑬

　　得楞人的勢力被逐出阿瓦後，甕藉牙即率軍平定緬甸北方撣邦（Shan State）諸部，新街即緬人所稱八莫（Bhamo）、猛密（Mong Mit）土司（Sawbwas）親自前往木梳宣誓效忠。賓雅達拉欲奪回阿瓦，向法國購買大批武器，於乾隆十九年（1754）命其弟猶瓦喇札（Yuva Raja）率領水陸大軍圍攻阿瓦。但甕藉牙擁有一支強大的艦隊，其次子懵駁復從城內裏應外合，擊敗得楞人。賓雅達拉親率大軍包括三角洲倫歇（Lunzé）等處的緬甸人

在內，退守卑繆（Prome）城。因白古醞釀叛變，賓雅達拉將自阿瓦俘來的王室男婦老幼大肆屠戮，緬王瑪哈達馬雅薩·第帕蒂被裝進袋內沈入江裏，這種不明智的措施，激起所有被流放到三角洲地帶緬人的公憤與疑懼，緬人群起攻佔卑繆城，賓雅達拉遣軍圍攻緬人。乾隆二十年（1755）二月，甕藉牙擊退得楞人，並在是年四月攻取倫歇以前，將倫歇城改稱爲「速捷城」（Myan-aung），不久又攻克亨沙達（Henzada）、直柳漂（Danubyu）等城，因其高瞻遠矚及對最後成功的信心，甕藉牙將達光（Dagon）改名爲仰光（Rangoon），即戰爭終止的意思。乾隆二十一年（1756）二月，甕藉牙擊敗北部貴家（Gwe-Shan）及其他擺夷部落後，得英人之助，自木梳城率軍圍攻離仰光不遠的雪列姆（Syriam），這是得楞人的重要港口，得法國人之助堅守此港。是年七月的一個夜晚緬人越過護城河攻下雪列姆，得楞守兵在黑夜之中望風逃遁，法國代辦布諾（Bruno）亦被擒殺。乾隆二十二年（1757）五月，白古城久經圍攻，糧食已盡，又缺少外國傭兵，遂爲甕藉牙攻克，得楞王賓雅達拉被俘至木梳城。據緬甸編年史的記載，成千成萬的得楞男女老幼被當做奴隸出售了，所有宮殿或高大建築物俱被焚燬，白古城事實上已不存在，塔拉班（Talaban）後來投降甕藉牙，甕藉牙不僅寬恕他，且重用他，塔拉班也忠於甕藉牙。

甕藉牙在桃歪（Tavoy）、丹荖（Mergui）等處逐退暹羅人後，回至木梳。乾隆二十三年（1758），親征曼尼坡（Manipur）。由於白古王國滅亡後，得楞人紛紛避居暹羅，納格列斯（Negrais）等地降而復叛，疑其與得楞人的活動有關，是時適暹羅內亂，甕藉牙照例向暹羅請求給予一位公主作爲友誼的保證，爲暹王所峻拒，甕藉牙即藉口征討暹羅，乾隆二十四年

（1759），率領四萬人由緬甸南部坦沙里（Tenasserim）繞道攻打暹羅國都大城即猶地亞（Ayuthia）。據暹羅人陳磨及粵商溫紹、林正春等稟稱「暹羅國被烏肚番即花肚番殘破，起釁緣由因老王詔化勞望密立有貳王妃，一妃松立攀八酒依衰，生一子名詔貢，一妃松立攀八備戀攀八酒乃，亦生二子，長名詔化奕結漆，次名詔化吥唔，與各侍妾所生之子詔王吉、詔明掘、詔拍翁啡、詔拍翁班等兄弟不睦。因詔貢亂倫，老王命詔王吉、詔拍翁啡等兄弟滅之。詔貢生二子，長名詔亞勒、次名詔世昌，迨老王故後，眾臣見第二子詔化奕結漆瘋疾庸懦，第三子詔化吥唔明白恭儉，尊爲王，詔化奕結漆不忿，陰懷篡奪，詔化吥唔即讓位與兄詔化奕結漆，削髮爲僧人，稱爲和尙王，其詔化奕結漆人稱爲麻瘋王，殘暴不仁，民不悅服，其庶弟詔明掘等乘間致書烏肚番來暹羅共謀，因事泄被麻瘋王、和尙王、詔王吉等殺之。至乾隆二十五年有麻瘋王妻舅丕雅乃又欲勾通烏肚番來暹羅作亂，被和尙王知覺處死。及烏肚到挑歪、丹莬二處地方，聞內應被殺，而烏肚王芝龍亦在中途病亡，隨收兵而退。」⑭乾隆二十五年（1760）四月，甕藉牙忽患瘰癧症（Taung-na），急從孟南流域（Menam Valley）一路撤退，同年五月，卒於途中的直塘即打端（Thaton）地方，享年四十六歲⑮。他在位八年，雖性情急躁，但雄才大略，勵精圖治，提倡男女平等，打破社會階級，用人全憑才能，王子與農民子弟同樣接受寺院教育。甕藉牙與蒲甘王朝的始祖阿奴律陀、東吁王朝的始祖莽瑞體並稱爲細甸的三大英主，甕藉牙由留守木梳城的長子嫩道極（Naungdaw-gyi 1760-1763）即莽紀覺，又作孟洛或懵惱繼位。據緬人傳說懵惱當初生下時，胞內有蛆蟲，緬人呼蛆爲惱，因以起名，而嫩道極的原意則是王室長兄（the Royal Elder Brother）。當甕藉牙次子

懵駁護送靈柩返回緬甸時，征討暹羅的緬軍改由將軍敏康瑙拉塔（Minhkaungnawrahta）統率，他與嫩道極不睦，乘機攻佔阿瓦，嫩道極遣懵駁來討，經七個月的圍攻，敏康瑙拉塔在深夜裏化裝潛逃，但仍於叢林中被俘處死⑯。嫩道極將首都從木梳城遷往石階即薩根（Sagaing），緬甸史家遂稱嫩道極為石階明（Sagaing Min）。乾隆二十八年（1763），嫩道極卒⑰，由其弟懵駁（Myedu 1760-1776）繼位，自稱為白象王（Sinbyushin）。據緬人傳說懵駁初生時胞內有螞蟻，緬人呼螞蟻為駁，故名懵駁，清代地方文武大員初稱緬王為猛毒，其後據擺夷稟報，始稱懵駁。懵駁是兄弟六人中最精明幹練者，尤長於軍事，甕藉牙在世時，他隨父王東征西討，因此，懵駁不僅繼承王位，同時亦繼承甕藉牙的雄心，他先將國都遷回木梳，旋又遷往阿瓦。乾隆三十三年二月，貴州兵丁楊清等被俘至阿瓦脫回後供稱懵駁「穿白布衣，頭亦不纏白布，年紀三十外，面目瘦黑，但留下頦鬍子。」「阿瓦城周圍約三四里，城裏是木柵，木柵內又有磚城，聽見大兵進剿，又在城外東西南三面添築磚城，約七八里，城內買賣俱洋磁器、洋布等物。」兵丁袁坤供稱「阿瓦係兩層磚城，內城約有七八里大，外城約有十餘里大，城內約有千餘人家，住的都是竹房，緬王住的是瓦房，瓦房四角有塔四座，高二丈四、五尺。街上賣的是小葉煙、鹽等物，其熱的光景還不及內地的州縣。」「城內晚間用鐵索攔街，不許人走路，如有人撞著鐵索，即便拏獲，算他是賊。」「米糧每一籮給銅錢六錢，約計一籮有京斗三斗，其銅銀成色只有五成，柴每百觔換鋁二十兩，合銅銀一錢，鹽每觔換鋁五兩三錢，緬子吃的魚最多，每一觔魚換鋁一觔。緬子平日不宰牲口，凡豬羊雞鴨都等到倒斃了纔吃。他那裏煮飯多用鐵罐，煮熟了用木盤子盛著，用手抓來吃。」⑱

　　雍藉牙時代雖已完成緬甸的統一工作，但中緬之間尙未畫定明確的國界，上緬甸撣邦土司如落卓等懾於雍藉牙的武力而首先歸順緬甸，惟木邦、貴家等部始終是降而復叛，懵駁繼位以後，仍與撣邦諸土司仇殺不已。自明代設立緬甸、孟養、木邦爲宣慰司，以蠻暮、猛密爲宣撫司，各土司彼此勢力相敵，俱承認中國爲宗主國，此即明代衆建而少其力的政策。東吁王朝統治緬甸期間，各土司雖輸納貢賦，其實仍屬半獨立狀態。清朝入關後，於雲南邊外土司仍採以夷治夷的政策，不喜多事，因此邊境土司對中國與緬甸的態度同樣是首鼠兩端。阿瓦王瑪哈達馬雅薩・第帕蒂被得楞王賓雅達拉所俘後，其子色亢瑞凍攜妻室緬僧等八十餘人輾轉避居木邦。據鎭康土知州刁悶鼎稟稱「緬王長子因鬼家讎殺，窮蹙無歸，隨帶頭目人等由二鐙坡在木邦所屬之蠻弄寨暫住。」⑲乾隆二十年（1755）六月，雍藉牙遣兵至木邦追剿，十月十一日，色亢瑞凍走猛卯。署雲貴總督愛必達檄諭孟卯土司將色亢瑞凍等逐出其境。乾隆二十一年（1756）六月，色亢瑞凍等渡滾弄江赴猛放後不知所終。乾隆二十三年（1758）二月，雍藉牙攻陷木邦、耿馬、孟定、鎭康各土司的藩籬遂被撤除。至於貴家據波龍廠採銀，與茂隆廠爲鄰，因利害相衝突，水火不相容。東吁王朝時，貴家進貢歲幣，不曾間斷，雍藉牙自立後，貴家歲幣不復至，木邦既陷，雍藉牙遣人索賦，貴家頭目宮裏雁聯絡結些，糾約廠衆，攻掠木梳城。是時阿瓦王族弟占朵莽避居景邁（又作清邁），宮裏雁遙相援應。是年十二月，宮裏雁、占朵莽及木邦土司之弟罕愚聯合劫掠落卓，落卓大敗，復引雍藉牙攻殺貴家及木邦以爲報復。乾隆二十四年（1759）三月，木邦復陷，雍藉牙兵入踞木邦，土司罕莽底逃至莽噶身故⑳，雍藉牙改立其弟罕黑爲木邦土司，木邦難民紛紛避居雲南邊境，宮裏雁亦率廠

練二千餘人內渡滾弄江。乾隆二十五年（1760），甕藉牙卒，嫩道極繼位，與各土司搆兵如故。乾隆二十七年（1762）正月，宮裏雁被追殺窮蹙，先後走猛艮、耿馬、孟定。是年五月，至孟連所屬猛尹，為猛尹頭目所逐，宮裏雁乞求內附。孟連土司刀派春赴猛尹盡收其兵器，勒索銀兩，復將其衆散置各寨。雲貴總督吳達善命宮裏雁挈其妾婢六人赴石牛廠，刀派春則遷宮裏雁妻囊占及男婦一千餘人於孟連城，並向囊占索取牛馬等物以賄吳達善，囊占忿恨，於閏五月十四日夜間，糾衆放火焚劫孟連城，殺死刀派春家屬二十六人，又殺死來援男婦六十三人，囊占率衆走猛養、卡瓦等處，為刀派春族兄刀派英所敗。吳達善奏稱「孟連土司剝削降酋，以致鬼匪起意焚害，原非外夷擅入邊疆劫殺，然宮裏雁在緬甸搆釁多年，今復流毒孟連，該酋一日不除，恐滋事端。」惟據禮親王昭槤稱「總督吳達善索其七寶鞍，為明太監王坤由北京內庫竊去者，宮裏雁以祖宗傳物恡不與。」吳達善遂切齒於宮裏雁，命永順鎮府督飭土司星速擒挈。七月初六日，永昌府知府楊重穀檄諭耿馬土司帶練前往石牛廠誘擒宮裏雁，解至耿馬，其妻囊占旋投降緬甸，改嫁懵駁。十月十八日，宮裏雁被殺，其妾婢則分賞功臣。時雲南布政使姚永泰已指出吳達善代敵戮仇之不智，「孟速之變，雁不與知，況其夫妻不睦，避居兩地，今雁為緬酋所忌憚，奈何代敵戮仇。」

耿馬雖係內地土司，但於緬甸同時亦輸歲幣，定期向緬王辦送花馬禮物。木邦土司罕莽底潛逃後，其堂弟罕黑即背兄降順緬王嫩道極，宮裏雁被殺後，罕黑勾結緬甸滋擾耿馬等土司，催索貢物，而成為中緬糾紛的癥結。總督吳達善及巡撫劉藻會銜具摺敘述其索賦經過云「乾隆二十七年罕蟒底兵敗潛逃，伊堂弟罕黑即背兄降順木梳，而木梳頭目來至木邦搜緝罕蟒底，兼有催取耿

馬貢物之語，罕黑遂勾同該頭目普拉布往耿搶擄，並糾合借些野
夷各帶夷眾約二千餘，於十一月十二、十四等日先後渡江突入孟
定邊界，聲稱催取耿馬貢項，向罕大興借路，罕大興既不竭力堵
禦，復不知會耿馬，並任所屬土練頭人聞風避匿，一籌莫展，致
被普拉布率眾圍拿，又恐其堵截歸路，吩咐拴帶，於二十日押同
到耿，見耿馬衙署民房已經燒搶。二十七日，賊夷仍回孟定，因
挾不准借路之嫌，復將罕大興父子一併押帶過江，勒銀取贖，適
土司罕國楷在孟連聞信回耿，傳知石牛子廠砂丁，並調集土練派
舍目罕朝璣等統領追剿，於十二月初八日會合滾弄江口斬獲酋首
普拉布等首級五名，殺死賊夷一百餘人，餘俱同罕黑潰散，罕大
興正在賊營喊救時，有砂丁劉輝若等聽聞，將伊父子救釋，交付
罕朝璣帶回。於十二日，罕朝璣等又遇被葫蘆酋長攻敗奔回之賊
夷，復斬其一百餘人，餘俱過江逃遁。」[21]吳達善認為孟定土司
罕大興隨從罕黑等燒搶，明有通同勾引情弊，惟據罕大興供稱
「雖與罕黑至親，素未見面，普拉布更不認識，實因賊眾突然而
至，地窄人少，力不能支，其不通知耿馬，亦因事在急迫，心慌
意亂所致。」吳達善仍以罕大興「身任土職，明知外夷連年仇
殺，邊界未寧，平時既不加練防守，臨事又復怯懦無能，且不知
會鄰封協力嚴禦，致令賊夷擅入搶擄，雖據堅供並無通同情弊，
其明知故縱，罪無可逭。」而將罕大興及其家口遷往江寧省城安
插。車里土司刀紹文亦稟稱在乾隆二十七年冬間，莽紀覺遣人至
車里所屬各土司需索。乾隆二十八年（1763）十一月間，復率領
三百餘人至猛遮、猛籠等處向各猛土弁需索，十二月二十九日，
又擾車里所屬打舟隘地方。因木梳頭人糾合各玀夷，人數眾多，
以致各土練傷亡過半，各處草房俱被焚燬殆盡。

　　雲南省自騰越州西北起東南至順寧滾弄江間，與緬甸接壤之

地，橫亙千餘里，其間山川迴互，道路叢雜，在在可以出入，即沿邊各處雖有七關八隘之設，其實長坡廣岫散漫綿延，稽察難周。緬甸與內屬玀夷形貌相近，而內屬玀夷與沿邊漢民居處相錯，凡緬甸所產，賤則魚、鹽、棉花、牛隻，貴則碧霞璽、翡翠玉、蔥玉、夷漢爭相出關私販，中緬商賈常因貿易引起糾紛。英人哈威（G.E. Harvey）指出清軍入侵緬甸的原因是「一個中國人在景凍因為付款的事情和緬甸人起了爭執，結果被殺了。該地的緬甸官吏願意拿錢抵命，甚至於談到要把兇手正法，但是不肯把兇手交出來，而中國人偏要交出兇手，這一樁和其他的瑣事尚不至引起戰爭來，但是緬甸人沒有派外交使節的制度，所以事情不能和平解決，中國當時的皇帝正好是一個好大喜功的君主。」㉒西方史家興頓（Harold C. Hinton）則稱中緬衝突的原因是由於在緬甸的中國商人遭受虐待及緬甸人劫掠雲南邊境㉓，誠然，清高宗當不至因一商賈細民而興問罪之師，其主要原因是由於緬甸頻年滋擾雲南邊境所致。西人赫爾（D.G.E. Hall）亦指出自從緬甸打下清邁、南掌後，在雲南邊境上有很多撣人部落發生騷亂，使得中國不得不加以干涉。乾隆二十三年（1758），甕藉牙大舉討伐貴家部落後，其殘餘勢力避居於猛密（Mong Mit）、木邦（Hsenwi）、孟連（Menglien）一帶地方，不時向雲南邊境襲擊，中國當局很懷疑他們是受了緬甸政府的唆使。乾隆二十四年（1759），當緬甸軍隊進攻南掌時，是從景棟土司的領域經過，而景棟土司適與屬於中國的慶杭（Kenghung）土司為仇，緬甸遣人向薩爾溫江兩岸土司收稅，這些土司自認為是中國的屬地，就向雲南當局請求保護，由於上述各種事件，中國與緬甸之間的戰爭遂不可避免㉔。

## 三、劉藻與征緬第一役

　　清高宗在位期間先後四次征討緬甸，其第一次戰役是發生在劉藻任內。乾隆二十七年（1762），雲貴總督吳達善為防緬子滋擾雲南邊境，曾檄調提標兵五百名令永順鎮總兵田允中於所屬重要隘口分佈防範，並飭孟定、耿馬、鎮康等土司及茂隆、石牛子各廠酌派土練砂丁分防各渡口。是年十二月，緬甸遣人焚劫耿馬及茂隆廠，吳達善諭令孟連土司、石牛子廠廠長周德惠帶領砂丁協同各土練追剿緬子，並於滾弄江邊防守。乾隆二十八年（1763）二月，調維西協副將劉德成為普洱鎮總兵官。是年十一月二十五日，周德惠探得緬子沿滾弄江滋擾，意欲渡江，又聞緬子為首武藝高強，於是約請貴州武舉羅承德協同目練李樹泰帶領砂丁劉順等六人於十一月二十六日渡過滾弄江，於二十九日乘勝追至木邦猛簸寨。吳達善畏事因循，具摺參奏周德惠稱「周德惠貪功心切，因見多間賊夷遠退，無功可冒，起意妄拏外夷頭目，假粧叛賊，冒功希賞。」經過三法司議奏後奉旨依擬處斬，羅承德監候秋後處決。禮親王昭槤已指出吳達善養癰貽患，「耿馬於緬亦有歲幣，緬目普拉布率兵來索，闖入孟定，執土司罕大興，兵及茂隆廠，永順鎮田允中調鄰近各營進剿，吳達善恐兵連敗露前事，飛檄田鎮責其輕率，遂還師。耿馬土司罕國楷率兵禦緬於石牛子廠，廠委周德會恃允中兵，發率廠練，於滾弄江截緬歸路，擊殺普拉布。吳達善以周德會殺良買功置之法，緬人亦輕中國。」㉕吳達善旋調湖廣總督，乾隆二十九年（1764）六月，實授雲南巡撫劉藻為雲貴總督。因普洱邊外原屬緬子出沒地區，劉藻屢令所屬文武轉飭各土司加強防範，並於永昌、順寧兩府撥練防江。普洱府屬九龍江土司即從前車里，康熙二十年，其土司刀

孟挑首先投誠，歸隸雲南為宣慰司，統轄普騰、六困、整董、猛旺、烏得、猛烏、猛獵、猛阿、猛遮、倚邦、易武、猛籠等十二土司，加以車里宣慰司為十三版納。所謂版納，俗稱猛，意譯即地區。雍藉牙統一緬甸後，緬子屢來十三版納需索財物，「飽則颺去，否則劫掠土寨。」同時孟艮土司猛孟容與弟召猛必不協，召猛必被逐，避居卡瓦身故，其子召散謀占孟艮，遂勾引緬子擒拏猛孟容，又欲追殺猛孟容之子召丙，召丙走南掌，旋入居於猛遮，召散復引緬子來擾。乾隆二十九年（1764）九月，緬甸所屬整賣土司抗納錢糧，緬甸遣八百人前往平定，並調其中五百名進攻南掌，另三百名由播定鮓帶領往討整控、整謙八寨，整控頭目阿溫波半被脅歸附。乾隆三十年（1765）四月二十五、六日，緬子四百名由素領散撰、播定鮓率領從猛辛分兩路前往九龍江、猛捧、猛臘、猛烏、烏得等處勒索銀米，擄掠夷民，並將車里土司所遣前往緬甸探信的玀夷拉鮓准、札乃占父子二人擄去，迫其引路搶擄磨龍地方。普洱鎮總兵官劉德成據車里宣慰司刀紹文、猛臘土弁召文稟報後，即飭刀紹文及六困土弁調集勇練堵禦，雲貴總督劉藻親赴思茅駐箚，並命鎮沅府知府龔士模就近前往普洱協同總兵官劉德成查辦。六月十七日，據普洱鎮府稟報猛臘緬子已退去，六月二十日，六困土弁刀鎮稟報會合猛遮、橄欖壩勇練協剿後，侵入車里的緬子已由猛混一路退回，猛旺土弁召猛楠亦稟報猛烏緬子已由猛臘轉赴整謙。但在七月初五日土弁召文又稟報整謙緬子三百餘名已由猛捧竄入猛臘，劉藻即派橄欖壩目練三百餘名由六困土弁刀鎮之弟刀銑督率，並撥猛遮土練三百名會合協剿，更調易武土弁伍朝元撥練一百名防堵蠻頓隘口，復命整董土弁召音統領猛烏、烏得土練一百名嚴守猛嵩、猛矮二隘，另遣鎮沅府屬猛班頭人周通等領練沿途協逐，但當土練於七月二十八日

抵達猛臘時，緬子先已退去，土練從卡稿寨、籠哈、補過一路尾追，前後僅拏獲阿溫波半、札乃占等五人，經三法司議奏，俱被處斬梟示。時因瘴癘盛行，緬子於飽掠各處土司之後自動退回，劉藻卻奏報緬子聞風遁回外城。

乾隆三十年多初，瘴氣漸消，緬子復大舉來犯。十月二十五日，緬子數千人竄入猛捧，焚掠猛臘，聲勢猖獗，至十一月中旬，緬子已由猛臘闖入小猛崙、補角、補龍等處，所至焚掠，前派土練不能抵禦。當劉藻飛飭普洱鎮總兵官劉德成、署普洱府知府達成阿等添調元江、臨安各府屬土練赴援之際，緬子又竄入易武土司地方，逼近思茅內地。雲南提督達啓移駐普洱府城，因幅員廣闊，隘口甚多，各處土練不戰自散，普洱存城兵無幾，劉藻即撥督撫兩標及城守營兵共六百名，令參將何瓊詔帶領馳赴普洱聽候調遣，又調臨元、曲尋、楚姚各鎮協營兵二千餘名陸續起程，劉藻本人隨於十一月二十八日兼程馳往普洱督率官兵會同提督分路進剿，計前後所調雲南各鎮營兵共七千六百餘名，沙練一千餘名。是時緬甸領兵大頭目二人，一名素領散撰，一名素楞散黨，各帶象隻馱載鎗砲兵器於橄欖壩、整控、小猛崙等處箚營十餘座。十二月初一日，緬兵至猛籠將應襲土把總召扁猛之叔召聽押赴緬甸軍營，並聲稱十三版納為緬甸土地，欲前往收服。十二月初六日，劉藻抵達普洱府後與達啓計議分四路進剿，其中三路由普騰分剿橄欖壩、易比、撒袋、整哈渡口，另一路由奇木嶺進攻，然後於猛臘會師，各路大兵由總兵劉德成為軍營統領。是月，清高宗頒諭稱緬兵「野性難馴，敢於擾害邊境，非大加懲創，無以警兇頑而申國法。劉藻等既經調兵進剿，必當窮力追擒，搗其巢穴，務使根株盡絕，邊徼肅清，恐劉藻拘於書生之見，意存姑息，僅以驅逐出境，畏威逃竄，遂爾苟且了事，不知

匪徒冥頑不靈，乘釁生事，視以爲常。前此阿溫波半、扎乃占一案，未嘗不重治其罪，甫經半載，仍敢怙惡不悛，即其屢擾邊界，已屬罪無可逭，此次若復稍存寬縱，難保其不再干犯，養癰貽患之說，尤不可不深以爲戒。」㉖劉藻雖紛紛遣調，但當兵練尚未齊集之前，緬兵一路由阿鳥弄率領已從打樂隘侵入猛遮土千總地方，又威脅永順土司、孟連、耿馬地界，劉藻再調提標兵五百名，順雲營兵四百名由便道馳往猛遮，遊擊司邦直帶兵先進爲緬兵所圍困。十二月十九日，總兵官劉德成率領兵練自小猛養分兩路進攻，其中攻九龍江一路據報破其營寨一座，奪獲渡船二十六隻，緬兵受傷淹死者二百餘名。十二月二十日，進攻橄欖壩，連破六座營寨，又報追殺緬兵二百餘人，但在次日，參將何瓊詔，遊擊明浩渡過整控江，沿途束器械以行，毫不設備，至猛旺地方時，埋伏於山箐內的緬兵三路夾攻，清軍只有六百名，俱被衝散，軍裝器械盡爲緬兵所得，遊擊明浩身受鏢傷，當時據報參將何瓊詔，千總薛士俊、外委陶國興俱歿於陣，潰回兵丁一二百名。劉藻以思茅「僅一土堡，且無兵丁錢糧可守，」議棄思茅，於十二月二十四日退駐普洱府城。劉藻將此次兵敗歸罪於何瓊詔等冒昧輕進，具摺參奏稱「參將何瓊詔、游擊明浩、前該鎮劉德成原係令其帶領省兵六百名馳箚整控江內以防莽匪竄入，又以廣羅協兵二百名爲後應，俟剿畢九龍江一帶賊營即追殺直至猛籠猛遮等處，然後知會該二將領兵過江前後夾攻，方可使賊無遺類，乃何瓊詔、明浩不奉軍令，妄圖邀功，冒昧輕率，遽爾渡江，致被敗衄，罪有攸歸。」㉗但清高宗根據劉藻所進呈普洱邊境地圖，按道里詳爲記誌後，指出劉藻奏報不實，因橄欖壩等處在小猛養之前，猛旺在後，官兵既分路剿截，何以緬兵復得潛越小猛養渡江，退至猛旺竄伏，以致衝散官兵，明浩、何瓊詔有遇敵被

傷之事，其理殊不可解。

　　緬兵先後於普洱邊境東突西竄，去而復來，日集日多，竟於土鍋寨圍困官兵，總兵官劉德成即由大渡口進攻緬兵。據報奪得土鍋寨緬營一座，攻破九龍江緬營三座，參將劉明智分路夾攻，砍開白塔寺緬營一座，土弁叭先捧率練追至雙龍寺，乘勝奪回宣慰土城一座。但整哈、猛遮等處緬兵尙多，整控江外土城亦多未平。總兵官劉德成、遊擊施聖學據土目探得整哈江岸後有緬兵營寨四座，離江稍遠，不甚防備，乃於乾隆三十一年正月初七日夜間二更派土千把帶練攜帶硫磺、焰硝、火砲等物由整哈江上游渡江，夜襲緬營，斬殺甚多，遂據整哈渡，惟猛遮一路緬兵恃險固守，猛海、猛阿、猛旺等土司仍爲緬兵所踞，緬營連接直達整控江岸，清軍僅能在九龍江駐箚，相持不下，而劉藻卻侈言全勝，屢報大捷，且何瓊詔等究係打仗陣亡，抑係窘迫自盡，俱未查明，卻初報冒昧前進，俱歿於陣，繼乃奏其不備失機之狀，繼又參其潛行逃歸，而終以貪功輕進定罪，因參將何瓊詔、遊擊明浩、外委陶國興先後回至思茅，千總薛士俊亦回至普洱府，劉藻將其拏禁審訊，具摺參奏稱「何瓊詔、明浩身爲將官，理宜仰遵軍令固守險隘，俟調兵齊集會同前進，且已得猛阿失守之信，猛阿、猛往止隔一站，乃冒昧仍赴猛往，又不採納群議，剛愎自專，以致兵敗逃歸，棄失軍器，實爲罪首。守備楊坤爲行營中軍，既不識機宜，又不遵調遣，擅敢先行渡江，且經千總向洪亮于馬膊嶺勸阻扎營，該備不從，必欲前往猛往，致遭敗衂，權其情罪，與何瓊詔、明浩相等。」㉘因此奏請將何瓊詔、明浩、楊坤即行正法。清高宗以征討緬甸尙未明發諭旨，若遽將明浩等交部治罪，迹涉張皇，故嚴飭劉藻辦案含糊紕繆，乾隆三十一年二月初二日，明發內閣諭旨云「該督辦理此案，情節甚屬含糊紕

繆，何瓊詔、明浩等委赴整控防堵莽匪，前至猛往遇賊敗逃，又復謊報身死，此其法所難宥處，該督乃奏稱冒昧前進，致失事機，是伊等反覺可嘉，何罪之有。夫伊等所謂貪功輕進，並非實情，不過綠營虛誑欺飾故智耳。（中略）又前摺稱明浩等兵器皆馱載行裝，猝遇賊人，不及措手，以致敗衄，而此次摺內稱兩相對敵，因火藥已盡，勢不能支，前後自相矛盾，該督於此等喫緊關鍵處全不悉心根究，何憒憒乃爾。劉藻本屬書生，軍行機宜，非所嫻習，故朕不肯責伊以所不能，至於調度賞罰諸事，尚可力為籌辦，乃於審訊此案情節，竟糾謬若此，豈堪復勝總督之任。」高宗降劉藻為湖北巡撫，提督達啓交部議處。是時陝甘總督楊應琚適以新授大學士入覲，即命其前往接管雲貴總督事務，並改調湖北巡撫湯聘為雲南巡撫。劉藻奉旨切責後，於二月初九日檄催各路官兵併力進攻猛混，二月十二、三等日復攻猛籠、葫蘆口，總兵官華封與參將哈國興由猛混往攻猛遮、猛阿等處。但劉藻拘於書生之見，辦事錯謬，官兵忽調忽撤，全無紀律。二月二十二日，吏部議准將劉藻革職，留滇效力。劉藻見緬甸軍務難辦，又慮奉嚴旨切責，寢食難安，乃於三月初三日夜間四更時候，在所住公館內將是日所到硃批奏摺四件，廷寄一件，用紙封包，置於書桌上，隨後取桌上裁紙小刀自刎。普洱軍營辦事糧儲道羅源浩、鎮沅府知府龔士模據報趕往看視，已不能言語，招手取筆書寫「君恩難報，臣罪萬死，快請常巡撫」一紙，其喉上傷痕極重，數日後不治身故。

　　是役主要係由於召散殺害其堂叔猛孟容奪踞孟艮，復與召猛烈等勾結整欠頭目素領散撰率領緬兵獵夷至九龍江一帶焚掠各土司地方蔓延內地而引起的，在性質上只是一種蠻觸相爭，但劉藻調度乖方，不諳軍旅，妄調妄撤，糜費口糧。緬人性情詭譎，邊

夷附和者甚眾,清廷於緬甸實力缺乏認識,於邊境土司向背更屬茫然。鎮沅府知府龔士模已指出緬眾雖多,其勾引脅從尤夥,廠棍漢奸亦多雜入。雲南大理府內地民人施尙賢於投順緬甸後,素領散撰即以施尙賢爲婿,施尙賢竟敢探聽官兵消息。清廷向採以夷攻夷的策略,於起事之初,全藉土司勇練堵禦,但土練作戰不力,懦弱畏葸,內地土司甚至與緬甸所屬土司以姻親關係互相勾結串通,故迭經剿洗,仍難盡殄。乾隆三十年八月,當緬兵至孟連索貢時,其應襲土司刀派先兌交銀七百餘兩,刀派先捏飾欺蒙,竟以孟連並無緬兵一人在彼具結申報,而恣其索討,表裏爲奸,清廷以夷制夷的策略,實難收效,相反地,景棟土司在緬甸的援助下終於擊退了清軍。

## 四、楊應琚與征緬第二役

大學士楊應琚奉旨管理雲貴總督後,奏請帶領都司薩克查、縣丞周裕等起程前往雲南新任,乾隆三十一年(1766)三月初八日,抵達雲南省城。在劉藻任內已派楚姚鎮總兵官華封進剿召散,華封由打樂隘、猛臘一路進攻,另派參將哈國興先攻取孟艮附近的大猛養地方,並飭孟艮應襲土司召丙調集各處土練在大猛養堵截。因大猛養大小頭人百姓原係召丙舊人,故當召丙至大猛養後即率領大小二十三寨頭人夷民共赴哈國興軍營投誠,哈國興命召丙清查安插後隨即自大猛養起程由猛麻一路進剿孟艮,華封隨後亦率領官兵攻打孟艮,是年三月初四日,參將劉明智進剿與整欠相近的猛辛,總兵官劉德成與督標中軍副將孫爾桂分路夾攻整欠。三月初五日,孫爾桂率弁丁土練進抵整欠江邊,紮筏搭造浮橋,渡江攻克整欠城。三月初八日,華封、哈國興進兵邦籠寨,次日,破其寨,召散敗遁。三月初十日,哈國興分兵三路攻

克孟艮城，此城是一座土城，依山挖壕，周圍約十二里，召散、召猛烈先已將倉糧燒燬遁走。清高宗頒諭稱此次既用兵威，召散逃入緬甸，必須向其索取，不可苟且了事。孟艮、整欠既已收復，楊應琚奏請由扒先捧管轄整欠，召丙管轄孟艮地方，俱賞指揮使職銜。因孟艮是新定之區，地勢遼遠，又係通往緬甸要路，故令華封帶兵八百名駐彼彈壓。

　　總兵官因探得召猛烈在猛補界外深山藏匿，於乾隆三十一年四月初三日遣遊擊豆福魁帶兵前往拏獲召猛烈及族弟召岩並所屬男婦二百餘人，除將婦女賞給將弁為奴外，其餘概行誅戮，召猛容、召岩則傳首梟示。四月十一日，守備王瀚、千總鄧朝奉帶領兵練在猛卡搜獲召猛烈妻即召散之姐窘英罕及其幼子交衣等八人。四月十五日，復拏獲召散胞兄召猛珍及其母喃窘等八人，至是普洱邊外悉平。楊應琚以滇省內地土司所屬夷民向皆蓄髮，狀貌服飾與緬子相似，不易辨識，乃奏請將沿邊土司地方及新定孟艮，整欠等處夷民一體薙髮留辮。是年五月，楊應琚奏稱邊外猛勇頭目召齋、召漢喃兄弟投誠內附，因猛勇位於整欠與孟艮之間，楊應琚奏請賞給召齋土千總職銜，歸普洱鎮府管轄。同時，接近南掌的猛龍沙人頭目叭護猛亦呈請歸附，楊應琚奏稱猛龍沙人原籍內地廣南夷民流落外夷居住，所管地方約二千餘里，共七十餘寨，計一千餘戶，請賞給指揮同知職銜，歸臨元鎮元江府管轄，以與整欠、孟艮犄角相倚，至於召散胞弟緬僧召龍亦歸順內地。劉德成又稟報界在猛龍西面與整欠之間的補哈大頭目噶第牙翁遣其子麻哈喃亦聞風向化，提督李勳札稱猛撒頭目喇鮓細利差人請求內附，總兵華封亦稟稱整賣即景邁頭目召齋約提、景線頭目吶賽、景海頭目悶細體各遣人率領夷民前往孟艮投誠，楊應琚俱令薙髮，華封稟稱各頭目俱皆「歡悅樂從」，楊應琚信以為實

具摺奏聞。是年六月，高宗降諭稱禍首召散迄未弋獲，總鎮大員
統兵搜捕，駐箚邊外，久稽時日，虛糜軍餉，其事不值如此辦
理，應將官兵撤回內地，另籌進剿之策，但楊應琚未遵諭旨撤
兵，另飭土司繕寫緬文前往阿瓦索取召散。惟高宗認為「萬里以
外之事，不可遙度。」乾隆三十一年七月降諭云「楊應琚久任封
疆，夙稱歷練，籌辦一切事宜，必不至於輕率喜事，其言自屬可
信。況緬夷雖僻處南荒，其在明季，尙入隸版圖，亦非不可臣服
之境。但其地究屬遼遠，事須斟酌而行，如將來辦理或可相機調
發，剋期奏功，不至大需兵力，自不妨乘時集事，倘必須勞師籌
餉，或致舉動張皇，轉非愼重邊徼之道。」是年九月間，楊應琚
議調各鎮營兵丁八千名、廣南元江兩府沙練三千名，合永順普洱
各標兵共約一萬四千餘名，並奏稱「籌辦緬匪事宜，臣斷不敢冒
昧喜功，惟因緬匪屢次侵擾土司邊境，若不乘時辦理，恐土境不
得常寧，萬里邊疆之外，須永圖輯寧之計，今緬甸既人心渙散，
木邦情願歸順，是機有可乘。」楊應琚乃密選土司夷民潛往緬
甸，將地方廣狹，道路險易，暗行繪圖進呈御覽。永昌府稟稱木
邦頭人甕團定期九月內歸順，請即派遣官兵到境。楊應琚即調撥
官兵三千名前赴木邦附近的遮放土司地方駐箚，同時在阿瓦城上
游的蠻暮探知木邦投順內地後亦願內附，九月十二日，楊應琚起
程前往永昌駐箚以便受降，並遣副將趙宏榜帶兵出鐵壁關駐屯新
街以為蠻暮捍蔽。緬甸探知木邦欲降順中國，即派兵出落卓，進
攻木邦，其頭人甕團不能守，入居遮放，前土司罕莽底之子線五
格亦由緬甸脫出。緬兵溯伊洛瓦底江而上直抵新街，趙宏榜猝遇
緬兵，「將傷病官兵器仗收入草屋放火焚燒」㉙，退回鐵壁關，
而置蠻暮於不顧。楊應琚急調各鎮營兵赴援，並飭總兵官朱崙赴
永昌督辦軍務。十月初六日，楊應琚抵達永昌府城，因聞緬兵將

大舉來犯，提督李勳又已病故，見事棘手，憂惶成疾，痰症遽
作。高宗據巡撫湯聘奏報後，即命兩廣總督楊廷璋取道廣西馳往
永昌接辦軍務，並遣侍衛傅靈安帶御醫李彭年前往探視，又命楊
應琚之子江蘇按察使楊重英馳往永昌省視，襄助一切軍務。楊應
琚在病中復命永順鎮總兵官烏爾登額駐兵宛頂以攻木邦，永北鎮
總兵官朱崙由鐵壁關以復新街，而令提督李時升駐箚杉木籠居中
調度。十一月初八日，巡撫湯聘由雲南省城抵達永昌。十一月二
十日前後，緬兵進攻萬仞關，永順都司張世雄不能抵禦，盞達、
戶撒俱被焚掠，並將銅壁關官兵衝散。是時總兵官劉德成駐箚干
崖，相距萬仞關不過兩站，卻擁兵不救。提督李時升遣曲尋鎮遊
擊馬成龍帶兵七百名進規戶撒，為緬兵所敗，馬成龍陣亡。緬兵
欲抄襲鐵壁關後尾，因恐楞木清軍被截斷，李時升、朱崙遂一齊
撤出，新街緬兵會同戶撒緬兵乘虛焚燒隴川。但楊應琚卻奏稱十
一月十八日，朱崙等督兵赴楞木，與緬兵接仗，激戰四晝三夜，
緬兵不支，清軍乘勝追剿，兩次共殺死緬兵六千餘人，緬兵頭目
莽聶渺遮加調二三萬人欲犯銅壁關。十二月初六、七日，殺死緬
兵千餘人，十二月十一、十二兩日又斬首三百餘級，大弄種、二
弄種及止丹各處野人亦殺死緬兵千餘人，十二月十六日，朱崙、
劉德成分路抄殺，復斬首三百餘級，計前後所殺緬兵幾及萬人，
楊應琚不加以深察，但據領兵將弁稟報，虛張粉飾，一一奏聞。
是時，緬兵見清軍即將齊集，遂遣人詐降以緩之，十二月二十六
日，莽聶渺遮遣人至朱崙軍營乞降，二十七日，緬使復至，朱崙
命哈國興出營相見，哈國興向緬兵頭目要降表，莽聶渺遮卻推說
「我不能作主，若要降表必得回去說與猛毒，教猛毒出表。」楊
應琚誤信緬甸投誠，不加防備，竟奏稱緬王之弟卜坑及領兵頭目
屢赴軍營乞降，惟蠻暮、新街等處為夷人資生之路，請賞給貿

易。緬甸為邊南大國，密箐崇山，阻江為險，水土惡劣，瘴癘時行，若欲直搗巢穴，恐曠日持久，得不償失。楊應琚據稟十二月二十八日莽聶渺遮已將緬兵遣散，但是日，緬兵已伺懈攻入猛卯，又進攻銅壁關，遊擊班第中鎗陣亡。

清高宗以楊應琚前後奏報誇張欺飾，不足採信，緬兵侵擾蠻暮、新街等處，其總數僅二萬餘人，若殺敵果至萬人，則已去其半，實非尋常之捷，遠近傳聞，風聲鶴唳，緬兵勢必驚竄不及，何以尚敢擁衆相抗，而且殺賊果至盈萬，則填屍流血，其佔蔽地面當復不少。從前平定準噶爾、回部前後不下百餘戰，統計所戮尚不及萬人，楊應琚乃謂兩次交鋒，俄頃之間於方隅之地，何能殺蔽盈萬。楊應琚既稱軍威大振，緬兵望風懾服，則有可乘之機，何以復稱地險瘴多，欲將就了事，前後自相矛盾。蠻暮、新街既已納降，並遵定制薙髮，已隸內地版圖，何以轉而賞給貿易，是緬甸名為乞降，實不過暫退其衆，以緩我師。高宗深悉綠營惡習，揑詞謊報，乃核閱楊應琚繪呈地圖。李時升等自新街一戰，即退回楞木，而楊應琚兩次所報交兵之地，僅稱銅壁、鐵壁關外，按圖而計，楞木已在新街之內，兩關則幷退至我界之內，蠻暮、新街早已棄而不守。乾隆三十二年正月初四日，參將哈國興帶兵練二千四百名抵達猛卯城，正月初五日，緬兵七、八千人圍攻清軍，於城外搭造竹柵營盤八座，初七日，緬兵大舉來攻，用竹梯爬城，哈國興被鎗彈打入口內，將牙齒打落十餘個，把總朱才達中彈陣亡。哈國興差兵由山箐小路往隴川飛報朱崙，朱崙即遣副將陳廷蛟帶兵二千名赴援，於是月十一日抵達猛卯，清軍裏應外合，擊退緬兵，追至底麻江，遊擊毛大經、都司徐斌、守備高乾被緬兵「回馬標」打傷身故，緬兵旋由宛頂攻取木邦⑩。楊應琚因奏報較遲，將猛卯交兵日期改填為十六、十八等日，且

稱「約共殺賊二千有餘，賊勢大潰，官兵追擊直至底麻江，溺斃二千餘。」楊應琚所進圖說聲明以藍線為界，而楊應琚前後奏稱緬兵偷越盞達及猛卯邊境。高宗見盞達、猛卯皆在藍線以內，而盞達之外則有萬仞、巨石等關，猛卯附近則有虎踞、天馬二關，何以容許緬兵出入無忌，楊應琚先後所調官兵已有一萬四千餘名，何以惟株守銅壁、鐵壁兩關，而其餘關隘皆一概視如膜外。而且緬兵向在鐵壁關之西，緬兵因何繞關而東，得至猛卯。李時升身任提督統兵大員，何以未曾親赴軍營督辦，朱崙亦始終從未臨陣殺敵，既皆漸次退回內地，何以尚稱有楞木之捷。緬子詣營乞降，李時升等何以不親至軍營察其誠偽，僅委之參將出營傳諭，何以視受降如兒戲。楊應琚種種欺飾，已堪髮指，其調度乖方，更出情理之外。總兵官劉德成本與華封同在東路駐箚，朱崙本在西路征剿，乃楊應琚輒將劉德成調至正西盞達一帶，而剿截底麻江緬兵時又捨駐箚宛頂總兵官烏爾登額不行專檄堵殺，又不委東路華封相機進攻，轉令朱崙自西而東從後尾追，東西更調，措置失宜。乾隆三十二年正月二十八日，降旨將李時升革職，是時適因揚寧陛見在京，即以揚寧補授雲南提督。楊廷璋以征緬一事難於辦理，奏稱楊應琚痰疾已癒，即起程返回廣東。二月十三日，又降旨將李時升、朱崙拏解入京交刑部治罪。二月十五日，命滿洲世僕鄂寧調補雲南巡撫，以索柱補授永北鎮總兵官，旋以德保代之。三月初一日，降旨命楊應琚回京入閣辦事，雲貴總督員缺改由明瑞補授。三月二十九日，又降旨將楊應琚革職拏問押解赴京交刑部治罪，旋賜自盡，其餘劉德成、華封、趙宏榜、湯聘等革職治罪。

　　楊應琚抵達雲貴總督新任時，普洱邊外已漸平靖，可以不必用兵邊外，不過經理疆界而已，但楊應琚以召散逃入緬甸，行文

索取，因久無音訊，遂興問罪之師，其前後八次檄調官兵共計二萬二千七百餘名，但楊應琚胸無成算，朝令暮改，忽調忽撤，虛糜廩餉。緬兵在戰略上遠較清軍周密，其所使用的武器據遊擊豆福魁供稱是「自來火」的鳥鎗，其實就是英、法等國所製造的洋鎗。然而官兵方面據蕭日章稱「雲南綠營兵丁因調赴軍營，近者數站，遠者數十站，自己攜帶鎗一桿、刀一把、鉛子一百、火藥一斤、火繩三盤、釘版一塊、口袋一個、還有些須衣服口糧，大約走百十里路，多係高山上下狠陡，所以兵丁纔得到軍營已經疲乏。再每一百步兵內馬兵十名，又有十匹馬馱載鍋帳等項，行至中途，馱載之馬如有倒斃，即將騎馬馱載，是以馬也不中用了。」至於緬兵「每次打仗，先將近緬邊地夷民驅集在前，我兵鎗砲打斃者多係此種名叫肉擋牌，所以眞緬兵一時不得盡行殲滅。」楊應琚卻喜誇軍威，捏詞虛報，以敗爲勝，殺敵數千。在永昌府檄緬甸文中竟誇稱「調兵五十萬，大砲千尊」等語。滇省綠營將弁兵丁積久廢弛，遇敵輒潰。乾隆三十二年五月，雲南布政使錢度已稱「滇省綠旗積習更爲不堪，將各一心，兵鮮鬥志。臣細爲訪察，聞昭通、東川、開化、曲尋四鎮營兵尚敢與賊對仗，其餘皆退縮不前。又聞前在楞木打仗，官兵聲威頗振，後緬匪於萬仞竄入，大勢全非，以致百孔千瘡，進剿之兵幾至防禦不暇，所以遷延半載，迄無成功。」「李時升、朱崙依迴觀望，畏葸不前，不敢親臨行陣，聞有緬匪，衹知分兵堵禦，朝東暮西，以致官兵疲於奔命，稍有斬獲，即行混報。」將軍明瑞亦稱「滇省綠營，積久廢弛，無人整頓，迨至奉調，率多未經訓練之兵，倉卒起程，行至半途，馱載之馬匹已疲斃殆盡。每兵擔負軍裝口糧，不下數十斤，步行長站，及值進剿，則兵力已瘁，而領兵將弁又多不知體恤，到處草木皆令兵每程每夜必令伐木樹柵扞禦，

晝夜罔息，尤爲疲憊，是以兵心渙散，各無鬥志。至于各營將領聞祇哈國興數員略屬奮勉恤兵，其他將弁既皆未諳戰陣，且無人指授機宜，凡帶兵與賊對壘不識地勢，不過督令兵弁施放鎗砲，總兵大員身則居後遙觀，即爲攻剿，鮮有摧堅陷陣身先士卒與賊交鋒短接之事，每遇馬賊一衝則將領失措，兵練棄械潰走，不能抵禦。且調撥兵弁，移東補西，朝更暮改，又不令本營將弁帶領本標兵丁，各營雜湊成伍，毫無紀律，兵將互不相識，故前後傷亡病故以及失伍逃避，漫無稽考。」㉛而緬兵卻以逸待勞，清軍疲於奔命，轉攻勢爲守勢，終於守之不暇，棄械潰散，遂致每戰必敗。

## 五、明瑞與征緬第三役

　　清高宗以征討緬甸一事業經選調兵馬，爲中外所共知，而且緬兵敢於抗拒大兵，傷天朝士卒，侵擾內地，已成騎虎之勢，斷難中止，必須大張撻伐以申天討。乾隆三十二年三月，將軍明瑞奉命前往雲南接辦軍務，軍機處司員戶部滿郎中傅顯、漢郎中馮光熊、河南開歸道諾穆親、陝西漢興道錢受穀俱隨往辦事。因綠營怯懦，作戰不力，除在京師添派健銳營、火器營兵三千名外，復於鄰近貴州、四川各省調撥漢土官兵及索倫、厄魯特、侍衛、拜唐阿等共萬餘名分起前赴雲南。在餉銀方面，河南省撥銀四十萬兩，江蘇省撥銀三十三萬兩，兩淮鹽課撥銀九十七萬兩，合計共撥二百一十萬兩，加上雲南省原存九十萬兩，共銀三百萬兩，戶部又奉旨再撥銀三百萬兩作爲軍需之用，另於河南、河北、廣東、廣西、貴州等省調撥馬匹一萬餘匹。楊應琚在雲貴總督任內，曾奏請調撥官兵五萬名，分五路進討，並約會暹羅夾攻。清高宗卻謂從前戡定準夷、回部所調兵力亦未嘗動至數萬，軍機大

臣傅恒仰承旨意，於議覆時亦稱緬甸蓄兵僅止萬餘，明瑞旣揀選勁旅赴滇，已足以壯軍聲，原不在徵調紛紛，多添兵數。至於約會暹羅，高宗認爲更屬「荒唐可笑」，因爲「用兵而藉力外番，不但於事無濟，且徒爲屬國所輕，乃斷不可行之事。明季資其援助，實爲愞怯無能，豈可引以爲據，況我朝兵威遠播，所向懾服，安藉此海外窮荒爲王師犄角。」㉜清高宗於緬甸實力旣缺乏認識，遂致輕敵而敗。

在明瑞抵達雲南以前，副將哈國興已進駐新街，緬兵則堅守老官屯（又作官屯），提督揚寧率兵四千進規木邦。乾隆三十二年四月初五、十等日，緬軍四面往攻清軍，清軍傷亡過半，遊擊蘇克進泰、守備程策、盧懷亮、千總馬自錦及兵丁計四、五百名被俘。四月十七日夜間，緬兵復發動攻擊，清軍右翼各營先亂，由山梁逃遁，揚寧退守龍陵，駐守遮放所有運糧文員及守備陳謨等先已潛遁，將兵糧任意委棄。七月二十五日，揚寧改調貴州提督，其雲南提督員缺由譚五格補授。七月二十九日，緬兵千餘名欲渡小猛崙江，開化鎮總兵書敏率兵二百名與緬兵隔江施放鎗砲，是日午後，書敏退駐三十里外的緬寺，留都司那蘇泰督兵抵抗，是夜，緬兵分隊潛渡小猛崙江，將清軍衝散，那蘇泰隨書敏連夜逃往茨通，途中遇到由猛撒江來援清軍二百名，書敏即命那蘇泰帶往蠻纇堵禦，爲緬兵衝散，那蘇泰不知下落，書敏愴惶退往倚邦。普洱鎮總兵官德保帶兵防守九龍江，七月初八日，德保不見敵蹤，驟聞小猛崙失守，即先將賞號銀兩、緞疋等物交與宣慰土司刀維屏收管，預爲逃遁之計。其後在橄欖壩隨防之千總蘇起文到九龍江報稱橄欖壩已失，德保即與遊擊釋迦保、四達色、德陞三人商議，將糧械火藥棄置不顧，貪夜騎馬出營，遣刀紹文引往小路潛逃，兵丁隨後奔避一空，德保因馬蹶跌傷，步行九晝

夜，始逃回思茅，德保走後五、六日緬兵仍未抵達九龍江。德保
卻捏奏緬兵滋擾小猛養地方，正要率兵前進迎敵，是夜五鼓，營
兵聞得九龍江內有緬兵船響，心生驚怕，遂將軍裝器械拋棄各自
逃散，因自行找尋兵丁，以致迷失跌傷，退至思茅㉝。八月二十
六日，清高宗據鄂寧參奏即降旨將德保等鎖拏解京治罪。

　　將軍明瑞抵達永昌總督新任後，首先調動一批文武官弁。蒙
化府掌印同知昆明縣魏成漢辦理站務每多貽誤，典史聶錫福躲避
差務，俱被革職，普洱鎮右營遊擊改以積德補授，鶴麗鎮中營守
備以陳國英陞署，順雲營守備以楊景龍陞署，鶴麗鎮右營守備以
彭耀楚陞補，昭通鎮右營守備以周世雄陞補，督標左營守備以羅
大倫陞補，其餘各鎮守備亦陸續更調。明瑞決定分兵兩路征討緬
兵：一路自宛頂至木邦以攻阿瓦，其道在騰越州東南，由明瑞親
自統率，並命珠魯訥為參贊大臣帶兵駐守木邦；另一路出虎踞關
至猛密以攻老官屯，其道在騰越州西南，明瑞原派副都統額勒登
額㉞與提督譚五格同往猛密一路，但清高宗以提督譚五格雖出自
包衣佐領，然而未更戰陣，胸中全無條理，難以獨當一面，副都
統額勒登額久歷戎行，惟深染「烏拉齊習氣」，氣度狹窄，而侍
郎額爾景額出身滿洲，素有才幹，故令其統領行走。至於進兵時
間，據提解李時升入京鞫訊的解員蕭日章稱「邊外瘴氣從四月起
至九月方止，瘴氣也不一樣，最盛莫如七八九三月。邊外稱平地
為把子，大約山深箐密把子少者瘴氣最盛，其中山勢開敞把子寬
廣者瘴氣略少，惟十一月至三月此五個月可以進兵，山頂透風之
處，瘴氣就少些。」但高宗以初秋逢閏，節氣早涼，瘴氣易消，
若必拘定秋冬之交始行進兵，曠日持久，轉非兵貴神速之道，故
命明瑞於九月初進兵。因添調京兵尚未全數抵達，明瑞擇期於九
月二十四日自永昌起程。據隨明瑞出征承辦檔房事務的周裕稱起

程之日大雨滂沱，山陡路滑，人馬阻塞，風大雨冷，衣服淋漓，尺寸難進，下鞍亦無駐足地，遂於馬上度夜㉟，故於十月底始抵木邦，緬兵等先已棄城而遁，參贊大臣珠魯訥帶兵四千名隨後亦至，派兵搜索兩旁山谷，緬兵採取堅壁清野之計，將數百里內村莊焚燬，廬舍為墟。猛密一路清軍於十一月十一日抵達老官屯附近，緬兵已在江岸豎起堅固木柵，清軍連日攻打，傷亡甚重，額爾景額旋即染瘴身故，改授額勒登額為參贊大臣、伊柱為領隊大臣。明瑞出木邦後，連克臼小、蒲卡等處，沿途擊退緬甸伏兵，於十一月二十九日抵達蠻結，緬兵九千名已於各要隘豎立木寨十六座，並排列象陣。緬兵長於防守，所築木寨是用二丈餘涇木交互排列，用土築砌，內外俱挖有深溝，溝外二三十步密立木柵，高約七、八尺，柵外又用木排擋禦。明瑞等抵達蠻結後，已無險可據，即一面遣兵掩護，一面於密林內排列陣勢，以防抄襲。十一月三十日，明瑞帶兵居中策應，令領隊大臣扎拉豐阿、李全佔住東面山梁，觀音保、常青佔住西面山梁。是日酉時，緬兵自密林內衝犯觀音保一隊，明瑞分兵前往接應，激戰至晚，緬兵陣亡二百餘人。緬兵既佔地利，清軍屢次挑誘，仍堅守不出，明瑞恐相持日久，糧盡馬疲，商定先破其西路中堅。十二月初二日，明瑞留兵二千餘名交五三泰、音濟圖排列兩旁坑坎掩護，其餘滿洲綠營兵丁分為十二隊，明瑞帶領管隊官兵，札拉豐阿、李全帶領左哨，觀音保、常青帶領右哨，乾清門侍衛等分撥於內，時值大霧，各隊潛至密林險峻地方，衝擊木寨，緬兵齊施鎗砲，明瑞等身先行列，砍傷象隻，短兵相接，札拉豐阿首先攻破木寨一座，明瑞、觀音保等各破一座。當清軍衝擊第二寨時，有貴州籐牌兵王連攀柵直上，飛身躍入，於數百緬兵之中，縱橫砍殺十餘人，終於拔開木柵，清軍蜂擁而進。是夜所有埋伏及各寨緬兵俱不戰

自退，遂破其十六寨，是爲蠻結大捷。是役緬兵陣亡二千餘人，擄獲牲畜二百餘隻，米糧二百餘筐，清軍方面，因木柵牢固，火攻無效，緬兵於柵內密施鎗砲，又因地勢險峻，藤牌亦難使用，故傷亡極重，明瑞右眼眶亦受鎗傷。高宗得到捷報後，即封明瑞爲一等誠嘉毅勇公，賞給黃帶子紅寶石頂，四團龍補服，兵丁王連亦陞補遊擊之職。

　　明瑞克蠻結後休息數日，然後前進至革龍山（又作隔弄山），接近天生橋渡口。此處是緬境有名險隘，從前貴家宮裏雁曾率數百人堅守革龍山隘口，緬兵數萬之衆被遏不能越雷池一步。因天生橋位於革龍山中斷之處，下有湍流一道，兩岸石峰高出二三千尺，峰上盤曲小徑，僅容一人行走，天生橋面是天生一片大石，橫亙兩岸，兩側舊有人造樹木，已爲緬兵拔除，不但乘騎不能過渡，即步行亦屬艱難，而且對岸山崁正面緬兵立有木柵。據通事馬必興稟稱在橋北三十里處有小路可步涉，明瑞即於十二月初八日令達興阿帶兵二千名在正面佯攻，令莽喀察齊里克齊帶領前哨兵丁由小路繞進，佔據對岸山梁，明瑞帶二千餘名隨後渡過，李全修護正路渡口，清軍大隊全行渡完，防守天生橋渡口一千名及由蠻結敗回二千名緬兵俱退守宋賽。至猛密一路，圍攻老官屯將及一個月，曠日持久，傷亡日衆，伊柱染患傷寒病故，總兵官王玉廷左腿中鎗不治。額勒登額於十二月初九日得緬兵欲襲清軍後路旱塔之信，即奏稱「各營官兵所帶口糧除食用外所存無幾，而老官屯地方廠草甚屬平常，兼之稀少，官兵騎馱牲畜漸至臕分減落。且聞猛連壩、新街俱有賊人，恐其來至旱塔、馬膊子一帶咽喉要口。況老官屯地方窄狹，樹林深密，難以誘賊打仗，旱塔地方雖有樹林，較之老官屯地勢尚稍寬闊，而廠草亦好。」遂將清軍撤回旱塔，名爲誘敵出戰，其實並未設伏出奇，

以致緬兵尾隨至旱塔，在小河南岸豎柵對峙。清高宗恐明瑞一路懸軍深入，命額勒登額從旱塔、波龍一路前往，與明瑞軍會合，但額勒登額在旱塔已受緬兵牽制，不能前進。十二月十三日，在木邦駐守的參贊大臣珠魯訥派貴州參將王棟帶兵三百名赴錫箔安設台站，總兵官索柱帶兵二百名赴宋賽擺台，貴州守備郭景霄帶兵二百名赴天生橋擺台。十二月二十日，王棟抵達錫箔，索柱、郭景霄則於二十四日行抵蒲卡，途遇齎摺折回的兵丁董君奉等三名報稱官兵在蠻結壩木內遭緬兵抄殺，傷亡殆盡，索柱等即督兵往援，追至蠻結，緬兵已退走，把總劉成芳及兵丁百餘名陣亡及不知下落。二十八日，索柱等回駐錫箔橋。乾隆三十三年（1768）正月初二日，緬兵三千人四面來攻，清軍紛紛潰散，守備郭景霄等陣亡，索柱、王棟衝出，於初四日回至千家寨，因千家寨地曠兵單，緬兵尾隨而至，豎立木柵，索柱等即由葫蘆口撤回木邦，潰回兵丁只有一百餘名，錫箔既失，明瑞文報遂被切斷。大理府知府郭鵬翀係在木邦支放糧餉的文員，同知陳元震則是隨珠魯訥辦事之人。正月初六日，總兵官胡大猷回至木邦，報稱緬兵已至，珠魯訥即帶兵迎敵，人情慌亂。陳元震藉口保護印信寶匣，假傳珠魯訥口諭，令聽差把總張傑帶兵護送，郭鵬翀等見陳元震出營躲避，也一同逃出，於正月初八日渡滾弄江，初十日回至永昌。正月初八日，巡撫鄂寧得緬兵欲抄襲二龍山台站之信，即派遊擊袁夢麟、守備陳言志等帶兵八百名駐箚二龍山，以援木邦，然無接應，緬兵三路來攻，遂被衝散。旱塔距木邦不遠，所剩清軍不下八九千名，鄂寧屢檄額勒登額分兵走隴川、猛卯一路前往接應木邦，前後七次飛催仍遷延不進。清高宗命鄂寧將額勒登額革職拏解入京治罪，木邦清軍遂陷於重圍之中，清軍將弁陣亡者有前鋒和倫、委署前鋒英亮、守備龔殿安等員。正月

十八日，珠魯訥見南營盤小路被截斷，即傳令箭命副將劉連捷將營兵移歸大營。是夕，緬兵從右後營門爬柵砍入，適營盤失火，兵丁各自潰散，劉連捷等陣亡，索柱、王棟等不知下落，是夜五更，珠魯訥自刎身故，其遣往緬甸軍營議事的按察使楊重英及貴州兵丁許爾功等被俘送阿瓦。

　　明瑞一路孤軍深入，於乾隆三十二年十二月十三日抵達宋賽，十七日至邦亥，一路不見緬兵，明瑞命侍衛莽克察領兵在前探路，行四五十里至象孔（又作寫哄），迷失路徑，因糧盡馬疲，兵丁多已染病，明瑞令捉生詢問，知猛籠土司存糧尚多，即於十二月十九日起程前往，且戰且走，於二十一日至猛籠，尋獲土司所埋藏糧石共得二萬餘石，駐兵三日後起程欲往猛密，高宗命提督譚五格挑選勇銳兵丁前往接應，但譚五格擁兵不進，降旨革職拏問，改以立柱補授雲南提督。明瑞外援既絕，前途已為緬兵所遏，因大山距木邦不遠，明瑞乃取道大山欲回木邦，途中因聞木邦被圍，即於乾隆三十三年正月初十日向宛頂前進，緬兵每日分隊抄襲明瑞後路，明瑞親率領隊大臣、侍衛等殿後，邊打邊走，先後殺死緬兵數千名。正月十四日，總兵官李全在蠻化地方中鎗，數日後身故。當額勒登額等撤回內地時，緬兵即潛赴小猛育併力攔截明瑞之軍。二月初七日，明瑞行至猛臘地方，緬兵已截住去路，即於山頂結成大小寨十四座，緬兵數萬將四面緊要山口圍住，共有三十餘處，清軍彈盡糧空，除受傷及染病官兵外，僅剩五千餘人。明瑞命將所有疲瘠馬騾分給官兵作三日口糧，於二月初十日下令向緬營衝鋒，突圍向宛頂前進。二月十一日，領隊大臣扎拉豐阿、護軍統領觀音保俱中鎗陣亡，明瑞右臂先受鎗傷，胸前又中彈，知難支持，即令親隨章京雙喜護馬前行約四五里的小猛育地方，剪下髮辮、帶子、搬指交由家奴順克攜回進呈

高宗，其總督印信亦交給隨從侍衛三寶帶回永昌，明瑞隨即自縊，雙喜將其遺骸移於路旁草樹多處用土掩埋標識。時值濃霧大作，黑夜不辨方向，清軍各自奔逃，乾清門侍衛諾爾奔、伍三泰、莽克察、齊里克齊、德爾森保，總兵官常青、哈國興、達興阿，軍機處行走司員傅顯、馮光熊，道員諾木親、錢受穀等先後潰回宛頂。在明瑞自縊以前，額勒登額經鄂寧十四次飛催始於正月十七日取道內地回至虎踞關，二月初四日繞道前往宛頂，以數日可達路程，紆遲數旬始至宛頂，仍未星往接應。高宗既得明瑞自縊之信，即降旨將額勒登額鎖拏解京，凌遲處死，其父雲代及親叔弟姪均照大逆緣坐律擬斬立決，譚五格亦被處斬，明瑞之死，高宗震悼之情不言可喻。

是役，清軍損兵折將，幾至全軍覆沒，主要原因是由於匆促出師，高宗輕敵所致。乾隆三十三年正月，鄂寧已指出明瑞過於自信，欲直搗阿瓦，使緬甸自顧不暇，將所有可用兵丁盡行帶往，因新街一路無兵進剿，只得將舊存兵丁一千五百名留守杉木籠，其餘關隘俱未分兵駐防，永昌僅留兵數百名以備運糧。明瑞進兵時原以兩路併進，緬兵必退保阿瓦，但猛密一路甫抵老官屯即為緬兵所牽制，而漸次退回內地，木邦一路遂致懸軍深入。木邦駐兵四千名，已不為少，不意緬兵狡詐多端，係明瑞統兵深入後，竟抄襲木邦，珠魯訥自刎，清軍補給線遂被切斷，明瑞彈盡援絕。永昌已無兵可撥，即欲飛檄調兵，已緩不濟急。高宗憂心如焚，於鄂寧奏摺中硃批云「朕早知此事，去歲朕及爾等皆失於輕敵。」是年二月初八日，高宗在明發上諭中亦指出「明瑞受任之日，朕以輕量窮蠻，謂其不值張皇措置，惟簡派巴圖魯侍衛官兵百人，並選健銳，火器二營勁旅三千人，以為可備軍營調遣之用。無如滇省綠營弁兵率經楊應琚不善駕馭以致恇怯性成，遇賊

輒退，不足充用，而命往禁軍在在分資調撥，未免不敷，是朕之蔑視緬酋，未爲深思遠計，不得不引爲己過者。」高宗於明瑞之死，深自引咎。京兵雖稱勇銳，明瑞兼善用謀，但邊外瘴氣盛行，滿洲官兵因水土不服，多染瘴病故。緬兵勇猛固然不如京兵，但熟悉路徑，行高山深箐有如平地，故能以逸待勞。耿馬土把總罕朝機供稱「我在軍營看見賊衆終不敢在平地接仗，只等大軍在兩山中間路窄之處及山坡險峻難行地方始來攔截，且預備鎗砲等候，待我兵自下而上漸至疲乏之時，方來衝突。再緬子領兵頭目俱穿紅衣，兵丁俱穿青衣，每隊後另有人衆挑著糧米跟隨，總因賊數衆多，所以打仗輕便，而糧石亦不致短少。」同時就雙方武器方面加以比較，雖然臘戌苗溫曾盛讚「天朝騎剖鼻子馬拿了箭的兵最利害，驍勇可怕。」楚雄民人何士順被俘至緬甸時，「聞緬子們傳說大兵所用火箭甚是利害，火箭來時，人走的快，箭也趕的快，人走的慢，箭也慢些，大家聽見甚是害怕。」但緬甸方面的武器亦甚優越，罕朝機稱「緬子多用標子、短刀、鎗砲，亦多有地雷一種，埋在大路中間，上用樹枝架住，將土蓋上，人馬踹著即時發火轟燒。」其標子固非利器，惟其「鎗砲聞係西洋人所造，其鎗皆自來火，砲子有重至五六十兩者，鉛彈率五六錢以上。」㊱質言之，清軍武器已不如緬甸之進步。

## 六、傅恆與征緬第四役

明瑞陣亡後，清高宗即授大學士忠勇公傅恆爲經略，阿里袞、阿桂各授爲副將軍，舒赫德授爲參贊大臣，雲貴總督員缺由鄂寧補授，明德調補雲南巡撫。命戶部於各省協項下再撥銀二百萬兩解滇備用，同時添派北京滿洲兵六千名，索倫兵一千名，厄魯特兵三百四十名，荊州、四川兩處駐防滿兵四千名，貴州兵九

千名，其後又增調火器營四千五百名，健銳營二千五百名，準備
大張撻伐。舒赫德於乾隆三十三年四月初六日，抵達雲南省城，
與鄂寧反覆計議後聯銜密陳緬甸軍務難辦實情，略謂滇省山多路
遠，非四通八達之區，一切籌辦不易，若以滿漢兵四萬名計算，
需馬十萬匹，即使各省皆按數撥解，而道路遙遠，水土各別，所
到之馬恐亦不皆適用，況滇省山多荒禿，即有生草之處亦微細不
堪餵馬，惟賴穀草，馬至十萬，日需草一百餘萬斤，永昌一隅之
地購備實難；計兵備糧，日需米四百石，以十個月計算，需米十
二萬石，永昌既無草料，以米代之，馬十萬匹，每馬一升，日需
米一千石，以十個月計算，需米三十萬石，而且每三夫運米一
石，用夫一百餘萬人，遠者二三十站，往返轉運，沿途不下三四
十萬人，亦費周章；永昌出口道路，一由騰越虎踞關，一由宛
頂，兩路山峻道窄，兩人不能並行，每路數萬人，綿長至數十餘
里，前營已到，而後營尚未起程，前後難以相顧；永昌潞江以
外，騰越南甸以外，俱係土司地方，連年用兵，夷民逃避一空，
一切軍裝糧運無夫可雇，而內地民人，雇令赴口，雖重價不應，
即迫脅使行往往半路逃亡；永昌百里之外以至潞江煙瘴漸盛，其
餘土司地方，亦皆有瘴，每年多月漸減，至正月復生，一年之
內，無瘴時甚少，且邊外多月雖無瘴癘而水寒土溼，易患瘧痢，
且其地險隘異常，緬子形同狗兔，登山下箐如走平地，我兵得以
施展之處，緬子即避匿無蹤，至於兵不能成列馬不能並行地方，
卻四出引逗，倏出倏沒，我兵無可用武，及至深入，兵將即使精
壯如常，馬行險峻數月，大半疲敝無用，征剿緬甸，實無勝算可
操㊲。因此，舒赫德等曾議與緬甸暫息兵戈，令錢度、哈國興密
爲招降。但高宗嚴飭舒赫德招致緬夷一節「更屬無恥，大出意料
之外，緬匪屢抗顏行，實聲罪致討所必及。」「荒唐無恥，可鄙

可怪」，「若彼未來求，而先示之以意，此宋明諸朝庸餒不堪者所爲，豈我國家勢當全盛轉效彼自欺欺人之計耶。」易言之，征討緬甸遂難中止。在緬甸方面，希望中緬兩國彼此罷兵，照舊各通貿易，繕寫蒲葉緬文，於四月十四日令所擄兵丁許爾功、楊清等八人自阿瓦起程，派人護送，於五月十四日回至龍陵。其所帶書信爲緬王致清朝將軍原文，附楊重英所譯漢字，及楊重英滿漢稟文等件。緬甸雖欲罷兵言和，但高宗認爲緬王旣有悔罪乞降之意，必須「束身歸命」，或專遣大頭目齎表前來，始可酌量代奏，今僅令內地被掠兵丁齎文投遞，實屬不成事體，爲顧全中朝體制，應置之不答。是年六月以後，緬甸方面屢次差人至猛古等處探聽內地信息。緬甸諾爾塔亦致書虎踞關外管經野人的隴正官書信，令其通信天朝，「若天朝肯依，我們兩邊就多好了，若天朝執意不肯，必要打仗，我們也怕不得了，你們兩個可將好話歹話，肯依不肯依，寫個信交與我們的人帶回。」易言之，緬甸雖欲罷兵，但態度強硬，尙無意進表納貢。臘戍苗溫甚至稱「若准他講和就不添兵，若不准他講和，要進兵打仗，一得實信，可以七日七夜由阿瓦添兵到臘戍。」[38]木邦苗溫又先後致書芒市、遮放安撫司及清朝領兵將領，俱係棕葉緬字，經軍機處譯出漢字，其內容大致相同。其致將軍緬字內稱「自一千一百一十一年上，九龍江十二處土司都我們得了，有漢官二蘇野一位、頓大野一位帶字來到我們這裏，說兩國成一國，兩塊金子成一塊，成一條金路、銀路，兩國相好，百姓買賣相通，得有利息，兩下裏各還兩國的錢糧。你做永昌的官管兩國邊界，不要犯了王法，你旣來管百姓，要使你管的百姓都喜歡，你們天朝寶殿大皇帝，我們金殿的　罡1兩下裏金心都喜歡，相親相愛的和好，這便好了。從前因爲中間人挑唆，因此動兵動馬，兩國打仗，窮人百姓不該死的

也死了，我們兩國該知道以前的古例，還要像從前太平的一樣兩下相好。」易言之，緬甸以九龍江十三版納為其屬地，雖欲重建舊好，但必須兩國不犯疆界。其致遮放等八土司緬字內更明晰的指出「我們兩國本來相好如同一國，因為從前獵夷在中間挑唆壞了事。」「如今有木邦土司帶領眾頭目百姓不守我們主子的法都反到天朝八土司一帶地方去了，我們王子有話叫我們把獵夷、養子、波龍、卡瓦各種人都招回去，各自安挿栽田種地，你們八土司同我因為中間人挑唆壞事，把大家地方百姓都爛了，兩下裏纔動了氣，怎麼能大家把氣都平了，須把我們的人在八土司地面的都還了我們纔好。若要收留在你們地方，理上便不應該，恐怕後來帶兵來要這些人，你們天朝大皇帝又要見怪了。因此我纔差人送字來到你們八土司地方，要你們八土司找尋我們木邦的人還了我們纔是，若是還了，天朝地界就是一掌之地，我們也不敢踹著的。」㊴但就清朝而言，波龍、卡瓦等處久已內屬，已隸版圖，各土司既已歸誠，豈能釋還，中緬衝突的癥結既未能解決，釁端勢難倖免。而且高宗態度更加強硬，「一年無緒，再辦一年，自然賊匪畏懼兵威，計窮歸款。」其檄諭老官屯諾爾塔文中痛斥緬王「不知天高地厚，肆口妄言，竟與犬吠無異。」

乾隆三十三年七月二十一日，銅壁關戶撒民人張文連自阿瓦脫出，攜回清軍被俘守備程轍投呈阿里袞副將軍稟文及所繪緬甸地圖，於九月初八日返回內地。其原稟略稱緬甸南部白古，木梳城西得龍江外結些及暹羅均與緬甸互相仇殺，已有內訌之勢，機有可乘，惟緬子人情巧詐，即准其投誠，仍應於各關隘口加兵嚴防。大兵進剿可分四路：一由普洱辣子山奪普幹、漾貢會合暹羅之兵；一由蒐鳩、猛拱會合結些之兵；一由木邦、落卓；一由老官屯而進。阿桂覆奏時稱落卓、蒐鳩較利於進取，至若大兵會合

暹羅必須渡越緬地，不獨遠隔海洋，且期會在數月之後，不能如
期而至，聯暹羅之議遂寢。清高宗以緬王久無悔罪乞降之意，罪
無可逭，決心厚集兵力以靖荒服，降旨續調索倫、達呼爾、錫
伯、吉林、福建水師及四川瓦寺雜谷等兵丁分起馳赴雲南軍營待
命，調遣水師提督葉相德前往統率水師兵丁，又派署副都御史傅
顯、護軍統領烏三泰帶領湖廣船匠馳赴雲南監造船隻。所有沖天
砲、九節銅砲、火箭、火罐等均由工部派員運送前往備用，又因
藥材阿魏可以解瘴，降旨兩廣總督向番舶多加購覓，兵部所收王
公大臣戰箭共三十八萬餘枝亦全數帶往分給索倫及京兵使用。是
年十月，緬王召猛拱土司親自前往阿瓦去喫咒水賭誓，不許叛投
天朝。十一月三十日，阿桂行抵永昌。乾隆三十四年正月，另以
明德補授雲貴總督，喀寧阿補授雲南巡撫。經略傅恒從前征討金
川時高宗曾賞給吉爾丹纛，此次仍行帶往。禮部箚欽天監擇於二
月十八日卯時舉行頒授勅印大典，由內閣大學士於太和殿轉授。
二月二十一日，傅恒起程前往雲南，三月二十四日，抵達省城，
與阿里袞、阿桂籌議軍務。因老官屯為緬甸水陸咽喉，故於上游
蠻暮、戞鳩一帶造船；進兵路線，一由戞鳩江西岸取道猛拱、猛
養以直搗木梳，一由水路，令福建水師順流而下，別遣一支在江
東猛密地方相機進剿，使老官屯腹背受敵；前數役因拘泥避瘴，
於九月後始進兵，故緬兵得以先期預防，為出敵不意，提前進
兵；弓箭非綠營所長，全行勻給索倫備用，綠營兵多帶鳥鎗、藤
牌、刀矛，為便於短兵相接及攻砍木柵，又飭製三勛重斧。五月
十九日，提督哈國興察勘銅壁關外野牛壩地方樹木甚多，內有畫
楠、夜槐二種最適宜造船，且天氣涼爽，疾病不生，故調集工匠
加緊趕造。傅恒等於進兵前曾先後密諭駐箚隴川侍衛富森布選派
玀夷分往老官屯、新街偵察緬情。據玀夷金襖等稱「新街地方現

在並無寨子，有賊舡一二十隻在彼停泊。」阿賽等稱「老官屯諾爾塔大寨子內共有兵三千名，江西岸兩個寨子是阿瓦來的緬子及得楞子約共有三千多人，合了盞拉機所帶的三千兵共有八九千光景。」猛連頭人線官猛亦稱「老官屯新立的寨子一座，內外三層四門，設有砲台，今年三月內，將大砲四個從阿瓦運到寨子，其餘鎗砲陸續送到寨子內者甚多，守寨兵約有五百名光景。」

乾隆三十四年（1769）七月十五日，提督哈國興先統領頭二起兵丁前往戞鳩。是時抵達雲南京兵一千名、索倫兵二千名、吉林兵五百名、厄魯特三百名、貴州兵二千名，合計五千八百名，以一千一百名安設台站。七月二十日，傅恒統率四千七百名自騰越起程向戞鳩前進，阿里袞、阿桂同赴野牛壩辦理造船事宜。七月二十八日，葉相德抵達騰越，先將已到頭起水師內挑選一百名差遊擊黃海帶往戞鳩聽用。七月二十九日，傅恒等至南底壩，由賀丙備船配渡，八月初二日至南蚌，初四日至戞鳩地方，緬兵先已撤回，遺木寨一座，周約里許，猛拱頭目脫猛鳥猛率眾來謁，並備船筏渡過允帽江。傅恒等原議三路並進，阿桂由伊洛瓦底江上游東岸前進，傅恒由西岸前進，阿里袞由水路前進，其中傅恒一路初定統兵九千三百名，但至八月初抵達戞鳩實數只有八千名。緬甸方面先已探知清軍進兵信息，老官屯諾爾塔致書阿桂，約期會戰。八月二十八日，傅恒抵達猛拱後，土司渾覺夫妻在其頭目興堂扎帶領下詣營投誠，呈獻大象、象牙、瓜茱等物。九月初八日，水師遊擊黃海率八十餘人由戞鳩放船下行，十一日至宋猛時，為緬兵所敗，黃海中鎗身故，餘或陣亡或被俘，無一生還者。九月十四日，阿桂等帶兵四千名駐節蠻暮，十六日，傅恒抵達猛養，十八日起程經南洞干、蚌板雅、猛拔、哈坎等處，沿途未遇堅強抵抗，但因道路淤泥，馬騾往往陷入牽拉不出，只得委

之而去，牲隻倒斃甚眾。十月初一日，傅恒等抵達新街西岸箚營，阿桂等先已於東岸箚營，緬甸方面亦遣盞拉機帶船一百餘隻來援。是時據明德奏報新街清軍總數為二萬有餘名，惟據傅恒所奏，除留駐猛養各處外，僅帶往二千餘名，阿桂所帶只有四千四百名，而留駐旱塔的預備隊四千名，野牛壩、蠻暮造船兵五千名，已到水師六百名，總計實僅一萬六千名。緬兵每日在江中遙對清軍大營施放鎗砲，十月初八日夜間，復潛至江灘前方及左、右兩側各豎木柵一座，傅恒即令阿桂在東岸預備，阿里袞、伊勒圖在西岸預備，約期夾攻。但在初十日緬船三十餘隻已先進攻東岸清軍大營，欲搶佔灘地，傅恒即遣侍衛阿爾蘇那帶吉林兵一百餘名、總兵伊昌阿帶健銳營兵與綠旗砲手一百五十名、葉相德帶水師五百名、巴甯仁和帶火器營兵三百名、額森特帶滿洲、錫伯、吉林、厄魯特兵二百名分隊迎敵，併力合攻，鎗砲並施，搶佔灘地，擊沉緬船數隻，殺死緬兵五百名，連克木寨三座。阿里袞、伊勒圖在西岸亦同時接應，領隊大臣索諾、策零、奎林、明亮等帶領各隊兵丁於蘆葦叢中前後攻破木寨三座，殺死緬兵五十餘名，緬兵退守老官屯，遂克新街⑩。十月十六日，清軍在蠻暮所造船隻駛抵新街，十八日，開始進攻老官屯。是時清軍總數據哈國興稱實僅一萬五六千人。老官屯在伊洛瓦底江東岸，北至猛拱，南至阿瓦，東通猛密，是緬甸水陸交通要隘，清軍水陸並進。十月二十二日，清軍分左右兩翼由江岸左右圍攻老官屯大寨，傅恒居中調度，哈國興帶兵直抵東面拆除木柵，西面緬兵迅即來援，江心緬船乘勢衝出，清軍退回。是時緬兵新立木柵五座，木植縱橫，編插堅固，實難力取，緬兵火力甚盛，清軍屢攻屢卻。十月二十五日，傅恒命伏兵僻處，由溝外掘入以拆去木樁，緬兵卻於黑夜自木寨突出衝散清軍。清軍打仗雖尚奮勇，惟

陣亡已多，且因水土惡劣，染瘴病故者與日俱增，傅顯係傅恒子，已於野牛壩染瘴身死，其後總兵吳士勝、副將軍阿里袞、水師提督葉相德等相繼病故，經略傅恒因日夜圍攻，曠日持久，積勞成疾，腹泄日甚，奎林、鄂呢濟爾噶勒等已身受重傷，總兵德福陣亡。王昶於所著《征緬紀略》書中指出老官屯木寨之難攻云「發威遠大砲，砲重三千斤，子三十餘斤，聲如奔雷，遇木輒洞以過，柵不爲塌。又積柴以燔之，而江自四更霧起重如雨迄辰巳時始息，柵木皆沾潤，火不得燔。又用革屬爲長絙維巨鈎投於柵杪，役數千指曳之，力急恆輒斷。總兵馬彪闕隧窖藥其中，深數十丈，藥發柵幾拔，以貫串堅弗能毀也。」清軍攻勢漸緩，由攻勢轉爲守勢，逐漸陷於緬軍重重包圍之中。傅恒恐負委任，奏請從重治罪。高宗鑒於大兵所經之地，水土惡劣，軍中多有病者，勢不可以久留，即使攻破老官屯，亦難長驅深入。八旗勁旅不用之於戰陣，而以嘗試毒癘之鄉，於事體實爲不值。且既已收服猛拱、猛養，而新街一戰，又已大挫其鋒，足示懲創，是以降旨撤兵，適緬甸亦欲媾和，中緬兩國遂同意罷兵。

西方史家記載官老屯之役，清軍被澈底擊敗，阿桂隻身脫逃，傅恒致書緬甸統帥瑪哈西哈蘇拉（Maha Thihathura）謂中緬衝突全係一場誤會，乃由於木邦、蠻暮、猛拱等土司從中挑唆所致，今眞相已明，故請重建舊好。瑪哈西哈蘇拉召開軍事會議，屬下將領一致拒絕罷兵，因清軍久被包圍，「有如柵欄中的牛羊」，將饑餓而死。但瑪哈西哈蘇拉以罷兵言和爲當前急務，否則即將導致另一次的大舉入侵，中國地大物博，戰爭將永無止境。他甚至稱中緬戰爭有如一塊癌，將很快地毀滅緬甸，因從數字上比較，清軍傷亡總數遠在緬兵之上，惟若以兩國人口比例而言，則緬甸的損失，實不可同日而語，故力排衆議，覆書傅恒，

同意罷兵④。不過，就中國方面的記載，兩國議和的經過，首先提出議和要求的是緬甸。據當時參加和談清軍最主要代表即提督哈國興稱「十一月初十日，諾爾塔砦內差出節蓋邊怡錫禮掬前來要求見天朝的大人，經略將軍就叫我去見他。據節蓋稟稱我今日出來見大人，是因我王子打發了大頭目拿了字來要求天朝的大人們照古禮行事，不知大人們肯准不肯。我說你的王子既係真心打發人來，我天朝的經略將軍再無不施恩的，但你們的人素性狡詐，是信不得的，如果真是你王子的字可送來，如係你們自己假寫的就不必送來，我們將軍大人是不肯依的。據他說實係我王子差來的人，我們不敢說謊的。至十一日，他們將字送來，經略將軍譯出，隨於十四日賞了他王子的回諭，並諭知老官屯的頭目令他回去。是日晚間，他差人隔著寨子裏稱今日接到回諭，我們的頭目甚是喜歡，明日大頭目還要出來求見天朝的大人。到十五日，他的頭目莽乜繆結梳三噶拉出柵子外來等候，經略將軍打發我出去見他（中略）。我王子所以打發我來求天朝照古禮行事，昨日接著回諭，我們心裏很喜歡，是以我們出來見大人。若是天朝要什麼規矩，什麼東西，可當面說明。我說我們天朝不像你們阿瓦的夷人，開口就講東西，我天朝只要講禮，你們須照古禮進表進貢；永不許犯我天朝邊境；所有留在你們那裏的人都要送出來，就要這三件事情。據他回稱，如此很好，我們都情愿，我們回去將這些話都告訴了我們的大頭目，明日再來回覆。到十六日，他們又來求見，我出去見他，他說這三件事，我們的大頭目都應允了，此外如果天朝還要別的東西，並別的說話，可再告訴我們。我說此外並沒有別的話，只這三件事，若少一件也是不依的。他說這話既然講定，我們兩下須定一個字兒作為永遠憑據，總是天朝要的事，我們無有不依的，至於我們的人在天朝處的還

求天朝賞給我們罷。我說你們求著我們照古禮行事，我們的經略
將軍施恩於你們，如今講到要土司的話，這蠻暮、木邦土司原是
我天朝的宣慰司。（中略）他說既然如此，今日只求立了字罷。
我說止是我們兩人立字算不得憑據，況你們人情反覆，必須多叫
你們幾個人出來，大家公同立字才好。他說很好，到十七日，他
們共出來了十四人，我們這裏出去了都統明亮、侍衞海蘭察、明
仁、哈清阿、提督常青、總兵馬彪、于文煥、伊昌阿、李時擴、
副將雅爾姜阿、彭庭棟，連我共十二人。」㊷雙方代表定議畫
押，正式罷兵。十一月十八日，緬甸差人再詣軍營，稱阿瓦已備
辦貢禮，奉王子之命前來，進呈洋錦、洋呢、洋布等件。十九
日，緬甸頭目及兵丁一百八十餘人，負荷洋呢、洋布、洋錦、
鹽、魚、菜蔬、茶、煙、糖等物共一百八十擔，陳設營門，傅恒
派人接受，並將紬緞、銀牌分賞緬甸頭目及跟役等員。又令哈國
興傳諭將緬甸表文內「管理寶石廠、金廠、飛刀、飛鎗衆兵馬」
等字樣刪略，按外藩體例，將所進正式表文具書「緬甸國王臣某
奉表大皇帝陛下」，以昭規制，緬甸頭目表示「悉遵約束」。傅
恒等具奏於十一月二十日焚舟鎔礮班師，其實於十七、八兩日已
先將傷病兵丁撤回，十九日，傅恒率三千名繼行，阿桂與伊勒圖
原定於二十日退兵，因未得毀船確信，緬人進獻物件遲滯一日，
故延至二十一日夜間撤回。二十六日，傅恒等返回虎踞關，二十
九日，緬甸差得楞覺蘇與盞達角蘇帶領跟役六十餘人至關外，向
傅恒等請安。當中緬雙方議和時，緬甸要求先將猛拱土司賞還，
爲哈國興所拒，後因詢問猛拱土司渾覺去留，渾覺以家口等仍在
故地，表示情願返回猛拱，傅恒即派員將其護送出關。清高宗審
時度勢，知難而退，緬甸既已悔罪輸誠，故降旨「故從所請」，
以完此局。傅恒與阿桂等辦妥善後事宜後，留阿桂駐守雲南，傅

恒遵旨回京，於乾隆三十五年春間返抵天津行在復命，高宗見其形神頓異，已知難以就痊，自五月以後，病情轉劇，尋即身故。

## 七、戰後交涉與緬使入貢

　　乾隆三十五年（1770）二月，阿桂由雲南省城前赴永昌府傳詢先後投誠的木邦土司線甕團及蠻暮土司瑞團等，據稱「伊等已與緬夷爲仇，若仍回本處，恐被殘害，且從前舊有夷民久已散去」，不敢各回本土，而懇求安置內地。阿桂准其所請，將線甕團男女大小一百二十名安插於蒙化廳漾濞地方，瑞團男女大小五十五名安插大理府太和縣地方，孟連土司線管猛等三十七名亦安插於太和地方，憂鳩土目賀丙等三十二名安插於永昌府保山縣地方，俱按其家口多寡撥給房屋官田，其餘各土職如召丙、召猛乃等分別安插於寧洱通關哨蕨箕壩、九龍江一帶地方。據緬甸方面的記載，當乾隆三十四年十一月間中緬議和時，緬軍統帥瑪哈西哈蘇拉私自與傅恒簽訂和約，並未事先稟明緬王懵駁，故於清軍撤回後，緬王異常憤怒，而將緬甸所執一份和約撕毀，並命參加議和的將領家屬包括瑪哈西哈蘇拉之妻俱在阿瓦官廷西門頭頂著清軍經略傅恒贈送的禮物跪了三天三夜，瑪哈西蘇拉回到阿瓦後被處徒刑一個月，至於高宗方面同樣表示不滿，痛責緬甸夷情詭譎，不依約進表納貢，瑪哈西哈蘇拉亦指摘中國失信，未將各土司遣還緬甸，於是生出無窮的糾紛，交涉達二十年之久。

　　當清軍撤回內地後，老官屯諾爾塔即差人呈送棕葉緬文，請開放通商，但高宗堅持必俟貢表到後始准施恩開關互市，「貢表一日不至，內地貿易一日不能通」，此一節「乃中國制馭外夷扼要之道。」傅恒等將猛拱土司渾覺遣送出關後，緬甸又請放還木邦、蠻暮等土司。就緬甸方面而言，係據和約條款索還，但據提

督哈國興表示,「上年緬酋乞降時送字往諭,各頭目稟稱木邦、
蠻暮土司隔遠,不敢求還,惟求將猛拱土司賞給。」因此,阿桂
將木邦、蠻暮各土司安置內地。乾隆三十五年三月,高宗以緬甸
所請遣人進表一節業經三閱月,仍杳無信息,倘置之不問,實非
威懾外夷之道,轉為所輕,其奉表納貢固可聽其自至,但釋放被
拘內地官兵則不能聽其不遵教約,乃命軍機大臣代阿桂等擬寫檄
諭緬王文稿,並選派都守一員隨帶二三十人齎往老官屯諾爾塔轉
遞阿瓦,責其負教爽約,並重申先進貢後互市的原則。阿桂奉到
諭旨及檄文後即命人譯寫緬字,交奇兵營都司蘇爾相及通事段彩
霞、土把總多朝相及兵丁玀夷二十名於三月二十九日起程齎往老
官屯。四月二十日,蘇爾相等行抵老官屯,諾爾塔初時尚以禮款
留,至五月初一日,阿瓦覆文抵達老官屯時,緬甸大萬即請蘇爾
相等進柵子議事,「大萬便說你天朝送我王子的文書內中緬文寫
得不好,我王子有文書來要將你們留在裏的。」言畢,即將蘇爾
相、通事、土把總、兵丁等監禁柵內,俱上起腳絆。其後,諾爾
塔將土把總多朝相送往阿瓦,據阿瓦斷事房大頭目立窮波詢問多
朝相稱「天朝原許通商,因何把關封禁」,多朝相答以「因你們
貢表不到,是以關口不開。」易言之,緬甸一方面據和約條款索
還土司,另方面要求清廷履行和約義務開放通商,但因清廷失
信,故將蘇爾相等拘留不放。外委鍾朝相從老官屯持回緬甸覆
信,諾爾塔於信中竟敢「肆意狂吠」。中緬爭執的主要原因或為
兩國議和代表俱未將實情向各國君主稟明,或因條約內容文字略
有出入,雙方各作不同的解釋。據中國方面的記載,乾隆三十四
年十一月十七日中緬和約共計三款,即:㈠緬甸遵照古禮進表進
貢;㈡緬甸永遠不犯天朝邊境;㈢緬甸將所有留在阿瓦等處的官
兵全行送出。但在緬甸方面的記載卻頗有出入,可歸納為四點:

㈠從緬甸逃往零南境內的所有土司，清廷必須全行遣還，並承認緬甸對所屬土司的主權；㈡所有戰爭期間內被俘的官兵雙方一律加以釋放；㈢金銀商道重開，准許兩國商販自由貿易；㈣每隔十年兩國君主交換使節，互通友善書信，並致送禮物。乾隆三十五年九月二十二日，老官它諾爾塔遣其屬下小頭目擺扎幾、他矣細、波甕三人齎送致哈國興書信一件，十月初五日抵達虎踞關。阿桂命人將緬書譯出漢字，內稱「以前的話已經說定完結了，照前古禮大小內外買賣已經說過要許相通，如今不照前話，因此留下你們的人。窮人百姓做買賣的你們都不放下來，閘起關口，以前的話都說完了，如今又像不完的一樣，以前兩邊的話記在心裏，求你們照前話通了買賣罷，不要攔阻照古禮相通往來，路頭路尾把守官兵放開了罷，為此稟知。」[43]緬甸要求先開放通商，再議遣還所拘內地官兵。旋阿桂代哈國興覆書緬王，內稱「上年大兵圍困老官屯是爾王子先差人來送書懇求罷兵，又有爾王子大頭目諭萬禮得勒溫萬滔等同我們帶兵大人等當面講說議定三事：一件是送還被留官兵；一件是十年進貢一次；一件是永遠不犯邊境，我天朝大兵無故亦不出境，得勒溫等頂佛說誓，情願遵行。我經略將軍因爾國王情詞恭順，各頭目懇求誠切，又預先奉過大皇帝諭旨，言爾國如果悔過輸誠，即可施恩寬宥，是以兩邊講定之後將水陸大兵全行撤退，以示天朝恩信。至於買賣一事，爾頭目亦曾屢屢問及，經我們帶兵大人講明必須爾國將被留官兵及貢表送至方可開通買賣，爾衆頭目均經聽聞，乃自我兵撤回之後到本年四月已經半載，前我經略將軍所行爾王子文書並不回覆，爾國貢表及送還被留官兵亦無信息（中略）。但貢表不至，被留官兵不還，則是爾國自己先行反悔，豈能與爾國交通買賣。」[44]由此可知哈國興、阿桂所稱議和三款，是專就清軍方面所提出三項

條件而言，至如遣還土司及開關互市等緬甸所提條件，阿桂等似未向高宗據實奏聞，此實係中緬長期紛爭的癥結所在。都司蘇爾相因齎送文書被緬甸所拘，阿桂亦將其信差擺扎機及波甕等拘留不放，並派員管解進京。乾隆三十六年正月，提督常青拏獲潛往戶撒地方貿易的緬子撒薄、孟坡、孟丕、阿準四名，其後又拏獲波夛、甕蚌二名。

乾隆三十六年（1771）二月二十五日，阿瓦有文書至老官屯，蘇爾相即派外委鍾朝用、通事段彩霞及兵丁邱得茂等五人攜帶蒲葉緬文及蘇爾相稟帖各一件，於二月二十八日自老官屯起程，三月初八日抵達虎踞關。鍾朝用等起程時，諾爾塔囑咐說：「你們回去，如天朝有文書來，再將眾人送出，要完事也在你們，要興事也在你們。」又說：「從前送文書的兩個人同做買賣的六個人不是什麼要緊的人，求大人們都還了我們罷。」阿桂命通事翁得勝譯出蒲葉緬文，內稱「上年在老官屯，我們要照古禮行事，爲著萬人性命，已經講定就得太平了，我們蠻暮、木邦的百姓並不還我，你們不照古禮行事，是以將總爺留下。你們若要比兵，將預備糧草兵馬，我們也預備下了。」㊺緬甸將悔約失信的責任歸咎於清廷，不提及貢表及送還被留官兵之事，亦絕不言及清廷檄諭一字，轉以遵守古禮措詞，而責清廷不還蠻暮、木邦百姓，甚至有預備兵馬之語。阿桂見其「任意狂吠」，乃「不勝髮指」。蘇爾相稟詞中稱「阿瓦頭目莽滅渺節蘇來字說天朝要金塔、銀塔、銀鍋、金甌、猶恐不完事。」似阿桂等曾差人向緬甸索取貢物，但阿桂稱「歷來諭賊檄文內從無有要金銀塔及銀錫金甌字樣。」緬甸既敢於食言，不能任其猖獗，高宗命阿桂選派精銳於秋末冬初瘴退時前往踐躪其地，攻其無備，使其不得休息。但阿桂等奏稱綠營兵丁出關掩襲，實無大獲，反使緬甸有詞，不

若示以大度，暫停攻掠，以俟後信，蹂躪緬境之議遂寢。是年以後，緬甸曾屢次遣使請求清廷開關互市，放還被留緬使及各土司，高宗俱置之不答，旋因金川軍務緊急，阿桂等將弁先後自雲南調往作戰，緬甸交涉遂告擱置。

　　乾隆四十一年（1776）以後，金川已定，南掌、暹羅先後遣使向清廷朝貢，緬甸勢孤。而且緬甸政局亦起變動，緬王懵駁於上年征討暹羅時已輾轉病榻，宮廷中充滿著謠言與陰謀，乾隆四十一年，懵駁病故，瑪哈西哈蘇拉立其婿即懵駁長子贅角牙（Singu Min）爲王，遂欲進一步改善對華關係，於是年十一月命其所屬頭目得魯蘊差人至雲南具稟，約期貢象。高宗即專差阿桂赴滇辦理受降開關事宜，並調李侍堯爲雲貴總督，辦理善後事宜。十二月初八日，清廷將前所拘緬使孟矣遣送出關，並令其攜帶檄諭，准許緬使來華朝貢。乾隆四十二年（1777）正月初十日，得魯蘊差遣孟幹、孟團、孟邦致送鎮州禮物，並稱蘇爾相等即將送出，提督常青即遣孟幹等出口傳令得魯蘊親來議事。正月二十三日，孟邦回至隴川關內，具稟稱得魯蘊已到老官屯，定期二月十五日左右親自進貢，並送交內地官兵。正月二十五日，孟邦與秤管猛出口返回老官屯，二月十四日，孟幹、孟團復進關稟稱象隻未到，未能如期進貢，已令節蓋四人在馬脖子等候，求差員到彼議事，常青即將孟幹、孟團等扣留，遣其跟役孟雅回諭，令節蓋到關議事。緬甸雖表示願意送出蘇爾相，但於楊重英卻未提及，得魯蘊竟請求天朝將孟矣等全行赦回，高宗以緬甸甚爲可惡而降旨阿桂不可存一毫遷就完事之見，輕許開關，並命阿桂傳諭巡撫圖思德將其原摺緬文原稟內所有「孟矣等全行赦回」一語一併刪去，阿桂於覆奏後將有關放還孟矣文句各文件即行銷燬。二月十五日左右還人貢象，係緬甸得魯蘊自定期約，何以忽而翻

改，且譯出緬稟內有「此大事並非小可，不是速於完得的」等
語，竟有居奇之意，高宗盛怒之下，命常青等「竟不必差人往
催，並不必探聽信息。」不過在三月初五日緬甸又差孟令持緬稟
與原隨蘇爾相的兵丁蔡世雄等到關口呈遞，其稟內提及蠻暮、木
邦土司存歿等事，常青給與回檄，遣孟令持回緬甸。三月十五
日，緬甸綻拉機又差碎凍及通事寸博學進關，請求放孟幹、孟
團，常青先將碎凍暫時扣留，遣其跟役回諭節蓋，聲稱必須節蓋
親自到關。三月二十二日，綻拉機又遣人叩關投稟，常青見其無
人貢到關，遂飭令將緬稟擲回不納。綻拉機、節蓋亦將蘇爾相等
由馬膊子送回老官屯。緬甸先後遣使十餘人，遣回內地兵丁通事
三人，往返交涉，企圖改善中緬關係，終因意見相左，嘗試失
敗，緬使及跟役九人被拘，高宗亦降旨緬事無可辦理，命阿桂即
日回京。阿桂於四月二十六日起程，次日，緬甸又差頭目孟美等
四人、跟役十人伴送蘇爾相、多朝相及兵丁吳志益等五名抵達虎
踞關，並持有緬稟，另由玀夷四十七人抬送象隻、檀香、緬布、
嗶嘰等物，阿桂仍暫留永昌辦事，提督海祿派員將蘇爾相等護送
進關，蘇爾相被留緬甸七年之久。蘇爾相抵達永昌後，將前任總
督彰寶原給委牌、印箚呈繳阿桂後即「叩頭痛哭」，後來奉旨起
程進京。阿桂等即代提督海祿擬寫回檄，索取表貢及楊重英，令
緬使持回阿瓦。老官屯綻拉機旋又差波凹波撮覺到關外投遞緬文
二件，由駐防杉木籠遊擊哈三轉呈。阿桂率同軍需局人員及通事
譯出緬稟，係老官屯綻拉機差投提鎮書信，情詞相同，堅請將孟
幹等放回，但阿桂認為孟美所持回檄，綻拉機應送至阿瓦，候緬
王贅角牙及大萬等議辦，奉表進貢，送還楊重英，乃綻拉機竟於
老官屯先行拆看，擅自差人送稟，而於還人進貢，並無一語提
及，其情可惡，即命提鎮置之不覆。蘇爾相自老官屯起程前，得

魯蘊曾請天朝將孟幹、孟團、碎凍賞還，就是「賞我們的臉，我們也好辦了。」綻拉機亦稱「若不能一起都賞還我，或者先將孟團發還，我們也就有臉了。」但高宗認爲蘇爾相雖已送回，而楊重英尚未送出，孟幹等自不便發還，中緬交涉復告決裂。

　　緬甸國王贅角牙在位期間不孚衆望，政局不穩定。贅角牙擁有阿隆丕耶相同的惡習，殘殺親族，二位叔叔、一位胞弟先後被贅角牙所殺，連其所寵幸的王妃亦被沈屍江中，阿隆丕耶次妃所生西撒（Sitha）王子及嫩道極之子彭薩（Hpawngsar）王子俱被放逐出境。乾隆四十二年秋間，跟隨楊重英的兵丁楊發自阿瓦脫出後亦供稱「贅角牙因襲位時兄弟成仇，將伊弟捆綁丟江，又與三四兩叔不和，俱行抄家，其大頭目萬己莽因伊女不得立正，反被逐出，心中懷恨，與其三叔同謀佔奪。」⑯贅角牙厭惡戰爭，遣散軍隊，暹羅鄭昭遂得以望閣（今曼谷）爲根據地而收復失地。贅角牙亦不理政事，日以朝拜佛寺爲事，並在宮廷中誦詩聽歌爲樂，尤其嗜酒如命，暴虐好殺，凡是批評其行事者或被誅戮，或被放逐，鮮有倖免者，其岳父瑪哈西哈蘇拉的職務亦被解除，朝野怨聲載道，最後於其在位的第六年即乾隆四十七年（1782）在一位年輕的王子即孟洛之子孟魯（Maung Maung）領導下攻佔阿瓦城，他恢復瑪哈西哈蘇拉的原有官職，並召回被放逐者，但他在位不滿七日，即爲甕藉牙的第四子孟隕即巴頓（Badon）王子所殺，孟隕將孟魯裝進袋裏投入伊洛瓦底江中。原來當甕藉牙在位期間曾宣布由其六個兒子依次繼位，懵駁之後應由甕藉牙第三子阿敏王（The Lord of Amient）襲位，但懵駁竟違背父命傳位其子贅角牙，懵駁之母頗不以爲然。贅角牙即位後又用老方法將阿敏王沈入江中，誠然，甕藉牙諸子的骨肉之情已爲其權力慾所淹沒。孟隕即位後自稱爲「明塔亞吉」（Minta-

yagyi），即「正義大王」（The Great Lord of Righteousness），
就是緬甸史上的波多帕亞（Bodawpaya）。乾隆四十七年五月，
騰越鎮總兵許世亨遣玀夷冒他波悶改裝前往阿瓦密探緬甸政情，
據稱「緬酋贅角牙因耽酒色，不理政事，有老酋甕藉牙長子孟洛
子孟魯乘其往細牙杂地方，即踞阿瓦自立，遣兵將贅角牙追獲沈
江致死，旋有甕藉牙四子孟隕復將孟魯殺死，自立爲酋。」㊼是
時緬甸連年內亂，人心惶惑，十年之內，國君三易，暹羅陳兵邊
境，有乘虛而入之勢。乾隆五十一年（1786），清高宗册封鄭華
爲暹羅國王，緬甸更感孤立。乾隆五十三年（1788）四月二十
日，緬王孟隕遣正使業渺瑞洞、細哈覺控二人，副使委盧撒亞一
人，小頭人十二名，跟役一百餘人齎送金葉表文、金塔一座、馴
象八隻、寶石、金箔、檀香、大呢、象牙、漆盒等物，抵達耿馬
土司罕朝瑷所屬滾弄江邊懇求進貢。因滾弄江一帶煙瘴盛行，雲
貴總督富綱即飭副將定住會同順寧文武各員將緬使及象隻什物點
驗明白後移至順寧地方暫行安頓，富綱仍以楊重英爲念，向緬使
根究，緬使另差人回阿瓦稟明緬王。福康安卻奏稱楊重英本屬無
關輕重之人，若復向其駁詰，恐阻其向化之心，高宗亦以富綱所
辦「實屬大錯」，降旨嚴飭，因爲楊重英「職分甚小」，況在緬
甸居住多年，「亦無顏再回」，竟不必復行送出，而命富綱選派
妥員護送緬使迅速起程進京，所有經過省會府城等處，地方官預
備筵宴演劇以禮待之。六月初一日，緬王遣小頭目細立覺抓將楊
重英及兵丁四名、廣東民人七名自阿瓦送出，六月二十五日過滾
弄江，七月初二日，抵達耿馬，但楊重英年歲既大，復染痢疾，
遍身浮腫，手足不能動彈，其所穿衣服仍係內地式樣，初三日，
病勢益劇，不治身故，拘留緬甸二十年之久。因緬甸正使之一業
渺瑞洞在順寧染患瘴疾，返回耿馬調養，富綱即令細哈覺控帶領

頭目四名、跟役二十二名，內能作緬樂者六名，於六月二十一日，自大理府起程，派迤南道賀長庚會同署順雲營參將花連布帶通事翁得勝等伴送進京，七月初三日入貴州境，經安順、貴陽、鎮遠，改由水路入湖南，十四日，入芷江縣境，因荊襄大路為水所淹，改由長沙、武昌一路行走，經沅州、辰州、常德，於八月初五日入河南信陽州境，十四日，入直隸磁州首站。九月初四日，高宗御卷阿勝境，細哈覺控等四人入覲，高宗命內府演奏緬樂。次日，頒給緬使敕諭一道，並賞給緬王及王妃佛像、文綺珍玩器冊等物。乾隆五十四年二月，緬使返抵木邦，緬王命各大萬帶領所屬衆土司先至木邦迎接，於四月初一日返抵阿瓦。乾隆五十五年（1790）正月，緬王孟隕遣親信頭目便居未駝等齎送金葉表文、貢品、象隻來華叩祝高宗八旬萬壽，並請求勅賞封號，開放騰越關禁。高宗以緬甸已納貢稱藩，既列屬國，俱准所請。三月初四日，緬使抵達鐵壁關，十七日，自騰越州起程進京，六月十三日，高宗正式勅封孟隕為緬甸國王，並賜勅印及御製詩章珍珠手串，定十年一貢，至是雲南邊境遂無緬患。

## 八、結論

　　清初踵明遺規，於西南邊區仍採以夷治夷之策，廣置土司，令其各守疆界，不相聯屬，亦即衆建而少其力之意。世宗雍正年間，雲貴總督鄂爾泰奏請改土歸流，於若干邊區漸改設流官，然僅止於土司略有增減而已，滇緬交界的玀夷地區，仍然全是土司土職，處於半獨立狀態，名義上係內屬土司，惟於緬甸亦納歲貢，首鼠兩端，從中挑唆，終因蠻觸相爭而導致中緬之役，清高宗在位期間，曾連續四次興師征討緬甸，卻屢戰屢敗，損失慘重，土練固不可恃，綠營尤為怯懦，遇敵輒潰，老師糜餉，京兵

索倫厄魯特及巴圖魯侍衛等雖稱勁旅，但邊外瘴癘盛行，水土惡劣，精銳傷亡殆盡。而且滿洲兵丁僅擅長使用弓箭，火器健銳二營所用俱係舊式武器。據經略傅恒等稱清軍鳥鎗，「大半堂空口薄，只食子藥三錢，演時多在平地，臨陣下擊，火未發而子已落」，其鎗子與膛口既不相脗合，使用時必須先將「黃土樹葉探塞」，相反地，緬兵所用武器多係新式洋鎗洋砲，且善於防守，以逸待勞，況滇緬邊區，山徑狹窄，不利於龐大部隊運動，補給尤難，清軍調兵於數千里之外，每日每起祇能以五百名前進，頭起已交兵，後起方起程。高宗亦屢稱清軍失敗的主要原因係緬甸地處瘴鄉絕徼，氣候與內地迥殊，實屬地勢所限，非兵力不足，軍儲不充，征緬之舉既限於天時地利，勝亦不爲武，高宗順天而行，遂知難而退。在前後四次戰役之中，清軍損兵折將，雲貴總督劉藻、楊應琚、將軍明瑞、參贊大臣珠魯訥先後因兵敗自刎而死，總兵官王玉廷、索柱、胡大猷、李全、德福、遊擊班第、馬成龍、黃海、領隊大臣觀音保、扎拉豐阿等兵敗陣亡，總兵官書敏、國柱、吳士勝、永平、左秀、提督達啓、李勳、本進忠、葉相德、立柱、侍衛傅靈安、參贊大臣額爾景額、副都統綿康、伊柱、副都御史傅顯、護軍統領伍三泰、散秩大臣噶布舒、副將軍阿里袞、經略傅恒等先後染瘴病故。乾隆三十四年十二月，追祭出師陣亡將弁，計侍衛古寧保等二十二員、參領綽哈岱等七員、委署章京哈豐阿一員、前鋒永全保等二百二十八員、副將五十四等八員、遊擊扈連等四員、都司張璋等四員、守備江紀等二員、千總方沛等十二員、把總崔直中等一百六十五員、外委王起昌等二十二員、馬步兵丁馬朝元等二千八百八十八名，次年復行追卹，計參領吉勒彰阿等三員、參將許斌一員、遊擊六十七等三員、佐領部委參領輝佐一員、守備曾榮國等十六員、護軍章京全

祿等五員、領催委署閒散章京圖薩鼐等三員、護軍校廷柱一員、藍翎長前鋒校扡爾布等三員、藍翎長同祿等三員、把總劉關門等四員、外委李洪魁等七員、領催護軍披甲馬步兵等四百零三名，俱入祀昭忠祠。其節次撥解滇省軍需銀兩，據總督彰寶奏報軍需銀數清單，計：初次奉撥協滇軍需銀三百萬兩，內河南省銀四十萬兩、安徽省銀四十萬兩、江蘇省銀三十三萬兩、兩淮銀九十七萬兩、雲南省銀九十萬兩；二次奉撥部庫協滇軍需銀三百萬兩；三次奉撥協滇軍需銀二百萬兩，內山東省銀六十萬兩、河南省銀三十萬兩、浙江省銀三十萬兩、河東鹽課銀三十萬兩、長蘆鹽課銀五十萬兩；四次奉撥江南生息協滇軍需銀二十萬一千八百六十兩；五次奉撥兩淮商人公捐協滇軍需銀一百萬兩；六次奉撥浙江省解滇軍需銀一百萬兩；七次奉撥協滇軍需銀三百萬兩，內江蘇省銀二百六十萬兩、浙江省銀四十萬兩；八次奉撥兩淮綱引餘息銀五十二萬兩，總計奉撥銀一千三百七十二萬一千八百餘兩。乾隆五十三年以後，南掌、暹羅等國先後來華朝貢，並受冊封，緬甸連年內亂，英國復虎視耽耽，緬王孟隕乃具表納貢，清高宗正式冊封緬甸國王，定例十年一貢，嗣後緬甸奉貢不絕，「一時自外生成者終歸於聖化涵濡之內」，正是所謂「四海慕義，八荒悅服。」英國史家斯考特（Sir J. G. Scott）曾云由於緬甸之役的澈底失敗，使清高宗在光輝燦爛的一生事業裏染上了一點瑕疵，但由於高宗外交政策的成功，緬甸十年一貢，結果使英國在兼併緬甸的過程中遭遇了極大的障礙⑱。

## 【註　釋】

① 　程光裕著《東南亞史》（香港，友聯出版社，1964 年 7 月），頁64。

② 《軍機處檔・月摺包》（台北，國立故宮博物院），第 2771 箱，69 包，10186 號。乾隆三十四年六月二十九日，李侍堯奏摺錄副，附〈河仙鎮目莫文麟文〉。

③ 《明清史料》（台北，中央研究院，民國六十一年三月），庚編，第七本，頁 62，兵部〈為內閣抄出雲南總督張允隨奏〉移會。

④ 黃澤蒼著《緬甸》（上海，商務印書館，民國二十年二月），頁 13，謂吳尚賢聚眾十萬。

⑤ 《軍機處檔・月摺包》，第 2772 箱，23 包，3402 號。乾隆十三年九月十九日，張允隨奏摺錄副謂景線即八百大甸，一名景邁，後為緬甸所逼，避居景線，又稱小八百。

⑥ 《軍機處檔・月摺包》，第 2740 箱，26 包，3883 號。乾隆十三年十二月十七日，張允隨奏摺錄副，〈景線頭目致猛籠土司緬文〉。

⑦ 貴家者係隨明桂王入緬之官族子孫，自署為貴家。清代官書又作桂家或鬼家。屠述濂纂《緬考》稱「桂家者，江寧人，故永明入緬所遺種也。緬劫永明時，諸人分散駐沙洲，蠻不之逐，謂水至盡漂矣。已而水至，洲不沒，蠻共神之，百餘年生聚日盛，稱桂家，兵力強，群蠻畏之。」《雲南騰越州志》（乾隆五十五年刊本），卷 10，頁 51 謂「宮裡雁貌偉而怪，滿面皆髯，每鬥，矢石不能及身，故為蠻所畏。」

⑧ 王昶著《征緬紀略》謂「十八年，廠長吳尚賢思挾緬自重，說緬入貢，緬酋麻哈祖乃以馴象塗金塔遣使叩關。」《聖武記》、《清史稿》俱襲其文，稱緬使於十八年進貢。按是時吳尚賢已繫獄卒。

⑨ Harold C. Hinton, "China's Relations with Burma and Vietnam." p.31, New York. 1958. 是書謂乾隆十五年（1750）、十六年（1751），緬甸遣使向清廷朝貢，惟於緬甸方面無證據可考。按是時緬甸內亂方殷，或因此記載闕如。

⑩　《軍機處檔・月摺包》，第 2740 箱，49 包，6982 號。乾隆十六年閏五月十二日，碩色奏摺錄副。

⑪　《宮中檔》（台北，國立故宮博物院），第 2713 箱，6 包，1285號。乾隆十七年三月二十四日，碩色奏摺。

⑫　D.G.E. Hall, "A History of South-East Asia."黎東方譯《東南亞通史》㈠（台北，中華文化出版事業社，民國五十年五月），頁 95。

⑬　《宮中檔》，第 2725 箱，36 包，7792 號。乾隆十九年十月初七日，碩色奏摺。按得楞子攻陷阿瓦時當乾隆十七年四月，王昶著《征緬紀略》繫於十八年冬，《清史稿》因襲其文，持同一說法，趙翼著《平定緬甸述略》、魏源著《聖武記》則誤繫於十九年。

⑭　《軍機處檔・月摺包》，第 2771 箱，69 包，10186 號。乾隆三十四年六月二十九日，李侍堯奏摺錄副，附〈抄錄署遊擊鄭瑞等訪查節略〉。

⑮　王昶著《征緬紀略》謂「甕藉牙以攻暹羅渡海雷震死」，見《小方壺齋輿地叢鈔》，第十帙，頁 223；D.G.E Hall, "A History of South-East Assia."則稱甕藉牙包圍大城於指揮砲手開砲時砲管炸裂受傷而死。惟按緬甸及商賈溫紹供詞實以病故較為可信。

⑯　Sir J. G. Scott, "Burma from the Earliest Times to the Present Day." p. 170. Minhkaungnawrahta 作 Meng Hkawng.

⑰　汲修主人著《嘯亭雜錄》，卷 4，頁 10，謂莽紀覺即嫩道極病死，惟據耿馬土司探報莽紀覺係因與木邦打仗被傷身死。《宮中檔》，第 2759 箱，76 包，17116 號。乾隆二十九年二月十九日，吳達善奏摺。

⑱　《緬檔》（台北，國立故宮博物院），乾隆三十三年分下冊，貴州平遠協步兵楊清、袁坤等供詞。

⑲　《清高宗純皇帝實錄》，卷 511，頁 29 乾隆二十一年四月乙丑，

上諭。

㉒　黎東方著《細說清朝》（台北，傳記文學出版社，民國七十六年八月），上冊，頁 207，謂「木邦土司罕莽底在打了敗仗以後，陣亡。」惟據《宮中檔》，第 2759 箱，76 包，17116 號，乾隆二十九年二月十九日，雲貴總督吳達善奏稱罕莽底於潛逃後病故。《緬檔》，乾隆三十三年分下冊，頁 165，孟定土司罕大興供詞亦稱，「罕蟒底逃至莽噶身故」。

㉑　《宮中檔》，第 2759 箱，65 包，14384 號。乾隆二十八年三月初三日，吳達善等奏摺。

㉒　哈威（G. E. Harrey）原著，李田意等譯《緬甸史綱》（雲南，國立雲南大學西南文化研究室，民國三十三年十二月），第八章，頁18。

㉓　Harold C. Hinton, "China's Relations with Burma and Vietnam." P.31.

㉔　赫爾（D.G.E. Hall）原著、黎東方譯《東南亞通史》（A History of South-East Asia），頁 98，原書 "Hsenwi"，漢譯作「森衛」，按即木邦，又「慶杭」，似即鎮康。

㉕　汲修主人著《嘯亭雜錄》，卷 4，頁 9。

㉖　《清高宗純皇帝實錄》，卷 751，頁 5。乾隆三十年十二月庚申，上諭。

㉗　《宮中檔》，第 2753 箱，99 包，22235 號。乾隆三十年十二月二十六日，劉藻奏摺。

㉘　《明清史料》，庚編，第七本，頁 609，兵部〈為內閣抄出雲督劉等奏〉移會。

㉙　《緬檔》，乾隆三十二年分上冊，頁 23，正月二十六日，寄信上諭。

㉚　《緬檔》，乾隆三十二年分下冊，頁 244 － 245，孫爾桂供詞。

㉛ 《明清史料》，庚編，第七本，頁641。乾隆三十二年六月二十五日，兵部〈為內閣抄出雲貴總督明瑞、鄂寧奏〉移會。

㉜ 《緬檔》，乾隆三十二年分上冊，頁169，四月十七日，寄信上諭。

㉝ 按總兵官德保誤聽有警，於閏七月初八日潛逃，閏七月十七日，回至思茅。《清高宗純皇帝實錄》，卷792，頁4，將德保潛逃日期誤繫於七月初八日。

㉞ 副都統額勒登額，《緬檔》作額爾登額，鄂寧等奏摺同，為統一譯音，據實錄作額勒登額，《清史稿》作烏爾登額，蓋襲《征緬紀略》之文。

㉟ 周裕著《從征緬甸日記》（金山錢熙祚錫之甫校梓，道光二十一年），頁1。

㊱ 《緬檔》，乾隆三十三年分下冊，罕朝璣供詞；乾隆三十四年分上冊，何士順供詞。

㊲ 《宮中檔》，第2728箱，110包，24727號。乾隆三十三年四月初九日，舒赫德、鄂寧奏摺。

㊳ 《緬檔》，乾隆三十三年分下冊，頁175，達木供詞。

㊴ 《緬檔》，乾隆三十四年分上冊，頁113，譯出木邦宣慰與將軍及八土司等字。

㊵ 《軍機處檔·月摺包》，第2771箱，71包，10936號。乾隆三十四年十月二十九日，傅恒等奏摺錄副。按西岸清軍僅報殺死緬兵五十餘名，《清高宗純皇帝實錄》，卷845，頁58，改作五百餘名。

㊶ Sir J. G. Scott, "Burma from the Earliest Times to the Present Day." P. 178; Maung Htin Aung, "A History of Burma" pp. 181-182.

㊷ 《軍機處檔·月摺包》，第2771箱，83包，14344號，哈國興稟稿。

㊸ 《軍機處檔‧月摺包》，第 2771 箱，79 包，12700 號。乾隆三十五年十月初八日，譯出老官屯諾爾塔致哈國興書信。

㊹ 《軍機處檔‧月摺包》，第 2771 箱，79 包，12700 號之一，阿桂代哈國興覆緬王諭稿。

㊺ 《軍機處檔‧月摺包》，第 2771 箱，82 包，13725 號。乾隆三十六年三月十五日，譯出蒲葉緬文。

㊻ 《宮中檔》，第 2769 箱，138 包，32476 號。乾隆四十二年九月初五日，李侍堯奏摺。

㊼ 《宮中檔》，第 2715 箱，171 包，41754 號。乾隆四十七年六月初六日，富綱奏摺。按孟隕係甕藉牙第四子，其第三子阿敏王先已爲贅角牙沈江致死。Sir J. G. Scott "Burma from the Earliest Times to the Presen Day." P.185.謂阿敏王爲第四子，而以孟隕爲第五子。

㊽ Sir J. G. Scott, "Burma from the Earliest Times to the Present Day." P. 172.

# 清代淡水海域的自然生態與
經濟活動

## 一、前言

　　台灣移民社會的形成與發展，從海洋發展史的角度加以考察，可以說是明清以來，中國內地民人向海洋發展的一個事實，也是一個過程。台灣孤懸外海，與閩粵內地，一衣帶水，內地民人渡海來台，墾殖荒陬，或傭工貿易，而建立了海外的移民社會。

　　台灣沿海港口的分佈、變遷以及海域的自然生態，都和台灣的地理位置及其特徵有著密切的關係。福建巡撫丁日昌具摺時，曾把台灣的地形，比喻為一條魚。他在原摺中指出，「台灣地勢，其形如魚，首尾薄削，而中權豐隆。前山猶魚之腹，膏腴較多，後山則魚之脊也。」①台灣既如魚，魚不能離開水，因此，探討台灣海域的自然生態及其經濟活動，是有意義的。就台灣沿海港口的分佈而言，主要分佈於前山沿海地帶，海域的經濟活動，主要也是集中於台灣西部海面。清朝官方繪製的台灣地圖，其圖例方位是前西後東，左北右南，是屬於圖像式的輿圖，移民的聚落，港口的分佈，主要也是集中於前山魚腹膏腴地帶。

　　閩浙總督、福建巡撫、巡台御史、福建水師提督、台灣鎮道，多曾實地勘查台灣南北路的形勢，從他們進呈的奏摺等文書，有助於了解台灣沿海港口的變遷及各處海域的經濟活動，本文僅就清代淡水廳所屬洋面及沿海港口的生態和活動，見於現存

檔案資料者，進行整理，主要目的是嘗試說明台灣拓墾重心的北移，淡水地區社會經濟的發展，都不能忽略淡水海域的經濟活動，以及八里坌海口所扮演的歷史角色。

## 二、淡水海禁時期的交通運輸

清朝初年，已經開始注意到淡水海域的生態環境。乾隆中葉繪製的《台灣地圖》，對北台灣的陸地和海洋，已有較爲詳盡的描繪。原圖縱 46 公分，橫 667 公分，是圖像式紙本彩繪。其圖例方位是前西後東，左北右南，並附有地名圖說。以竹塹城以北的淡水洋面爲例，詳繪各港口、汛地、庄社的地理位置及其地理特徵，例如：油車港，圖中標明「此港船隻不堪出入」。油車港以北，有海口汛，建有砲台，設外委一員，兵十八名。海口汛以北爲船頭港，圖中標明「船頭港係潮滿方可進港」。樹林仔庄與王公宮之間爲紅毛港，圖中標明「此港潮滿七、八分，船隻方可出入」。大漢墘溪口以北爲芝巴林社，從芝巴林社過溪爲南崁汛，圖中標明南崁汛安設把總一員，兵五十名，南崁汛以北四十里可至八里坌營盤。原圖詳繪八里坌都司營盤、長道坑塘、煙墩塘、媽祖宮、八里坌山、觀音山的地理位置。八里坌海口有大南灣和小南灣，海口中有圭心礁，形似雞心。從海口經關渡門過和尙洲溯雷裡溪可至艋舺渡頭汛，圖中標明「安外委一員，兵二十名，東至雷裡社三里，西至港邊五里，北至拳頭母山十里。」八里坌海口北岸爲滬尾庄、紅毛砲台，以北爲小圭籠塘，過石門爲金包裡塘，過艋舺渡爲八尺門，八尺門以北爲大雞籠，從八尺門、大雞籠過獅球嶺、三貂社可至哈仔蘭。原圖標明「蛤仔蘭內有三十六社，漢人貿易，由社船南風入，北風起則回。」原圖附有較詳盡的淡水洋面圖說，其內容如下：

由八里坌過港十五里至圭柔山社，十里至大屯社，七里至
八芝遴社，五里至雞籠山，過二重山，沿山邊五十里至大
海墘一帶跳石路頭，三十里至金包裡社。離社十餘里另有
磺山二座：一名沙浣山；一名脫浣山，氣能通大屯山。又
從橫山腳二十里至支包用，三十里至新城口。觀雞籠城一
帶，由新城下十里抵海墘行遇練過溪五里，又過三重山三
十里抵海，又沿海邊跳石頭，有處穿石板，行至貓里山，
此處不時有見海翁魚，魚能吐龍涎香。十里過木里山至八
知簡山腳，十二里抵海無路，放火為號，今大雞籠汛，駕
艋舺船至大雞籠城，此處番最苦，以海為田，亦有一、二
耕作金包裡社。又由雞籠城住宿，次早仍過八尺門，此港
昔年係紅毛船出入港，有一箭之寬，港水甚清，常見五色
魚。過八尺門往南沿海跳石頭至雞籠峰，過嶺五十里至三
貂山海邊，五十里至大腳山，三十里至蛤仔蘭，俱是石頭
路，四十里至礁轆密社，即倚東南山直抵崇爻社各社②。

　　圖說中含有淡水海域的生態環境資料。例如八尺門港，從前
是紅毛船出入的港口，港有一箭之寬，港水甚清，常見五色魚。
從艋舺渡至雞籠沿海，常見海翁魚，是一種鯨魚，這種魚能吐龍
涎香。沿著海邊有跳石，因跳著石頭行走而得名，可從八尺門沿
著海邊跳石而至雞籠山。

　　康熙二十三年（1684），清朝領有台灣後，准許帆船往來海
峽兩岸，從事商業、漁業活動。在康熙年間，八里坌海口，已有
與大陸之間的帆船貿易。清朝政府為了便於稽查船隻的出入，在
台灣沿海唯一能使用的合法口岸，僅限於鹿耳門港。在林爽文起
事以前，北路淡水海面，原屬禁洋，禁止商船和漁船航行於海峽
兩岸，凡有內地私往淡水洋面港澳停泊的商、漁船隻，概行查拏

究逐。八里坌海口雖然是可供橫洋大船出入的優良港口，但在清廷明設口岸之前，對橫洋大船而言，淡水洋面是屬於海禁時期，八里坌海口卻是一個禁港。因台灣北路只有沿海陸汛，並未專設水汛巡防洋面，以致內地海盜船隻多潛聚於淡水洋面，伺機搶劫偷渡船隻或台灣沿海商漁船隻。李有用在福建水師提督任內曾具摺奏稱：

> 台灣北路洋面，原屬禁地，內地商漁，概不許赴北路港澳收泊，貿易採捕，止准台地小船往來鹿耳門載運貨物，並北路額設社船十隻，每年自十月爲始，往來廈門貿易數次，歲底即行停止。其台廈往來客商貨船，亦從不令赴北路貿易，惟風色不便，亦有經過北路洋面赴廈赴台者，向來北路洋面罕有內地商漁在彼游移爲匪之事③。

由於北路洋面屬於禁地，所以不許內地橫洋船隻航行於海峽兩岸，在颱風季節，雖因風色不便，淡水洋面間有船隻經過，但在平時，北路沿海港澳，禁止內地橫洋船收泊，不許載貨貿易，採捕魚類。淡水洋面在海禁時期的合法商船，主要爲艋舺船和社船。艋舺船是航行於台灣沿海的小船，准許這種小船從北路沿海到鹿耳門往來載運貨物。閩浙總督喀爾吉善等具摺時已指出：

> 台郡東逼崇山，西臨大洋，南北綿亙幾二千里。郡治爲中權，附郭惟台灣一縣，北爲諸羅、彰化二縣，淡水一廳，南爲鳳山一縣，雖處處濱海，沿邊皆有沙線阻隔，橫洋巨艦，不能直達各廳縣境，即北路有淡水一港，可通巨艦，亦離淡水廳幾二百里，且屬禁港，不許商艘往來貿易，以故南北路各廳縣所產米穀必從城鄉車運至沿海港口，再用艋仔、杉板等小船由沿邊海面運送至郡治鹿耳門內，方能配裝橫洋大船，轉運至廈，此即台地所需之小船車工運

腳，不待官運米穀爲然，即民間貨物米穀，亦復如此轉運
④。

由引文內容可知在淡水海禁時期，活躍於北路沿海的運輸小
船，主要是艋舺船和杉板。台灣北路爲產米地區，各城鄉所產米
穀以車輛運送至艋舺、八里坌等沿海港口，然後再用艋舺船和杉
板等小船從北路沿海運至鹿耳門港配裝橫洋大船內渡廈門。社船
是可以航行於海峽兩岸的合法貿易船，從康熙年間至乾隆末年，
航行於海峽兩岸的社船，在淡水洋面海禁時期扮演了重要的貿易
角色。據《重修台灣府志》記載：

> 淡水舊設社船四隻，向例由淡水莊民檢舉殷實之人詳明取
> 結，赴內地漳、泉造船給照；在廈販買布帛、煙茶、器具
> 等貨來淡發賣，即在淡買糴米粟回棹，接濟漳、泉民食。
> 雍正元年，增設社船六隻。乾隆八年，定社船十隻外，不
> 得再有增添。每年自九月至十二月止，許其來淡一次；回
> 棹，聽其帶米出口。其餘月分，止令赴鹿耳門貿易。九
> 年，定台道軍工所辦大料，由社船配運赴廈，再配商船來
> 台交廠，自九月至十二月止，不限次數，聽其往淡⑤。

引文內容與福建水師提督李有用奏報文字，略有出入，據李
有用奏稱，乾隆年間，額設社船十隻，每年自十月至十二月底，
往來淡水與廈門，貿易數次。其往來海峽兩岸的時間，無論是四
個月或三個月，貿易一次或數次，但因社船的額設數目有限，所
以貿易規模也不大。

林爽文起事以後，台灣南北兩路的天地會黨相繼響應，全台
俱陷，北路難民多由八里坌海口內渡求救，或返回閩粵原籍避
難。乾隆五十一年（1786）十二月初，淡水同知程峻之子程必
大、北路竹塹營外委虞文光、兵丁王元浩等先後從八里坌海口出

海內渡至泉州求救。據程必大供稱，林爽文起事以後，其父程峻
署淡水同知，駐箚竹塹，林爽文攻陷彰化縣城後，程峻會同守備
董得魁帶領兵役鄉勇，赴中港地方防禦。是年十二月初七日，會
黨已至竹塹，肆行搶擄，程必大即將淡防同知關防帶出衙門，改
裝潛至八里坌海口內渡求救。十二月十二日，程必大抵達泉州。
因會黨聲勢浩大，兵寡不敵，守備董得魁即面諭外委虞文光帶同
步兵王元浩由八里坌海口搭船到泉州求援⑥。

　　由於會黨衆多，駐台兵丁寡不敵衆，亟待內地援兵進剿，署
北路淡水營都司事守備易連等先後稟請內地速發大兵由五虎門徑
赴八里坌海口上岸。爲了採取三路並進的戰略，清軍分由鹿耳門
港、鹿仔港與八里坌海口登陸。由福建五虎門至八里坌海口，水
程較近，爲配合三路夾擊的策略，內地兵丁於五虎門放洋後，即
徑渡八里坌海口登陸進剿。福建巡撫徐嗣曾遣赴淡水哨探的千總
陳玉光統帶兵船一隻，於乾隆五十二年（1787）正月十八日從八
里坌海口的北岸滬尾港登岸⑦。同年正月初八日，副將徐鼎士帶
兵一千五百名，在閩安放洋，因風色不順，至正月十八日始過東
涌洋面，已望見淡水山頭，陡遇颶風，徐鼎士等八船收泊羅湖、
鴨池等處，吳秀等十二船收泊東涌。從羅湖至八里坌海口，計程
一日夜可至。福建巡撫徐嗣曾從督標、撫標、水師一營現存額兵
內，挑湊一千名，派出將備管帶，亦由五虎門放洋後徑渡八里坌
海口登岸，隨同徐鼎士作戰。淡水義民蔡才等聞官兵將到，即於
八里坌海口北岸的滬尾地方雇覓小船，接引徐鼎士等官兵上岸。
清軍進剿林爽文期間，軍需補給，亦多由八里坌海口轉輸。福康
安具摺時已指出，「淡水八里坌地方海口，距五虎門水程約有
六、七百里，逆匪滋事時，經臣徐嗣曾奏明派兵自五虎門放洋，
直趨淡水，嗣後運往淡水之糧餉鉛藥，亦多由八里坌收口，一載

以來，甚爲利涉。」⑧林爽文起事以後，清軍進剿林爽文期間，無論是內地民人的返回原籍，官兵渡台登陸上岸，軍需補給轉輸，多由八里坌海口收泊上岸，以及淡水海域的經濟活動，八里坌海口都扮演了極爲重要的角色。

## 三、八里坌海口明設口岸與商船活動

康熙年間，台灣北路，人口較少，淡水是產米量較大的地區，米價較低廉，商船多樂於到淡水購買米穀。八里坌海口港道寬闊，可容大船出入，是一個頗爲優良的港口。從福建五虎門海口放洋前赴八里坌海口，水程較近，是海峽兩岸通航的捷徑。長期以來，淡水洋面，由於清朝政府的封禁，八里坌海口成爲兩岸人民偷渡的港口。清軍平定林爽文之亂後，福康安等人籌議台灣善後事宜時即具摺指出：

> 該處港道寬闊，可容大船出入，從前即有商船收泊該處，載運米石，管口員弁藉端需索，得受陋規之事，徒有封禁之名，毫無實際。且淡水爲產米之區，八里坌一港，又非偏僻港口僅容小船者可比，雖台灣遠在海外，稽查奸匪，不可不嚴，而百餘年來，休養生息，販運流通，實與內地無異，小民等趨利如鶩，勢難禁過。與其陽奉陰違，轉滋訛索，不若明設口岸，以便商民⑨。

台灣與內地兩岸的長期通航，使台灣與內地無異，淡水洋面的封禁，使管口員弁，陽奉陰違，轉滋訛索，與其百弊叢生，不若明設口岸，使直航合法化，以便利商民。

彰化鹿仔港對渡福建蚶江，原先也是封禁的，但因彰化平原的開發，彰化縣治的設立，爲了便於兩岸的開放通航，福建巡撫覺羅永德於乾隆四十九年（1784）奏准開設口岸，船舶往來，極

爲便利。因此，福康安等人具摺奏請比照鹿仔港的開設口岸，將
八里坌海口對渡五虎門海口，一體准令開設，於原設巡檢一員
外，新添一汛，添兵駐守，並令淡水同知下淡水營都司就近稽
查，掛驗出入及載運米石數目，均照新定海口章程，一律辦理。
其無照船隻及照內無名之人，仍行嚴加查察，以防偷渡。淡水的
八尺門，可容小船出入，亦挑撥汛兵，一體嚴查。乾隆皇帝批覽
福康安等人奏摺後，諭令閩浙總督覺羅伍拉納、福建巡撫徐嗣曾
等詳加體訪，並與水師、陸路提督及台灣鎮道等會同妥議，立定
章程具奏。覺羅伍拉納等人將福康安原摺內各款體訪輿情，公同
商酌後具摺奏覆，其原摺臚列詳盡，節錄一段內容如下：

> 伏查閩省渡海正口，設三處：如泉州府屬之廈門，則與鹿
> 耳門對渡；蚶江則與鹿仔港對渡；又現在復設福州府屬之
> 五虎門則與淡水八里坌對渡，凡商船貨物，並搭載民人出
> 口，俱責成福防、廈防、蚶江三廳管理，會同守口汛弁驗
> 放，迨至台灣入口，又責成淡防、台防、鹿港三廳會同營
> 員稽查，其餘沿海口岸，概不許船隻私越，遇有拿獲偷渡
> 之案，悉按照嚴例將客頭船戶保甲人等及汛口文武兵丁，
> 分別參處治罪。又如台灣府屬淡水之八尺門，彰化之海豐
> 港，嘉義之虎尾，鳳山之竹仔港，可容小船出入，各處所
> 復經添撥汛防駐守，一體稽查訪拿辦理，是立法已極爲周
> 密，況分設各口，既廣示商民以利濟之途，而偷渡之弊，
> 仍復年辦年有者，蓋緣生齒日繁，台灣地土膏腴，易於耕
> 作，無業貧民，紛紛渡海，或依親傍族，覓食營生，若由
> 官渡，則必經官爲給照，難免守候稽延，而商船搭載，其
> 價亦昂，遂有積慣船戶客頭於沿海小港私相招攬，每人不
> 過番銀二、三元即可登舟開駕，在攬載者即可因多人獲

利，而私越者亦因出費既輕，行程又速，遂致圖便目前，
不惜以身試法，此私渡之所以未能淨盡也，今既明設官
渡，必須將給照之例，量爲變通，搭載之價定以限制，庶
事歸簡便，而民易樂從⑩。

　　閩浙總督覺羅伍拉納等首先對官渡和私渡的利弊進行檢討，
他們也注意到內地民人渡海來台謀生的人口與日俱增，以及商船
和民人往來兩岸的實際需要，所以極力主張將八里坌海口明設官
渡，同時嚴格執行偷渡的禁令，簡化官渡給照的手續，調整官渡
搭載的船價，其目的就是爲了便於兩岸的通航，所謂「事歸簡
便，民易樂從」，就是一種便民措施。經覺羅伍拉納等議定，嗣
後凡遇內地民人請照前赴台灣，俱責令行保船隻開報姓名、籍
貫、年貌、住址，前往台灣何處？作何事業？逐一詳晰具結呈明
各管廳員，查驗屬實，立即給予執照放行，不許胥役藉端掯勒，
同時行文台灣各廳點驗入口，並移覆其出口之處。至於搭載價
錢，亦統一規定，由廈門至鹿耳門，因水程較遠，乘客每名許收
番銀三元，由蚶江至鹿仔港，由南台五虎門至八里坌海口，因水
程較近，乘客每名只許收番銀二元。

　　淡水是產米量較大的地區，米價亦較低廉，八里坌海口明設
口岸，有利於稻米的購買及運往福建內地，既可俯順輿情，又足
以資內地兵民所食，確實符合經濟利益，商民稱便。乾隆五十四
年（1789）十二月二十八日，覺羅伍拉納、徐嗣曾等人又議定八
里坌海口對渡五虎門設口章程六條，其要點如下：

　　　一、守口員弁應酌定管轄，以專責成。自五虎門放洋，直
　　　　　趨淡水，相距水程六、七百里，所有出入船隻，應令
　　　　　守口員弁掛驗放行，按月造冊呈報。八里坌原設有同
　　　　　知、巡檢各一員，武職有淡水營都司一員，又新添一

汛，足資彈壓稽查。其五虎門對渡八里坌往回船隻，
歸福防同知專司查驗。閩縣所轄閩安、五虎二巡檢分
隸福防同知衙門就近差遣。其武職人員由閩安縣就近
管轄。

二、渡台商民就近給照，以從民便。內地民人前赴台灣，
責成行保出結呈報；商販往來，凡有置貨貿易，不克
赴原籍領照者，亦一律辦理，即令行保查明出具甘
結，將在省置何貨物，攬裝何船出口，報明福防同知
衙門就近給照掛驗放行，一面移明淡水同知。其自淡
水內渡者，仍照台灣定例，取其行鋪認保，開明年貌
及在台在籍住址、姓名，由船戶持交管口員弁驗戳掛
號，隨時放行，仍彼此按月造冊移查通報。

三、販運米石，嚴查夾帶，以杜偷漏。淡水回棹船隻，照
新定章程辦理，每橫洋船一隻，准載米四百石，安邊
船一隻，准載米三百石，並令海口文武衙門驗明確
數，填入印照，俟回內地照數查驗，仍按月將驗放過
船隻及運米石數，逐一分晰造冊，通報查核。

四、出入船隻，明定徵稅，以俾流通。五虎門進口各船應
咨明管關將軍，檄飭閩安鎮口照例徵稅給單，免其駛
進南台。其由五虎門出口者，循照廈門、泉州之例，
責成南台口稽查，按則徵稅，給發紅單，由閩安鎮覆
驗放行。

五、各處港口，申明禁令，以昭嚴密。責成沿海各屬及守
口員弁實力查禁，其無照船隻及內無名之人，以及夾
帶禁物等項，均照廈門、蚶江之例，一體查拏究處，
文武官員故縱失察者，分別查參議處，其有照商船因

風漂泊收岸者，驗明牌照，立即放行。

六、經書人役，核定工費，以免需索。八里坌新設口港，
召募行保二名，於客民往來，責令保結；選擇海保、
口差各一名，來往巡邏；經書二名，查驗貨物，填寫
照票，登掛出入，及設立小船，引帶商艘，其紙張工
食等費，照新定章程，每船文員衙門准收番銀五元，
武職衙門准收番銀二元，以資貼補，均於口岸處所鐫
刻木榜曉諭，不許額外多索，違則官參役處⑪。

　　以上六條章程，主要是針對八里坌海口新設港口而制定的管
理事項，使商船及客民等人有所遵行。從設口章程內容可知從八
里坌海口至五虎門的水程，相距六、七百里。從五虎門放洋對渡
八里坌海口的往來船隻，主要是橫洋船和安邊船。從淡水回棹
時，橫洋船每隻准許載米四百石，安邊船每隻准許載米三百石。
陳國棟撰〈清代中台灣與大陸之間的帆船貿易──以船舶為中心
的數量估計〉一文指出，從官方利用商船配運兵米、眷穀的情形
來說，八里坌一口分擔的「台運」總數在道光七年（1827）以
前，每年為穀一萬四千餘石。自道光八年（1828）起，因為眷穀
改成折色，因此，八里坌的配額降至七千七百餘石。道光十八年
（1838），姚瑩建議將彰化縣應運福州兵米折穀一千七百五十
石，也交由八里坌配運，使得八里坌的配額增為九千四百五十餘
石。而依道光七年（1827）的規定，「五虎門船與廈船一律配
運」、「廈船無論大小，配穀一百五十石」，則八里坌海口來船
必須要不少於六十三艘即六十三個船次，才可以順利地完成任
務。以六十三艘，每艘載重量兩千石計，共可載運一千五百萬斤
左右的商品。扣除「台運」的九千四百五十石，只剩不到一千四
百萬斤的載重量，剛好可以運載年產一千四、五百萬的藍靛，沒

有出口商品米穀的空閒。如果考慮到米穀的出口，可以估計咸豐十年（1860）以前，出入淡水港的商船在一百艘左右⑫。姑且不論所估載運量是否精準，每年出入八里坌海口的商船多達一百艘，已足以反映淡水貿易的興盛，以及淡水海域商船活動的頻繁。

嘉慶二十五年（1820），因台灣道查有存澳未運內地兵米眷穀六萬八千餘石，福建巡撫韓克均奏請飭令廈防、蚶江二廳專催大號商船三十六隻，派委文武員弁及防船兵丁各帶砲械分幫前赴台灣府的鹿耳門、鹿仔港、八里坌海口裝載穀石，運回內地，由廈防、虹江二廳僱備小船轉運各倉交收⑬。據此可知，台灣出口的兵米眷穀，其未運內地的六萬八千餘石，是以大號商船三十六隻運送，每隻大號商船平均運載量一千八百餘石強。航行於淡水等海面的商船，對運輸兵米眷穀確實扮演了重要的角色。但由於海盜的出沒，使商船常遭海盜劫奪。嘉慶年間，蔡牽盜船猖獗，橫行於海峽兩岸，商船多遭其害。台灣鎮總兵官愛新泰具摺指出，嘉慶十年（1805）二月二十八日，蔡牽盜船由淡水竹塹洋面乘風內遁。蔡牽盜船因被內地兵船追剿甚嚴，所以屢次竄來台灣洋面躲避，兼可截劫商船，視爲利藪。同年三月二十一日，蔡牽盜船十餘隻乘夜復竄淡水滬尾地方，截劫商船數隻。三月二十九日，北路協副將金殿趕到滬尾，蔡牽海盜船連日在滬尾海口外游弋，企圖撲岸⑭。海盜石全加入朱濆幫後改姓朱，朱全即石全，他被捕後供出曾於紅目茂幫夥葉淵船上充當海盜，在淡水滬尾洋面截船行劫⑮。由於海盜猖獗，截船劫掠，常常使商船裹足不前。每當橫洋商船往來淡水洋面時，多由兵船保護航行。其中載運兵米眷穀的大號商船航行於台灣與福建內地兩岸時，多由文武員弁及兵船配帶砲械分幫赴台裝載穀石，運回內地。海盜肆虐，

對淡水洋面商船的活動，造成了極大的威脅。兵餉，向來是由福建內地調撥兵船，並由省城派委水師鎮將大員由廈門海口配渡，到達台灣海面後，由鹿耳門收口起運。自從八里坌海口明設口岸後，餉銀多由八里坌收口起運。據《月摺檔》記載，咸豐三年（1853），福建地區多遭太平軍攻擊，地方不靖，福建藩銀應發台灣、澎湖各項餉銀，改由五虎門口岸配渡放洋，到淡水洋面後由里坌海口收口起運⑯。《月摺檔》咸豐八年（1858）分記載是年福建藩庫應發台灣各營俸餉等項共銀九萬八千八百七十一兩，經閩浙總督王懿德等奏准，由福防廳雇備商船裝載後由五虎口門放洋徑渡八里坌海口登岸起運⑰。

兵營俸餉等項，固然多由八里坌海口上岸，官兵渡海來台，亦多由五虎門徑渡八里坌海口。太平軍起事期間，台灣沿海受到小刀會滋擾，為了剿捕小刀會黨，福建內地官兵鄉勇多由五虎門徑渡八里坌海口。其中泉州人呂大陞是台灣北路協副將，他曾經在台灣服官二十餘年，對台灣地方情形頗為熟悉。咸豐三年（1853），呂大陞伴送琉球使臣由京師返回福州，他向督撫表示願意馳回原籍泉州雇募鄉勇五百名，帶領渡台，並會同彰化縣紳士七品官王雲鼎就近添雇，以敷調撥，聽候台灣鎮道差遣。為避開太平軍的襲擊，呂大陞即由五虎門配渡至淡水八里坌海口收口登岸⑱。由於八里坌海口商船兵艦往來頻繁，更加促進淡水地區社會經濟的繁榮。

## 四、淡水海域與遭風海難商漁船隻的救助

颱風或颶風，是一種熱帶氣旋，當氣旋發生後，形成旋渦，其旋渦中心附近最大風速達到每秒十七點二公尺時，這個氣旋就被稱為輕度颱風。東經一〇五度至一五〇度，北緯五度至三十度

之間，包括北太平洋西部及南洋大部分地區所發生的熱帶氣旋。
船舶遭遇颱風或颶風而沉沒以及船上人員物品的漂失所造成的災
害，可以說是以氣象現象為直接原因而引起的氣象災害。現存檔
案中含有頗多清代海難資料，遭風海難船舶，包括琉球、朝鮮、
日本、呂宋等國以及清朝商哨船隻，淡水沿海常成為海難船隻人
員上岸的重要地點。乾隆末年，八里坌海口明設口岸後，八里坌
海口或滬尾又成為琉球等國海難人內渡福建省城的重要出海港口
之一。

　　據琉球國王咨稱，雍正二年（1724）五月內，漂流到淡水地
方的琉球海難船一隻，船上有宮國目指等二十五人⑲。巡視台灣
監察御史禪濟布、丁士一奏摺敘述較詳，原摺奏明是年五月初七
日，有琉球雙桅船一隻，在諸羅縣外海遭遇颶風後，漂泊至淡水
八里坌長豆坑（長道坑）地方，船內有琉球人男二十七名，婦女
一口，共二十八人，經救護上岸後，其原船即被風浪擊碎，漂散
無存。琉球難民由淡水資送到府城後，禪濟布等人令弁員伴送廈
門，交提督轉送福州省城，由督撫優恤安插⑳。

　　琉球馬齒山人慶留間等四人，以捕魚為業。乾隆十五年
（1750）二月十二日早，慶留間等四人共駕小船出港捕魚，當天
夜晚，遭遇颶風，隨波漂流，船內糧食俱盡，饑飲苦水活命。二
月二十五日，漂到台灣淡水八尺門地方，船隻被礁撞破，經社丁
救援上岸，由淡水同知陳玉友資送台灣府城，從鹿耳門配船內
渡，交廈門轉送福州琉球館安插㉑。

　　乾隆十六年（1751）十月二十三日，琉球古米山人比屋定目
指定二十二人，駕坐海船一隻，裝載糧米、草蓆等項前赴中山王
府交納。同年十一月初六日，在洋遭風。至乾隆十七年（1752）
二月二十六日，漂到台灣淡水雞籠山地方被礁沖破，比屋定目指

等乘坐小杉板到山邊上岸，經社丁救護，由淡水同知資送台灣府，轉送廈門，再送往福州琉球館安插。同年八月二十三日，琉球宮古島人當問仁也等一百一十七人，由宮古島開駕海船，欲往多良間地方。是日夜間，颶風大作，船幾覆沒，被迫砍斷船桅，任風漂流。八月二十七日，漂至淡水南崁港上岸，淡水同知捐給糧食，派員護送至台灣府。十月初一日，分配海船二隻，由鹿耳門內渡到廈門㉒。

金城，年四十五歲。三里，年二十五歲。官平，年二十歲。三人都是琉球人，平日釣魚爲生。嘉慶十三年（1808）三月初一日，金城等人在琉球絲滿地方開船後，在洋遭風。同年四月十五日，漂至台灣淡水洋面，經淡水同知派員送往台灣府城，然後配船到廈門轉送到福州琉球館安插㉓。

嘉慶二十年（1815）三月十三日，琉球人馬瑞慶山等十九人，奉琉球國王差委在那霸府乘坐海船一隻，開往宮古島催收年例粟麥。四月初八日，由宮古島放洋返回那霸途中，於四月初九日在洋遭風，急將桅索砍斷，丟棄粟麥，隨風漂流。四月二十四日，漂到噶瑪蘭廳烏石港口，經噶瑪蘭通判安頓撫卹，修換桅索，於八月初三日送至淡水地方，因原船窄小，難經風浪，所以淡水同知代爲就地變價給領，另配商船派委員弁由八里坌海口出海，護送至蚶江登岸，轉送至福州琉球館安插㉔。

嘉慶二十二年（1817）十月十六日，琉球人內間等七人，分坐獨木小船三隻，裝載米豆，開往琉球外島變賣。次日，忽遇風浪大作。十月二十三日，獨木小船三隻隨風漂至艋舺金包里澳口，經淡水同知送至彰化縣。嘉慶二十三年（1818）二月初四日，由鹿仔港配船出口至蚶江登岸。二月十四日，由陸路護送至福州琉球館安插㉕。

　　琉球久米島人玉城仁屋等十四人，奉地方官差遣，駕坐差船
一隻，載運糧米四十包，每包重七十五觔，火柴四千綑，前往中
山王府交納。有首里那霸人仲原仁屋等二十二人附搭回籍，合計
三十六人。道光十六年（1836）九月初十日，在久米島開船放
洋。次日，陡遇大風，勢甚危險，即將船中糧米、火柴盡行丟
棄，船隻任風漂流。九月十九日，漂至淡水洋面，船隻沖礁擊
碎，玉城仁屋等人各扶板片登岸，沿山尋人求救。九月二十三
日，越過大山，經抽藤庄民王丕帶往藤寮住歇，供應飯食。九月
二十六日，送到噶瑪蘭廳衙門安頓，賞給飯食衣服。十一月初四
日，派員護送到艋舺地方安頓。十二月二十五日，從滬尾開船。
道光十七年（1837）正月初十日抵達泉州府㉖。玉城仁屋等人從
久米島洋面遭風漂流淡水經送往泉州已歷經四個月之久。

　　道光二十九年（1849）五月初四日，琉球人林廷棟等人開駕
海船載運布疋從八重山赴中山王府交納。同年九月初九日，從中
山府開船回八重山。九月十一日，駕至八重山外山平久保村內洋
面，因風勢不順，不能進口，只得寄椗灣泊，沿上四十一人。是
日夜間四更時候，忽起暴風，吹斷舵索，船幾沈沒，急將船中茶
葉、食鹽、燒酒、麻片等物盡行丟棄，船隻任風漂流。九月二十
四日，漂至淡水洋面，淹斃五人，其餘三十六人幸遇內地民人救
援上岸。九月二十九日，先將其中二十一人帶到噶瑪蘭廳，尚有
十五人因足傷難行，留下照顧。至十一月初一日始送至噶瑪蘭廳
衙門。後來，長安、高那二人因水土不服病故。十二月十九日，
將琉球人林廷棟等三十四人派撥丁役護送起程。十二月二十三
日，送到艋舺安頓。道光三十年（1850）正月二十九日，配搭小
船，送到滬尾地方。二月初四日，配船內渡，初六日到廈門登岸
㉗。林廷棟等人從道光二十九年（1849）九月十一日遭風漂流至

淡水洋面至道光三十年（1850）二月初四日被送到廈門上岸，前後歷經五個月之久。

　　永東齊等十二人是琉球久米山人，咸豐元年（1851）十月初七日，奉差裝載糧米二百八十包，坐駕小海船一隻，運往那霸府交納。十月二十七日放洋，是日夜晚突遇狂風大作，折斷桅舵，急將船內糧米盡棄下海，隨風漂流。十一月初七日，漂收馬鍊洋面，沖礁擊破，木東齊等十二人一齊落水，其中比賀一人被浪淹斃，其餘十一人各扶板片漂流，經漁船救護，於十一月二十日送至艋舺安頓。咸豐二年（1852）二月二十八日，派員護送，配船內渡至蚶江登岸。喜久里等十三人是琉球久米山人，咸豐元年（1851）閏八月初七日，喜久里等人奉差裝運糧米四百八十包，開往那霸府納貢，閏八月初八日，交納事竣後，有那霸府商人眞榮城等男婦十六人隨帶米、布、煙、茶等物，附搭前往久米山貿易。十二月初六日，由那霸開駕回久米山。十二月初七日，陡遇狂風，折斷桅舵，急將米、布、煙葉等盡投下海，船上除高良一名病故被丟棄海中外，其餘二十八人在船上隨風漂流。十二月十三日，漂收台灣八尺門外洋面，沖礁擊碎，片板無存，幸遇漁船救護上岸。十二月十七日，送至艋舺公所安頓，賞給糧食、錢文、衣物。咸豐二年（1852）二月二十六日，於滬尾配船開行。二月二十八日，至蚶江上岸，三月初七日，到福州，安插琉球館。

　　宮平等十一人是琉球波米喜島人，咸豐元年（1851）八月初九日，由渡名喜島開船到久米山販運米穀、煙葉、草蓆等物。上原即玉山三人是渡名喜島人，向在久米山貿易，附搭便船回籍。十二月初六日，由久米山開船返回渡名喜島途中，陡遇颶風，吹斷桅舵，急將船內米、煙等物丟棄下海，船隻隨風漂流。八月十

七日，漂收噶瑪蘭洋面，經漁船救護上岸，其原船被風浪漂沒不見。八月十九日，被送至噶瑪蘭廳公所安頓。咸豐二年（1852）二月初二日，派員護送至淡水。二月初六日，到艋舺公所安頓。二月二十八日，配船內渡，由蚶江上岸，三月初七日，到福州省城㉘。

除琉球海難船外，朝鮮船隻也出現於淡水洋面。道光二十一年（1841）八月二十七日，朝鮮小漁船一隻，漂到淡水三貂港卯鼻即貓鼻外洋，原船被颶風擊碎，漁船上有朝鮮漁民共十一人，俱游水靠岸獲救，護送至台灣府城，在存公銀內給與衣被口糧，妥為撫卹。因台灣並無通曉朝鮮語人員，所以由鎮道派撥兵役將朝鮮難民配船護送內渡，然後護送進京，交禮部轉交朝鮮貢使領帶回國㉙。

台灣班兵換戍，餉銀領兌，戰船出哨，啇漁船隻往來頻繁，每多遭風遇難。福建台灣鎮總兵武隆阿曾具摺奏明台灣水師營哨船例於造竣後三年小修，六年大修，九年再大修，十二年拆造。凡屆修造之期，由營派撥弁兵將哨船駕廠分別辦理。嘉慶二十四年（1819）二月初十日，艋舺營外委許鴻山管帶水兵三十二名，駕坐波字六號哨船赴廠大修，由滬尾出口放洋。二月十一日，哨船駛至竹塹外洋，陡遇颶風，浪湧滔天，船身顛簸。是夜三更時候，風浪更加猛烈，大桅拗折，尾樓被風刮裂，舵葉落海，船無把握，人力難施，隨風漂至芝巴里洋面，船衝沈礁，擊碎全船，砲械沉沒，弁兵落海。至二月十二、三等日，弁兵等人陸續扳扶篷板靠岸及漁船撈救者，共三十一名，漂失水兵陳連福一名㉚。

台灣海面，既多颱風，又多季風。季風的威力，雖然不及颱風猛烈，但它的持續性較久，每年十月至第二年三月，東北季風盛吹，因其風向和信風的方向相一致，它所構成的合成風速特別

強勁。每年五月至九月，西南季風盛吹，其風向和東北信風的風
向相反，因此，它所形成的合成風，風力雖然較弱，但對傳統航
行船舶，也往往造成海難。陳弘謀在福建巡撫任內已具摺指出，
台洋風汛，夏秋颱颶時發，倏忽變異，最為難測，冬令北風強
烈，船隻多遭漂擱，一歲之中，兵船遭風漂散者，仍十居八、九
㉛。由於颱颶時發，季風盛行，琉球、朝鮮及內地商哨船隻遭風
造成海難者，屢見不鮮，其中漂收於淡水洋面者尤夥，海難船上
的人員，或扶板片靠岸，或經漁船救護上岸，說明淡水海面漁船
的活躍。在八里坌海口明設口岸之前，琉球等國遭風難民，多由
淡水同知派員護送台灣府城從鹿耳門配船內渡福州省城安插。乾
隆末年，八里坌海口明設口岸以後，琉球等國遭風難民多送往艋
舺安頓，然後由艋舺乘坐小船到滬尾配船內渡，滬尾澳口成為淡
水洋面的重要出海港口之一。

## 五、滬尾開港與對外通商

　　清代後期，台灣沿海港口，起了很大的變化。台灣縣所屬的
鹿耳門港，彰化縣所屬的鹿仔港，淡水廳所屬的八里坌海口，從
清初以來，先後正式設立口岸，對渡福建內地，是海峽兩岸通航
的出入正口，但至清代後期，各港口已是今非昔比。福建台灣道
姚瑩具摺時已指出，「鹿耳門昔稱天險，自道光二年來，已成淤
廢，商船不能進入。」㉜在道光初年，鹿耳門港口已經淤塞成了
廢港。

　　鹿耳門以北六、七里的國賽港，水口寬深，安平以南距砲台
七里為三鯤身。鹿仔港的外口是番仔挖，一水三十里，杉板可至
鹿仔港，仍為商貨雲集之所。中英鴉片戰爭期間，由於列強的覬
覦台灣，為了防堵英船進港上岸，竟將各港填塞。福建台灣鎮總

兵達洪阿具摺指出，「查郡城重地，口門不可過多，其鹿耳門口與國賽港、三鯤身三處口門，用在廠不堪修葺哨船四隻，並買民船五隻，加以大小木桶數百個，裝載巨石，預備臨時墳塞。」㉝由於英船在台灣西海岸的頻繁出沒，為阻止英船入港，遂以破船巨石墳塞港口，對台灣港口的生態環境造成嚴重的破壞。

咸同年間，淡水八里坌海口的南岸已經淤塞，福建巡撫勒方錡奉命東渡台灣後，即巡閱台灣沿海港口，並將勘察情形具摺奏聞。其原奏中指出，「基隆以南約七、八十里至滬尾溪海口，其南岸名八里坌，從前船行皆傍南岸，近因沙壅，又皆依北岸行。」㉞由於滬尾溪的沙壅，使八里坌海口的南岸逐漸淤塞，大船不能靠岸停泊，所以改泊海口北岸滬尾庄海邊的港澳。

十九世中葉，西方列強為了擴張在中國的商業權益，先後發動鴉片戰爭、英法聯軍等戰爭，清朝政府在西方船堅砲利的威脅下，被迫簽訂城下之盟。咸豐八年（1858）五月，天津條約議定，除中英互派使節，內地遊歷等款外，並加開牛莊、登州、潮州、瓊州及台灣為商埠。台灣開港通商雖然是英國政府的宿願，但因換約問題，英、法再度啟釁，中英台灣開港通商，遂暫時擱置。咸豐九年（1859），美國公使華若翰與兩江總督何桂清在崑山會晤，華若翰以最惠國待遇，堅持以宣示條約，先在潮州、台灣開市，照章完納噸鈔為請。是年十月十四日，何桂清具摺請旨。十月二十一日，奉密諭「著照所請，所有潮州、台灣兩口准咪國先行開市，並照新章完納船隻噸鈔。」並令何桂清行文各海口一體遵照辦理。同年十一月十一日，閩浙總督慶端等接奉何桂清咨文後，即與福建省會總局司道會議，並具摺奏聞。原摺指出，向來官商各船往來停泊，是以鹿耳門、鹿仔港、八里坌海口三處出入正口。其中八里坌海口內的滬尾一澳，也有商船寄椗，

距離滬尾澳不遠的艋舺，都是各商販貿易之所，欲俟美國領事到
台灣後，再由地方官會同妥議交易合宜之處，先行開市徵稅，以
期無礙大局。因台灣開市在即，為免臨期貽誤。閩浙總督慶端等
即先行酌定碼頭，署福建布政使裕鐸在台灣道任內曾因巡查而親
歷各海口，熟悉各港口的優劣，據裕鐸詳稱：「鹿耳門一處，迫
近郡城，鹿仔港口檣帆薈萃，港道淺窄，均非商夷船隻輻輳所
宜，惟查有滬尾即八里岔〔坌〕一澳，地近大洋，貿販所集，堪
令開市通商，並於附近要隘設立海關，照章徵稅，以示懷柔。」
㉟鹿耳門、鹿仔港雖然是海峽兩岸出入正口，但因港道淺窄，並
非中外商船輻輳所宜。八里坌海口北岸滬尾澳，地近大洋，港門
宏敞，是優良的港口，適宜開市通商。因中外通商，事屬創始，
必須遴委幹練大員前往妥辦，經閩浙總督慶端奏請以福建候補道
區天民赴淡水專駐管理，他來台後即會同台灣鎮道府勘定以滬尾
澳為通商碼頭，於滬尾設關徵稅。

　　據福州關稅務司美里登向署通商大臣李鴻章申稱，台灣關稅
事務，由地方官辦理，一年收銀四、五萬兩，以洋藥而言，滬
尾、雞籠、台灣府、打狗港四處，每年進口至少有五、六千箱，
即可徵收稅銀十五萬兩，或十八萬兩。倘若由外國人充當稅務
司，辦理新關稅務，則每年足可收銀三十萬兩，實於清朝大有利
益。美里登建議以雞籠口作淡水子口，打狗港作為台灣府子口。
因雞籠與淡水相連，打狗與台灣府相連，故只需稅務司一員，即
可辦理四口稅務，按月經費或一千兩或一千二百兩，即可敷用。
李鴻章即請總理衙門移咨福州將軍等按照稅務司章程，轉飭副稅
務司速往台灣遵照辦理。閩浙總督左宗棠、福建巡撫徐宗幹等即
飛飭台灣道府妥籌速辦，並扎派副稅務司渡台會辦。

　　咸豐十一年（1861）六月，英國領事官郇和到台灣勘明鹿耳

門外海口淤塞，水淺潮大，洋船不能收泊，難作通商碼頭，於是議定以淡水滬尾澳口作為通商碼頭，設關徵稅。福建候補道區天民稟請福州將軍文清由閩省選派諳練關書李彤恩等赴台辦理設關稽徵事宜，籌議章程。經核定於同治元年（1862）六月二十二日開關啟徵。福建巡撫徐宗幹認為台灣一郡，自南至北，港口紛歧，僅滬尾一處設關開徵，稽查難周。雞籠與打狗，既有洋船停泊，應一律添設子口，均歸滬尾正口管轄，並由稅務司麥士威等前往分駐，由區天民會同台灣道府扎委候補府經歷孫綽等派關書李彤恩赴打狗口察看試辦。其中雞籠一口，於同治二年（1863）八月十九日開關啟徵。因滬尾口距離台灣府城較遠，滬尾口常有中外交涉事件，道府勢難兼顧，亦未可專責佐雜微員。因此，福州將軍兼署閩浙總督英桂等委令福州駐防水師旗營佐領劉青藜馳往駐辦。又因區天民經福建巡撫徐宗幹派委督辦彰化進剿添弟會黨軍務，所以滬尾通商事務，另委候補知府馮孟良渡台接辦。由於滬尾海關承辦人員實心辦理，所以對外開放通商後，數年以來，貿易興盛，商情頗佳。

海關定期奏報稅收銀數，定例三個月為一結，一年四結，每結收支數目，例應繕寫四柱清單，進呈御覽，分為舊管、新收、開除、實在四項。據福建巡撫徐宗幹奏報滬尾口自同治元年（1862）六月二十二日開關通商徵稅起至閏八月初七日屆滿第八結止，徵收洋稅銀九千八百餘兩，徵收洋藥稅銀一千一百餘兩，徵收洋船噸鈔銀四百餘兩，土貨復進口半稅銀三百餘兩，合計共徵收銀一萬一千七百餘兩。自同年閏八月初八日起至十一月十一日止第九結內徵收洋稅銀九千二百餘兩，徵收洋藥稅銀二千五百餘兩，徵收洋船噸鈔銀二百餘兩，土貨復進口半稅銀六百餘兩，合計共徵收銀一萬一千八百餘兩。同治八年（1869）二月二十

起至五月二十一日止屆滿第三十五結內徵收洋稅銀七千零六十餘兩，徵收洋藥稅銀八千六百四十餘兩，徵收洋船噸鈔銀一百六十餘兩，徵收土貨復進口半稅銀七十餘兩，合計共徵收銀一萬五千九百四十餘兩。同治十一年（1872）五月二十六起至八月二十二日屆滿第四十八結內徵收洋稅二萬六千三百餘，徵收洋藥稅銀六千一百二十九兩，洋船噸鈔銀四百一十八兩，土貨復進口半稅銀三十八兩有餘，合計共徵收銀三萬二千八百八十餘兩㊱。同治十二年（1873）六月初七日起連閏至八月初九日屆滿第五十二結內徵收洋稅銀二萬千九四百二十九兩餘，徵收洋藥稅銀一萬七千四百一十二兩，徵收土貨復進口半稅銀一百三十二兩餘，徵收洋商子口稅銀五百五十兩餘，合計徵收銀四萬七千五百二十餘兩㊲。滬尾口對外開放通商後，全年貿易總額，已逐年增加，可以反映滬尾口商業活動的興盛，淡水海域中外商船往來的頻繁，以及淡水地區的日趨繁榮。

　　滬尾等口徵收各項洋稅銀兩，開除各項支出外，其餘或提解總理衙門，或發交號商匯解部庫。總理衙門移咨閩海關徵收船鈔，酌提銀三成，按結提撥，委員解京，以應學習外國語言文字學館薪水經費之需。台灣海防大臣沈葆楨奏准自第五十五結起將各項洋稅銀兩儘數截留，以充台防經費㊳。從各項洋稅銀兩的徵收及其支出，可以反映滬尾口在近代中國歷史舞台上也扮演了重要的角色。

　　滬尾口開港後，除了中外商船往來絡繹外，清朝文武官員也改搭輪船渡海來台。同治初年，彰化添弟會起事，新授台灣道兼理學政丁曰健稟商福建巡撫徐宗幹飭挑省城兵丁四百名，派參將田如松統帶，作為前隊，於九月初四日配船放洋渡台。因海洋風汛靡常，又恐商船未能迅速渡台，丁曰健即督同解餉委員暨親軍

人等，另覓輪船搭乘。同治二年（1863）九月初七日，丁曰健等
人從羅星塔搭乘輪船。初八日，輪船駛出五虎口門，初九日，收
泊滬尾口登岸，初十日，馳赴艋舺，兩岸直航，極爲快速便利。
丁曰健馳抵艋舺後，接見淡水同知鄭元杰等人，詢問各路軍情
㊴。

　　中法之役期間，法國軍艦，游弋淡水洋面，封鎖台灣沿海，
爲加強防衛，劉銘傳雇用德國商船從上海運送砲械到台灣。光緒
十年（1884）六月十二日，德國商船抵達滬尾海口。劉銘傳具摺
指出，「其在上海運解砲械委員游學詩因中國各輪船皆憚於南
下，於初九日設法商雇德商萬利輪船前來，甫於十二日抵滬尾海
口。其時奴才正在滬尾令孫開華所部興工修築砲台，見軍裝運
到，即令將基隆應用之砲位、水雷等件，仍由萬利船運基隆布
置，該船駛到基隆，法船兵會堅阻不令卸載，而德商輪船，不能
久耽時日，仍即由原船裝回滬尾。」㊵運送砲械的商船，雖然是
德商萬利輪，但仍受到法國軍艦的阻撓。從六月初一日起，法國
軍艦陸續抵達基隆。六月十四日，又有兵船四隻駛近基隆。法軍
進攻基隆，又移師進攻滬尾，先有軍艦五艘駛抵滬尾海口，據劉
銘傳奏報自八月十六日起，法船又添三艘，連前共計八艘，日以
大砲向滬尾砲台猛轟，不稍間斷，使台灣兵勇無駐足之地㊶。八
月二十日，法軍陸戰隊約八百人猛撲滬尾海口，爲提督孫開華等
率領兵勇擊退。

　　法軍入侵台灣期間，朝野紛紛建議採取阻攔法國兵船的戰
略。例如布政使銜新授貴州按察使李元度於〈密陳海防事宜〉一
摺引西人著《海防新論》一書奏請阻塞船路，使法兵不能靠岸登
陸。其原摺指出，「攔船之法，用沈物者曰籠石，曰沈船，曰釘
椿，曰浮椿。凡水不甚深，潮不甚大，河底爲蛤殼爛泥者宜之，

而釘樁尤妙。」[42]劉銘傳具摺時奏稱，「六月十二日，臣同提臣並台灣道劉璈至滬尾察看砲台地基，李彤恩扶病出見，瘦弱不堪。臣令其趕緊調養，不必請假，當委兼辦滬尾營務。六月十五日，基隆開仗以後，李彤恩稟請買船塡石塞口。時值秋茶上市，英商阻擾，李彤恩同英領事往復辯論，始將口門堵塞。隔日，法船即至，英兵船告以口門封塞，隨即駛回。」[43]堵塞滬尾口門，有礙商業活動，影響進出口貿易。陰曆六月中下旬，陽曆已是八月，正值秋茶上市的旺季，滬尾海口被堵塞，商船出入不便，所以遭到英國領事的反對。但是爲了抵抗法兵登陸，李彤恩、劉銘傳都堅持採取堵塞口門攔阻法船入港的戰略。《劉壯肅公事實》也記載，「滬尾海口離基隆八十里，該處僅孫開華所部三營，與李彤恩添募土勇一營，兵力單薄，危急萬分，彼族不得志於基隆，十四、二十等日，復窺滬尾，孫開華等趕將堵口石船接連沈塞，敵見口門已塞，旋駛去。」[44]所謂堵口石船，就是籠石沈船的傳統攔船策略，將廢船塡石接連沈塞，使大船不能進入口門，固然是一種防禦戰略，但對海洋生態造成了嚴重的破壞作用，加速了八里坌海口的淤塞。

## 六、結語

　　淡水海域的地理特徵及其活動，頗受清朝君臣的重視，從閩浙總督、福建巡撫、巡台御史、水師提督及台灣鎮道等文武大員的奏摺及清朝繪製的台灣地圖等資料灼略可以窺知淡水洋面海岸，港汊紛歧，八里坌海口以北的八尺門港，有一箭之寬，原爲紅毛船出入的港口，乾隆年間，港水仍然甚爲清澈。沿著海邊有跳石，可從八尺門沿著海邊跳石到雞籠山等地。八里坌海口以南有紅毛港、船頭港、油車港等港口，在乾隆年間，油車港因淤

淺，船隻已不能出入，船頭港、紅毛港潮滿時，船隻方可出入。
在乾隆末年八里坌海口明設口岸以前，淡水海域屬於禁洋，嚴禁
橫洋船隻航行，內地商漁船隻，不許到淡水港澳收泊，或貿易採
捕，合法航行於淡水海域的船隻，主要是社船、艕仔船、杉板。
在乾隆年間，蛤仔蘭內有三十六社，漢人貿易，可用社船由淡水
海面乘南風進入蛤仔蘭，北風起即返回。崇爻山爲台灣後山，山
內有十二社，漢人貿易，也有社船一隻，乘南風而入，北風起則
返回。社船也是禁海時期航行於海峽兩岸的合法船隻，原設社船
四隻，乾隆年間已添設爲十隻，可以從廈門到淡水往來貿易，每
年從十月至十二月，往來數次，歲底即停止，其他月分只准其赴
鹿耳門貿易。清初領有台灣，台灣對渡內地的唯一正口爲鹿耳
門。淡水地區所產米穀，先以車輛運至八里坌海口，然後以艕仔
船或杉板，從淡水沿海運到鹿耳門，配搭大號橫洋商船運至廈
門。在淡水海禁時期，內地盜船、偷渡船隻常出沒於淡水海域。
台灣鎮總兵官愛新泰具摺時已指出，「台灣地勢袤長，濱臨大
海，自淡水滬尾起至南路之東港止，計程二千餘里，港汊紛歧，
在在可以通舟，匪船乘風伺劫，或南或北，往來靡定，誠如前奉
聖訓，海洋地面寬闊，不能處處有兵。」㊺因台灣沿海多港汊，
海面寬廣，不能處處有兵，以致當內地官兵追剿嚴緊時，盜船即
東竄淡水等洋面躲避，並乘風伺劫商船。

　　乾隆年間，八里坌海口南北岸仍不失爲帆船貿易時代的優良
港口。八里坌海口距離福建內地五虎海口水程約六、七百里，水
程較近。林爽文起事以後，台灣避難民人及官方求援人員多由八
里坌海口搭船內渡。官兵進剿會黨期間，爲配合三路並進的戰
略，八里坌海口也是內地官兵上岸登陸的重要港口之一，軍需補
給亦多由八里坌海口收泊轉運，禁止內地船隻航行淡水洋面，不

許內地商漁船隻到淡水沿海港澳收泊的消極措施，已不符合時代需要。清軍平定林爽文之亂以後，大學士福康安、閩浙總督覺羅伍拉納、福建巡撫徐嗣曾等人議定章程，將八里坌海口明設口岸，與內地五虎門對渡，使海峽兩岸可以直航，淡水所產米穀不必以艍仔船或杉板沿著淡水海岸南下運至鹿耳門配船轉運內地，可以徑由八里坌海口出海。橫洋商船及安邊船從五虎門放洋後，即徑赴八里坌海口收泊，貿易完成後，從八里坌海口回棹時，橫洋商船每隻准許載米四百石、安邊船每隻准許載米三百石，此外也配載藍靛等貨品，既可俯順輿情，又足以資內地兵民所食，商民稱便，八里坌海口明設口岸以後，每年出入的商船多達一百隻，反映淡水地區社會經濟的發展已經受到清朝政府的重視。

　　淡水海域及八里坌海口在國際舞台上也扮演了重要的角色。北太平洋西部及南海等地區，由於颱颶時發，季風強勁，琉球、朝鮮及日本等國船隻，往往因遭風而造成海難，其中漂收於淡水海岸者，屢見不鮮。其海難人員多經淡水漁船救護上岸，說明淡水海岸是重要的避風口岸，同時也反映淡水海域漁撈活動的活躍，淡水沿海從事採捕撈魚以維持生計，也是重要的生產活動。在淡水海禁時期，琉球等國海難人員，多由淡水同知派員護送到台灣府衙門安頓，從鹿耳門配船放洋內渡福州安插資送回國。八里坌海口明設口岸以後，淡水洋面漂收上岸的琉球等國海難人員，多送往艋舺安頓，然後從艋舺乘坐小船到八里坌海口配船出海，護送到福州安頓，然後資送回國。

　　清代後期，台灣沿海港口，起了很大的變化。清朝政府領有台灣後，鹿耳門是台灣對渡福建內地的唯一正口。乾隆年間，鹿仔港、八里坌海口先後正式設立口岸。但至清代後期，各港口已今非昔比，至道光初年，鹿耳門已經淤塞成了廢港，商船已經不

能出入。番仔挖是鹿仔港的外口，從外口乘坐杉板可至鹿仔港，商船也不能進出鹿仔港。咸豐年間，八里坌海口的南岸，也因沙壅淤塞，大號商船不能靠岸收泊，必須改至北岸滬尾口收泊。滬尾口地近大洋，港門寬敞，海水較深，不失爲一個優良的國際通商港口。同治元年（1862），滬尾港正式對美國、英國開港通商，其稅收總額，逐年增加，滬尾港遂成了國際港，使台灣開始走入了國際社會。總而言之，台灣拓墾重心的北移，淡水社會經濟的發展，海峽兩岸的交通運輸，以及台灣對外開港通商走入國際舞台，淡水海域和八里坌海口南北岸在台灣歷史不同的時期，都扮演了重要的角色。

## 【註　釋】

①　《清宮月摺檔台灣史料》（台北，國立故宮博物院，民國八十三年十月），㈢，頁 2640。光緒三年三月二十五日，福建巡撫丁日昌奏摺抄件。

②　《台灣地圖》（台北，國立故宮博物院），圖說。

③　《宮中檔乾隆朝奏摺》，第四輯（台北，國立故宮博物院，民國七十一年八月），頁 442。乾隆十七年十一月二十一日，福建水師提督李有用奏摺。

④　《宮中檔乾隆朝奏摺》，第十一輯（民國七十二年三月），頁 79。乾隆二十年三月二十六日，閩浙總督喀爾吉善等奏摺。

⑤　《重修台灣府志》（台北，台灣銀行經濟研究室，民國五十年十一月），上冊，頁 90。

⑥　《宮中檔乾隆朝奏摺》，第六十二輯（民國七十六年六月），頁 630。乾隆五十一年十二月十五日，閩浙總督常青奏摺。

⑦　《清代台灣檔案史料全編》（北京，學苑出版社，1999 年 7 月），

第四冊，頁 891。乾隆五十二年正月二十八日，閩浙總督常青奏摺。

⑧ 《宮中檔乾隆朝奏摺》，第六十八輯（民國七十六年十二月），頁218。乾隆五十三年五月初九日，福康安等奏摺。

⑨ 《宮中檔乾隆朝奏摺》，第六十八輯，頁 218。乾隆五十三年五月初九日，福康安等奏摺。

⑩ 《宮中檔乾隆朝奏摺》，第七十四輯（民國七十七年六月），頁308。乾隆五十四年十二月初一日，閩浙總督覺羅伍拉納等奏摺。

⑪ 《宮中檔乾隆朝奏摺》，第七十四輯，頁528。乾隆五十四年十二月二十八日，閩浙總督覺羅伍拉納等奏摺。

⑫ 陳國棟撰〈清代中葉台灣與大陸之間的帆船貿易——以船舶為中心的數量估計〉，《台灣史研究》，第一卷，第一期（台北，中央研究院台灣史研究所籌備處，民國八十三年六月），頁86。

⑬ 《外紀檔》（台北，國立故宮博物院），嘉慶二十五年十月二十七日，福建巡撫韓克均奏摺抄件。

⑭ 《明清史料》（台北，中央研究院，民國六十一年三月），戊編，第五本，頁 490。

⑮ 《外紀檔》，嘉慶二十五年十二月初五日，福建巡撫韓克均奏摺抄件。

⑯ 《月摺檔》，（台北，國立故宮博物院），咸豐三年六月十一日，福建巡撫王懿德奏摺抄件。

⑰ 《宮中檔》（台北，國立故宮博物院），第 2709 箱，57 包，9945號。咸豐八年十二月十七日，閩浙總督王懿德奏摺。

⑱ 《月摺檔》，咸豐三年六月十一日，福建巡撫王懿德奏摺抄件。

⑲ 《歷代寶案》，校訂本，第三冊（沖繩，沖繩縣立圖書館，1993年 1 月），頁 581。

⑳　《宮中檔雍正朝奏摺》，第二輯（台北，國立故宮博物院，民國六十六年十二月），頁 722。

㉑　《歷代寶案》（台北，國立台灣大學，民國六十一年六月），第五冊，頁 2585。

㉒　《歷代寶案》，第六冊，頁 3317。

㉓　《宮中檔》（台北，國立故宮博物院），第 2724 箱，70 包，11370號。嘉慶十三年六月二十九日，福建巡撫張師誠奏摺。

㉔　《歷代寶案》，第九冊，頁 5423。

㉕　《歷代寶案》，第十冊，頁 5536。

㉖　《歷代寶案》，第十二冊，頁 6881。

㉗　《歷代寶案》，第十三冊，頁 7804。

㉘　《歷代寶案》，第十四冊，頁 7918。

㉙　《宮中檔》（台北，國立故宮博物院），第 2719 箱，31 包，5342號。道光二十二年二月二十七日，福建巡撫劉鴻翱奏摺。

㉚　《外紀檔》，（台北，國立故宮博物院），嘉慶二十四年十一月十九日，福建台灣鎮總兵武隆阿奏摺抄件。

㉛　《宮中檔雍正朝奏摺》，第五輯（民國七十一年九月），頁 289。乾隆十八年五月初八日，福建巡撫陳弘謀等奏摺。

㉜　《清宮洋務始末台灣史料》（台北，國立故宮博物院，民國八十八年十月），㈠，頁 30。道光二十年十二月十二日，福建台灣鎮道姚瑩奏摺。

㉝　《清宮洋務始末台灣史料》，㈠，頁 79。道光二十一年十月十一日，福建台灣鎮總兵官達洪阿等奏摺。

㉞　《清宮洋務始末台灣史料》（台北，國立故宮博物院，民國八十四年八月），㈣，頁 3271。光緒六年十二月初七日，福建巡撫勒方錡奏摺抄件。

㉟　《宮中檔》，第 2714 箱，68 包，11469 號。咸豐九年十一月二十
　　九日，閩浙總督慶瑞等奏摺。

㊱　《軍機處檔‧月摺包》，第 2745 箱，86 包，112552 號。同治十二
　　年九月初二日，福州將軍兼管閩海關稅務文煜奏摺錄副附洋稅銀兩
　　清單。

㊲　《軍機處檔‧月摺包》，第 2745 箱，109 包，117665 號。同治十
　　三年九月十三日，福州將軍兼管閩海關稅務文煜奏摺錄副附洋稅銀
　　兩清單。

㊳　《軍機處檔‧月摺包》，第 2745 箱，16 包，123302 號。光緒八年
　　四月二十八日，福州將軍兼管閩海關稅務穆圖善奏摺錄副附洋稅銀
　　兩清單。

㊴　《月摺檔》，同治二年十一月二十二日，新授台灣道兼理學政丁曰
　　健奏摺抄件。

㊵　《清宮月摺檔台灣史料》，㈤，頁 3612。光緒十年六月十七日，
　　劉銘傳奏摺抄件。

㊶　《清宮月摺檔台灣史料》，㈤，頁 3857。光緒十年九月十六日，
　　劉銘傳奏摺抄件。

㊷　《清宮月摺檔台灣史料》，㈤，頁 4271。光緒十一年六月十七日，
　　貴州按察使李元度奏摺抄件。

㊸　《清宮月摺檔台灣史料》，㈤，頁 4090。光緒十一年二月初七日，
　　劉銘傳奏摺。

㊹　《劉壯肅公事實》（台北，國立故宮博物院），壬寅仲秋修，傳包
　　2821 之 3 號。

㊺　《明清史料》，戊編，第五本，頁 490。

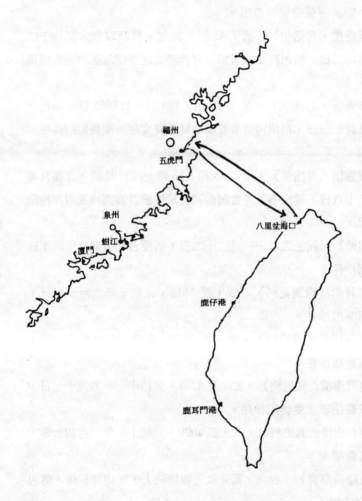

八里坌海口對渡五虎門示意圖

# 從現藏檔案資料看清代台灣的
# 文教措施

## 一、前言

　　清代臺灣文教措施及考試制度的沿革，與臺灣的社會發展及行政區域的調整，關係密切。康熙二十三年（1684），清朝政府將臺灣納入版圖後，仍保存臺灣的郡縣制度，設府治，領臺灣、鳳山、諸羅三縣，並劃歸廈門為一區，設臺廈道，臺灣府隸屬於福建省，開科取士，加強文教工作，實施和福建內地一致的行政制度，反映清朝的治臺政策，確實有它的積極性。

　　海峽兩岸現藏清代檔案中，含有相當豐富的臺灣史料，其中《宮中檔》硃批奏摺，《軍機處檔》月摺包、《月摺檔》、《內閣部院檔》外紀簿，以及內閣大庫《明清檔案》等，尤其值得重視。硃批奏摺原件、奏摺錄副及其他各類抄件中頗多涉及臺灣歷史的原始資料，例如閩浙總督、福建巡撫、福建臺灣巡撫、福州將軍、福建布政使、福建臺灣學政、福建水師提督、福建臺灣鎮總兵官、巡視臺灣監察御史或給事中等人的奏摺及其錄副存查的抄件，其涉及臺灣歷史的上行文書，為數相當可觀。本文寫作的旨趣，主要在就現存檔案資料探討清代臺灣的文教措施，以科舉考試、學校教育為例，論述其得失利弊。

## 二、清代科舉考試制度的實施

　　考試制度有它合理的一面，科舉制度是基於尚賢思想所產生

的一種傳統考試制度，利用考試的辦法掄拔人才，科甲出身的人
才，就成爲各級官員的主要組成部分，清代的科舉考試，主要是
童試、鄉試、會試、殿試等等。童試是最基本的考試，應試的考
生，不論年紀大小，從孩童到白髮老翁，都稱爲童生，又稱儒
童，並非盡是孩童。童試分爲三級：縣官考的叫做縣試，知府考
的叫做府試，將縣、府考過的童生造册送由學政考試，叫做院
試，院試取中後入府學、縣學肄業，稱爲進學，進了學的童生，
成爲生員，就是秀才，社會上習稱相公。生員有增生、附生、廩
生等名目，統稱諸生。明太祖洪武二年（1369），朝廷下令置府
學、州學、縣學，每人月給廩米六斗，後來名額增多，食廩者稱
爲廩膳生員，簡稱廩生，正額以外增加的名額，稱增廣生員，簡
稱增生，沒有廩米。其後名額再增，稱爲附學生員，簡稱附生。
清沿明制，諸生名額及待遇，因地而異。

　　童生取中生員以後，仍然要接受學政的考試。學政三年一
任，到任後第一年舉行歲考，次年舉行科考。歲考、科考都是一
大堆預備考試，生員經過歲科預備考試後，始准參加鄉試。傳統
社會以天干地支紀年，子丑寅卯辰巳午未申酉戌亥，叫做十二地
支，鄉試三年一科，逢子卯午酉各年爲正科，遇有國家慶典，另
外加考恩科。鄉試共分三場，先一日點名發給試卷入場，後一日
交卷出場。鄉試中試者，稱爲舉人，社會上習稱老爺。第一名舉
人，叫做解元，就是由府、縣解送省城參加鄉試而得元的意思。
各省文闈鄉試，都在八月舉行，所以文闈鄉試又稱秋闈。新中式
的舉人，常藉拜客的名義，到親戚朋友家去拜訪，大家都要送他
一些賀禮或盤費，因拜客在秋闈後開始，所以叫做打秋風。除文
闈外，還有武闈，武童考試中式後，可以參加十月省城舉行的武
闈考試。

　　鄉試中式的舉人到北京後，先參加會試，取集中會考之義。三年一科，以丑辰未戌各年為正科，遇鄉試恩科第二年的會試，稱為會試恩科。因會試在春天舉行，所以叫做春闈。又因會試是禮部的職掌，由禮部主考，所以又稱為禮闈。會試中式後，稱為貢士，第一名貢士叫做會元，亦稱為會魁，是會試之首的意思。會試中式的貢士還要參加皇帝親自主考的殿試。順治初年，在京師天安門外舉行殿試，後來改試於太和殿東西閣階下。殿試中式者分為一二三甲，一甲三人，第一名為狀元，因唐代制度舉人赴禮部應試時必須投狀，所以考試居首者即稱狀元，解元、會元、狀元，合稱三元，士人連中三元，足以光耀門楣。一甲第二名，稱為榜眼，以喻榜中雙眼。一甲第三名，稱為探花，因唐代進士杏園初會舉行探花宴而得名。一甲三人俱賜進士及第，二甲若干人，賜進士出身，三甲若干人，賜同進士出身。

　　考試制度有它合理的一面，以八股文作為考試工具，也有它合理的一面，科舉考試也確實把選拔人才的範圍，由皇親國戚逐步擴大到了廣大平民，說明了它的平等性和客觀性。但因進士名額很少，士子得中進士，並非易事。凡有志於科舉的士子，必須從小就熟讀四書、五經等，始能出入於考場。科舉是正途，欲求發跡，不得不走科舉這條路途。殿試中式後，經過朝考授官，前列者用為庶吉士，等第稍次者分別用為主事、中書、知縣。士子高中進士，擁有科名，就是傳統社會裡光耀門楣的具體表現。

## 三、清代科舉名額的調整

　　早期移墾臺灣的閩粵先民，多重視子弟教育，土地日闢，人文日盛，隨著臺灣社會的向前發展，行政區域，屢經調整。雍正元年（1723），巡視臺灣御史吳達禮具摺奏請將諸羅縣北境半線

地方，分設知縣一員，典史一員，淡水增設捕盜同知一員。同年
八月，經兵部議准，將諸羅縣分設彰化縣①，淡水同知與彰化知
縣同城。雍正九年（1731）割大甲以北，自大甲溪起至三紹嶺遠
望坑止，其刑名錢穀諸務，俱歸淡水同知辦理，改治竹塹。

　　清朝地方大吏頗重視臺灣的文教工作，他們認爲臺灣地勢孤
遠，倘若士習不醇，必然關係民風不淺。因此，規定府、縣各學
都有月課、季考，文武生員，三年例有歲試，以便稽查其人品學
問，詳定優劣，以示勸懲。在早期寄居臺灣的內地漢人，主要是
閩粵之人，閩省主要爲泉州、漳州、汀州三府之人，廣東主要爲
惠、潮二府及嘉應一州之人，因此，臺灣府縣各學也有閩、粵籍
之分。

　　按照《學政全書》的規定，凡入籍二十年以上，其祖先墳墓
田宅，確有印冊可據者，方准考試。臺灣爲新闢地區，讀書士子
較少，大都爲各處冒籍之人前來應試。雍正五年（1727），福建
總督其倬題請清釐臺灣學政一疏內，請查士子現居臺地有田產家
室入籍已定之人，即准收考。同年八月，經禮部議覆，以臺地昇
平日久，文風漸盛，應如所請，嗣後歲、科二試，飭令各地方官
查明現住臺地之人有田有屋入籍既定者，取具里鄰結狀，方准應
考。這條規定，使各處冒籍童生，無從混行考試。但高其倬原疏
內並未聲明閩粵一體字樣，遂以粵籍移民客民，未得與考。

　　雍正六年（1728），巡視臺灣兼理學政監察御史夏之芳入臺
後，訪知告給衣頂的文武生員不在考課之列，以致逐漸與教官疏
離，難以查察，給頂生員往往散處孤村遠社，借倚生員名色，包
攬事情，武斷鄉曲，甚至串通各衙門胥役專作訟師，種種非爲，
貽害地方不淺。因此，夏之芳奏請嗣後給頂生員，照例五人互結
外，仍令各教官不時驗看稽查，並於歲試之期，另造優劣清冊，

出具並無生事過犯印結一同送學政查察，如有行止不端者，詳請斥革。夏之芳具摺奏請鄉試中式，臺灣另立字號，節錄一段內容如下：

> 查臺灣貢監生員，與內地一體鄉試。但海外文風稍遜內地，從前文場中式者，皆係內地冒籍之人，本籍並無一人中式，以致讀書之士，平日既囿於見聞，又未身歷科名進取之榮，遂爾器量愈隘，不思上進。以臣愚見，嗣後鄉試之年，可否於內地八府之外，另立臺字號，酌量於正額數內分中一、二名，庶海外人材仰沐皇上格外之恩，亦得上入京師觀光謁選，伊等必愈知鼓舞，加意振興，且可共識效力從公之大義，此亦鼓勵邊方之一法也②。

為防止內地冒籍應考，同時鼓勵邊遠地區的士子，夏之芳奏請於內地八府之外，另立字號，對閩籍士子，確實有鼓舞作用。

乾隆五年（1740）二月二十九日，巡視臺灣御史楊二酉條奏，請准粵籍移民在臺考試，奏請敕諭福建督撫令臺灣府、縣詳查粵民現居臺地有田產家室編入戶口冊籍者，准其另編字號，即附各縣廳應考，送學政彙試，取進數名，附入臺灣府學管轄。臺灣府學廩增額數，或照內地府學之例，廩增各加二十名，或照州學之例，各加十名。原疏經禮部議覆。禮部以更定籍貫及編號加額，入學取中，俱關考試大典，理宜詳慎，粵民入籍臺郡，應先將現在居住臺郡例合考試者，確查人數多寡，據實題明，始可將應否另編字號及廩增鄉試如何酌定之處，分晰定義，未經查明之先，未便遽為議覆，應令福建督撫會同巡臺御史確查定議具題。閩浙總督德沛奉到部文後即行文臺灣府移會臺灣道查議。據臺灣府詳稱，臺灣、鳳山、諸羅、彰化四縣分別查明，其中臺灣縣考送粵童，共一百一十七名，鳳山縣考送粵童共四百四十四名，諸

羅縣考送粵童共五十三名，彰化縣考送粵童共九十八名。攝理臺灣府事臺灣道副使劉良璧也指出：粵民流寓在臺年久入籍者，臺灣四縣，均有戶册可稽，其父兄雖祇事耕耘，而子弟多有志誦讀，其俊秀子弟堪以應試者頗多。但溯其本源，究屬隔省流寓，以致遭到閩籍臺童攻揭，不容與考。臺灣、鳳山、諸羅、彰化四縣册報考驗過實在粵童，堪以應試者，通共七百一十二名。因此，德沛等奏請於歲、科兩試，將粵童另編字號，照小縣之例，四縣通校，共取進八名，附八府學管轄，其子弟續有出考者，總以取進八名爲額。其粵生既附府學管轄，則府學廩增額數，亦應加增，即照州學之例，各加額十名，於粵生內漸次拔補，照例挨年出貢，所有取進粵生，自應准其一體鄉試。但因臺籍生員鄉試係編臺字號，額中二名，若粵生一例編入臺字，恐佔臺生中額，所以德沛即於乾隆六年（1741）具題請旨另編字號③。德沛疏請粵童另編新字號應試，四縣通校，共取進八名。其鄉試暫附閩省生員內，俟數科後數滿百名，始另編字號，取中一名，俱經禮部議准④。

科舉考試，有中額、進額等名目，中額即中舉名額，進額即進學名額。按照定例，大省每中舉人一名，錄送科舉八十名，臺灣府額定舉人二名，另編至字號取中，每逢鄉試錄送科舉，經禮部於乾隆八年（1743）議准，令福建學政於科舉二百名定額之外，酌量寬餘錄送。嘉慶十二年（1807），閩浙總督阿林保、福建巡撫張師誠以臺灣府人文日盛，奏請加廣中額進額，並添設廩增優貢。阿林保等原奏略謂臺灣一府，從前額中舉人二名，另編至字號，撥給中額，數十年來，有志於應鄉試者，不下千百餘人，而科舉僅准錄送二百餘名，中額仍限於二名。臺灣府屬四縣應考文童，册報多至三千餘人，較之內地大中各縣應試童生，不

相上下，但是進額尚不及內地中縣。至於附居臺灣的粵籍文童額
進八名，並未專設廩增。因粵籍取進人數，幾倍於前，但廩增未
設，以致人多額隘。其優貢一項，三年舉行一次，由學政會同督
撫考校，通省僅取五、六名，因臺灣學政是由道員兼理，不能與
內地各屬諸生同邀考送。為此，阿林保等奏請將臺灣鄉試中額，
於閩省額定八十五名之外，再加一名，連前共中三名，並於至字
號內取中副榜一名，每屆鄉試，准其錄送科舉五百名。臺灣府
學，閩籍文童加進二名，粵籍文童加進二名，臺灣、鳳山、嘉
義、彰化四縣，每縣加進文童二名。粵籍生員准照小學之例，添
設廩增各十名，原奏奉硃批「禮部議奏」。禮部遵旨議覆，議准
於至字號舉人二名之外，再加一名，定為三名。但阿林保所請錄
送科舉五百名之處，核與大省每舉人一名，錄送八十名之例，相
去懸殊，經禮部議定錄送科舉三百名。臺灣府學額進閩籍文童二
十名，粵籍文童八名，額設廩增各二十名，臺灣等四縣學，名額
進文童十二名，額設廩增各十名。阿林保等奏請府學閩籍、粵籍
各加文童二名，四縣學各加文童二名。禮部議覆時指出，各省府
學例定廩增各四十名，臺灣一府，設學已久，廩增額限二十名，
為數過少，因此，議准以原定廩增各二十名，專歸閩籍生員充
補，粵籍准其另設廩增各八名。並議准於臺灣府學內閩籍、粵籍
各加進文童一名，四縣學內各加進文童一名。至於原奏請加至字
號副榜一名之處，與例不符，議不准行⑤。

　　嘉慶十六年（1811），署閩浙總督張師誠以粵籍生員造送科
考者已有八十八名，加新進九名，共有九十七名，於是題請另編
字號，取中舉額一名，惟禮部檢查嘉慶十四年（1809）科考冊內
粵籍生員列入等第者，只有三十四名，不得遽添中額，致使各省
客籍效尤，而奉部駁。道光八年（1828），閩浙總督孫爾準，福

建巡撫韓克均以臺灣府人文日盛，奏請加設粵籍舉額，並增加廳
縣學額，以廣文教。原奏指出臺灣府粵籍生員計一百二十三名，
已遠遠超過百名之數，與乾隆六年（1741）部議粵生數滿百即請
取中舉人一名的規定相符，孫爾準等奏請加設粵籍舉額是遵奉原
議辦理。經禮部議准於臺灣閩籍中額三名之外，另編田字號，加
設粵籍中額一名，使閩籍和粵籍各有定額，以昭平允⑥。

　　臺灣、鳳山、嘉義、彰化四縣文童，在道光初年，每縣定額
取進十三名，其澎湖廳應試童生附入臺灣縣，並未另設進額。臺
灣府紳士郭開榮等呈請增加四縣及澎湖廳文童進額。閩浙總督孫
爾準等亦以臺灣廳縣應試之人倍多於昔，幾與內地大縣相同，而
學額尚不及內地中縣之數，登進之途稍隘。因此，孫爾準等奏請
將臺灣、鳳山、嘉義、彰化四縣學額各增廣二名，使士民更知誦
讀的重要，對臺灣風俗大有裨益。澎湖四面汪洋，應試童生，向
來附入臺灣縣學，航海往返，風濤險阻。孫爾準等人以澎湖廳赴
試文童已達到百人，與淡水廳設學之初人數相符，因此，奏請將
歲、科兩科，各取進二名，以示鼓勵，並照粵籍文童之例，附入
府學，劃一辦理⑦。

　　除了文闈鄉試外，還有武闈鄉試，臺灣士子應試鄉闈武生，
歷屆至多五十餘名，少則三十餘名，而歷科取中武舉多則四名，
少則一名。嘉慶二十四年（1819），禮部議准，臺灣應試武生援
照駐防八旗武舉中額七名取中一名之例，定爲常額。咸豐年間
（1851～1861），因太平軍戰亂擴大，臺灣府屬士民踴躍捐輸銀
米，爲表示獎勵，加中武舉永遠定額三名，自咸豐八年（1858）
戊午科爲始辦理武闈鄉試加額取中，因內地不靖，停辦鄉試。咸
豐九年（1859），福建舉行己未恩科鄉試，並補行戊午正科武闈
鄉試，兩科並考，共取中六名，閩浙總督兼署福建巡撫慶端具摺

指出，臺灣府屬應試文舉已有定額，閩籍、粵籍士子應試文闈之卷，亦已另編至字，田字號，以示區別，其武舉並未另定中額，而是歸通省內地士子一併考校取中，因此未經另編字號。爲了避免與內地武生互相混淆，慶端奏請將臺灣閩籍武生仿照文闈之例，另編至字號，以憑稽查取中永遠加額，其餘仍照舊章歸於通省內地各武生一體考取⑧，粵籍武生即歸於通省內地一體考取。

　　嘉慶十九年（1814），議定噶瑪蘭廳應試文童附入淡水廳學取進。到道光二十一年（1841）噶瑪蘭經過三十餘年的發展，人口倍增，文風日盛，進學文童，與日俱增。據臺灣府知府熊一本詳稱：

> 噶瑪蘭廳自嘉慶十五年歸入版圖，大小丁口計六千餘戶，計今三十餘載，戶口蕃滋，經該廳清查現在有九萬二千零內應試文童三百一十八名，文風日盛。惟地處萬山之後，道路窵遠，跋涉維艱，若赴淡水應試，不免守候之苦，應請仿照澎湖之例，由廳考錄，徑送道試。又蘭廳並無學額，向在淡水六名之中分進一名，間歲分進二名。今應試文童日多，若僅進一名，誠不足以振興士氣。若多取二、三名，又有礙淡水之額，應請加進淡水廳學額二名，共爲八名內以三名分給蘭童，編爲柬字號，以五名分給淡童，編爲炎字號，以昭公允⑨。

　　由引文內容可知道光二十一年（1841）噶瑪蘭廳應試文童已多達三百一十八名，文風日盛。但噶瑪蘭廳僻處後山，溪嶺險峻，自噶瑪蘭至淡水，計程六日，由噶瑪蘭赴臺灣府城計程十三日，文童經兩番跋涉，艱苦異常，閩浙總督顏伯燾乃奏請縣府考試，併歸廳考，經送臺灣道考試，較爲簡便。噶瑪蘭廳學額即增二名，其廩增生亦請加二名，於淡水、噶瑪蘭二廳附生內分別

柬、炎字號考補。

沈葆楨在辦理臺防期間，奏准設立臺北府，駐紮艋舺，其歲試、科試，即於艋舺地方建設考棚。閩浙總督何璟等具摺指出，光緒初年淡水廳應試文童約有一千三、四百人，噶瑪蘭廳應試文童約有六、七百人。向例臺灣一府取進文童及廩增生缺額，俱分閩、粵兩籍，府學每屆歲、科考試，閩籍取進二十三名，內含澎湖二名，加廣九名；粵籍取進九名，加廣二名。閩籍廩增生各三十名；粵籍廩增生各八名，都是一年一貢。淡水、噶瑪蘭兩廳向來也在府學取進數名。臺北府設立後，淡水、噶瑪蘭兩廳分設的淡水、新竹、宜蘭三縣每屆歲試、科試，即於臺北府考棚辦理。淡水、新竹、宜蘭三縣文童各有六、七百人，與內地大學、中學的人數相比，並不相上下，其學額即於臺灣府改撥，並酌量增加。閩浙總督何璟等奏請將臺灣府學閩籍連澎湖二名在內，改為取進二十名，加廣九名；粵籍除分撥臺北府學四名外，改為取進五名，加廣一名。閩籍廩增生各三十名，一年一貢；粵籍廩增生改為各四名，二年一貢。臺北新設府學，即比照內地龍岩、永春直隸州之例，閩籍額進文童十八名；粵籍除臺灣府撥出四名外，再增設一名，其為五名，加廣一名。閩籍廩增生各二十名，一年一貢；粵籍廩增生各四名，二年一貢。淡水廳原設廳學八名，即歸淡水縣學取進，加廣一名，另設新竹縣專學，添設學額八名，加廣一名；噶瑪蘭廳學原設五名，即歸宜蘭縣學取進，加額三名，共八名，加廣一名，淡水、新竹、宜蘭三縣學廩增生各八名，三年一貢。

臺灣府武學閩籍原額二十名，加廣九名；粵籍原額四名，加廣二名。臺北設府後，即將臺灣府武學閩籍改為十六名，加廣九名；粵籍改為進取二名，加廣一名，台北府武學閩籍添設八名，

粵籍取進二名，加廣一名。淡水廳原設武學五名，即歸淡水縣學取進，添設新竹縣武學五名。噶瑪蘭廳原議武學二名，即歸宜蘭縣學取進，另再添設三名。其加廣武學二名，分歸淡水、新竹兩縣各取進一名，噶瑪蘭廳加廣一名，則歸宜蘭縣學取進。在學官方面，臺北府學添設教授一員，新竹、宜蘭兩縣學各設訓導一員。淡水廳學原設教諭即改爲淡水縣學教諭，噶瑪蘭廳原設訓導，改爲宜蘭縣學訓導，臺灣、嘉義二縣裁去訓導一員，以抵臺北新設之缺⑩。

　　閩浙總督何璟等人具奏調整臺灣府縣學額後，經禮部議准，臺南府學額定取進文童閩籍十八名，澎湖二名，加廣九名；粵籍五名，加廣一名。安平、鳳山、嘉義三縣學各取進一十七名，彰化縣學取進十八名。臺北府學額定取進文童閩籍十二名；粵籍五名，加廣一名。淡水、新竹、宜蘭三縣學各取進六名。武學方面，臺南府額定取進武童，閩籍十六名，加廣九名；粵籍二名，加廣一名。安平、鳳山、嘉義三縣各取進十四名，彰化縣取進十一名。臺北府額定取進武童，閩籍七名；粵籍二名，加廣一名。淡水、新竹、宜蘭三縣各取進四名。光緒十一年（1885）九月初五日，臺灣奉旨建省，以劉銘傳補授首任福建臺灣巡撫，兼管學政，劉銘傳就行政區劃的調整，分別議定新設府縣文武學額。劉銘傳原奏指出澎湖廳因應試人數倍增，奏請將臺南府學應撥彰化縣文童三名，改爲增撥澎湖廳二名，恆春縣一名。淡水爲附府縣，奏請改爲大學，基隆廳附淡水廳考試。臺北府學加額三名，埔裡社廳附於新設臺灣縣考試，臺灣、彰化兩縣均作爲大學，雲林縣作爲中學、苗栗縣閩籍、粵籍各居其半，粵籍歸府學取進，閩童較少，定爲小學。臺灣府照內地府學之例取進二十名，並照舊設臺灣府原定成案另設粵籍九名。各縣學文童取進名數，是大

約按照大、中、小學分別釐定。劉銘傳原摺附呈《臺灣省各府縣學添設增改文武生童及廩增名額出貢年限清單》，詳列各府縣學文武各生童等名額頗詳，可據清單列出簡表如下：

福建臺灣省各府縣文武生童及廩增名額簡表

| 府縣學 | 文童進額 | | 武童進額 | | 廩生名額 | | 增生名額 | |
|---|---|---|---|---|---|---|---|---|
| | 閩籍 | 粵籍 | 閩籍 | 粵籍 | 閩籍 | 粵籍 | 閩籍 | 粵籍 |
| 臺灣府學 | 20 | 9 | 12 | 4 | 30 | 4 | 30 | 4 |
| 臺灣縣學 | 15 | | 10 | | 15 | | 15 | |
| 彰化縣學 | 15 | | 9 | | 15 | | 15 | |
| 雲林縣學 | 12 | | 4 | | 10 | | 10 | |
| 苗栗縣學 | 4 | | 2 | | 5 | | 5 | |
| 臺南府學 | 15 | 6 | 16 | 2 | 30 | 4 | 30 | 4 |
| 安平縣學 | 17 | | 14 | | 15 | | 15 | |
| 鳳山縣學 | 17 | | 14 | | 15 | | 15 | |
| 嘉義縣學 | 17 | | 14 | | 15 | | 15 | |
| 臺北府學 | 13 | 6 | 7 | 3 | 20 | 4 | 20 | 4 |
| 淡水縣學 | 6 | | 4 | | 15 | | 15 | |
| 新竹縣學 | 6 | | 4 | | 10 | | 10 | |
| 宜蘭縣學 | 6 | | 4 | | 10 | | 10 | |
| 總名額 | 163 | 21 | 114 | 9 | 205 | 12 | 205 | 12 |

資料來源：《月摺檔》（臺北，國立故宮博物院），光緒十六年三月十七日，福建臺灣巡撫兼管學政劉銘傳奏摺附呈清單。

前列簡表未含加廣名額。表中所列臺灣建省後三府十縣文童進額，閩籍計一六三名，粵籍計二一名，合計共一八四名，閩籍約佔總進額百分之八十九，粵籍約佔百分之十一，閩粵籍的比率懸殊。武童進額，閩籍計一一四名，粵籍計九名，合計共一二三名，閩籍約佔總進額百分之九十七，粵籍約佔百分之七，粵籍所佔比值更低。廩生、增生閩籍各二○五名，粵籍各十二名，合計

各二一七名，閩籍約各佔總額百分之九十四，粵籍約各佔總額百分之六。簡表所列光緒十六年（1890）臺灣文童、武童進額及廩、增各生名額合計共七四一名。嘉慶十二年（1807），臺灣府縣閩粵籍文童、廩增進額合計共一五六名，到光緒十六年（1890），不及百年，進額多達七四一名，增加將近五倍，充分反映臺灣人文日盛以及清朝政府對臺灣文教工作的重視。

## 四、臺灣科場積弊的釐剔

科舉考試，場規極嚴。順治年間（1644～1661），規定士子入場，必須穿著拆縫衣服，單層鞋襪，以防夾帶作弊。如有懷挾片紙隻字，或倩人代作文字，一律枷示問罪。雍正、乾隆年間（1723～1795）禁止攜帶雙層板凳，硯臺不許過厚，糕餅餑餑，各須切開，士子作弊，他的父親和師傅都要治罪。但是士子冒籍作弊的現象，仍然十分普遍。乾隆三十二年（1767）十二月間，臺灣府舉行科試，有廣東生童劉麟遊、馮徽烈等冒入臺灣鳳山縣籍，伍逢捷冒入諸羅縣籍應試。據劉麟遊供稱：

> 生員今年三十五歲，原籍嘉應州鎮平縣人。康熙四十六年，祖父爾爵，號訓伯，就過臺灣，住在鳳山縣埤仔嶺莊，向施姓業戶墾田七甲零。乾隆十六年間，施姓把業賣與陳思敬了，有業戶歷年給過租單，及管事柯廷第可查問的。雍正年間，父親俊升也來臺幫耕。乾隆元年，祖父因年老回籍，到七年死了。父親是二十九年正月內死在臺灣。三十五年三月內，是弟郎日輝即監生鳳鳴在鳳山縣請領往回印照搬運骸骨回籍。冬間來臺，上年六月死在鳳山，現葬埤仔莊的。生員母親陳氏，娶妻曾氏，生一個兒子，名叫文堂，都在內地。生員是二十七年三月同叔父俊

登,弟郎日輝在鎮平縣領照過臺,照內名字「日煌」,這
劉麟遊名字是考時取的。生員雖是二十七年來臺,家眷現
在內地,與例稍有不符。但祖父置有產業,已經年久,並
不是偷渡冒籍,是以保生劉朝東纔肯保結的。總是粵人在
臺應試,原是客籍,但要有產業,就算有根底入籍的了,
大家都許考試,從不攻擊,所以里管族鄰都肯出結,就是
地方官也無從查察的。這劉朝東是生員同族,沒有送過他
分文謝禮,實在並無賄囑⑪。

　　供詞中已指出,粵人在臺灣應試,原是客籍,只要有產業,
就算有根底入籍的,經保生或里管族鄰保結後,即可應試。此
外,黃駬、吳明、伍逢捷、馮徽烈都是粵民。黃駬之祖黃應岐於
康熙年間來臺,住彰化縣地方。乾隆二年(1737)墾耕張振萬即
張達京田業。乾隆十二年(1747),其父黃元壂帶黃駬來臺。乾
隆十四年(1749),黃元壂將應分之業典與其弟黃秀錫。黃元壂
回籍身故,黃駬仍住臺灣。吳明之祖吳從周,父吳子賢,又名吳
啓漢,於康熙年間來彰化縣墾耕官莊田五甲,年輸糧銀六兩,戶
名吳啓漢,入籍臺地。伍逢捷本姓李,名嗣長,自幼依寓母家伍
姓撫養,未從母姓。乾隆三十二年四月,始渡海來臺,居住鳳山
地方,隨即往諸羅縣冒頂伍逢捷姓名。馮徽烈之祖馮玉魁,父馮
若紀,於康熙、雍正年間,來臺寄寓鳳山縣,父祖回籍後身故,
馮徽烈於乾隆三十年(1765)來臺。乾隆三十二年(1767)十二
月,臺灣府舉行科試,劉麟遊、馮徽烈、伍逢捷、吳明、黃駬與
梁謨、賴濟、謝榮等前赴臺灣道衙門應試,均已取進,撥入府
學。梁謨等考取後,隨即返回廣東原籍。

　　乾隆三十三年(1768),馮徽烈領照前往福建省城鄉試,順
便返回廣東原籍。乾隆三十五年(1770)九月二十七日,馮徽烈

在籍病故。伍逢捷於乾隆三十五年（1770）十一月內回至內地，後因梁謨在籍與梁逢五等控爭祖遺嘗租，究出梁謨等偷渡過臺，冒考入學。經兩廣總督李侍堯具奏，將梁謨、謝榮、賴濟俱依照越渡緣邊關塞律杖徒，也因此案查出冒籍同考入學的伍逢捷等人，結果查出吳明在臺灣生長，墳墓家族產業，均在臺灣，並非冒籍。劉麟在臺灣雖有產業，但本身入籍年例不符，且墳墓家屬，俱在廣東內地。黃駟的祖父在臺灣耕種，他隨父來臺，雖已二十餘年，但田產已典與胞叔承管，並非入籍既定之人，與入籍二十年以上之例不符。因此，劉麟遊、黃駟俱照冒考條例各杖八十，革去衣頂，保結生員劉朝東、黃培驊等不遵照定例確查來歷，冒昧混保，均照冒保例各杖八十，革去衣頂。

　　八股取士，主要從四書五經命題，但科舉考試已有一千多年的歷史，歷科考試題目，雷同相似的頗多。考官出題，常取書中吉祥佳句，士子揣摩猜題，往往猜中，每一道題目，坊間書肆，早有標準範本，士子背誦題解，也可以默寫完卷，徼幸考中。記名提督臺灣鎮總兵官曾玉明之子曾雲登、曾雲書向來不能作文，兄弟二人於同治四年（1865）九月福建補行甲子科文闈鄉試，竟然同科中式，經福建巡撫徐宗幹具摺奏明其中情弊。同治五年（1866）五月十一日奉旨，曾玉明暫行革職，曾雲登、曾雲書均革去舉人，交閩浙總督左宗棠嚴訊⑫。左宗棠等親提嚴加研鞫，曾雲登、曾雲書供出祖籍晉江縣，曾雲登由臺灣縣學增生遵例捐納貢生，加捐郎中，在彰化縣剿匪出力案內保舉獎敘知府藍翎。曾雲書先在嘉義縣從師受業，由嘉義縣應試取進嘉義縣學附生，後來報捐員外，捐升郎中，改捐同知，於臺灣剿匪出力案內保舉獎敘知府花翎，歸部銓選。

　　同治四年（1865）九月，福建省補行甲子科鄉試，曾雲登、

曾雲書均由臺灣道錄科送省應試。臺灣士子向來另編座號，不與
內地各生雜坐，曾雲登、曾雲書兄弟俱編坐調字號。第一場考四
書三題；首題，曾雲登、曾雲書均有舊作；第二題下句；第三題
下二句，也都有塾課，經其業師改正，時常記誦，遂各默出首
題，照錄第二、三題，即以舊作互相參考，詩題也是套襲相倣，
題目完卷出場。第二場考易經、書經、詩經、春秋等各四題；第
三場考策五道，曾雲登、曾雲書均互相參酌完篇。出闈後即趁風
汛渡海入臺。放榜後，曾雲登中式第二十七名舉人，曾雲書中式
第八十一名舉人。左宗棠具摺指出，臺灣中卷在通場本難出色，
因臺額取中本較內地爲易，曾雲登兄弟參改舊作，並無槍替情
弊。臺灣本無土著，內地士子，寄居何縣，即在何縣應試。曾雲
登隨父寄居臺灣縣，所以籍隸臺灣縣。曾雲書原先也是隨父寄居
臺灣縣，後因隨從業師在嘉義縣遊學，所以在嘉義縣應試，取進
嘉義縣學附生，以致兄弟異籍。左宗棠於審明後具摺奏聞。左宗
棠指出，曾雲書先係異籍取進，變亂版籍，曾雲登、曾雲書均比
照應試生儒越舍與人換寫文字發近邊充軍例量減一等，各擬杖一
百，徒三年，定地發配折責充役，革去舉人，拔去花翎、藍翎。
臺灣鎭總兵官曾玉明對其二子默錄舊作互相參考，僥倖同中，並
不自行檢舉，其後又任其避匿，延不交案，有心徇庇，奉旨革
職，失察人員另行參處⑬。

　　臺灣學政向來是由臺灣道兼理，光緒元年（1875），沈葆楨
奏准統歸巡撫主政。光緒二年（1876）十二月十三日，福建巡撫
丁日昌遵奉諭旨，兼理臺灣學政關防，並檄行臺灣府舉行歲試，
丁日昌即渡海入臺考校。臺灣府知府張夢元及各府縣學錄送文武
生童名冊後，隨即於光緒三年（1877）二月十三日移進考棚，正
式舉行歲試。丁日昌爲防槍替頂冒之弊，於舉行考試期間，終日

危坐堂皇，親自巡察座號，並遴員梭巡文場內外。考試期間，有澎湖認保增生陳翔雲有混填年歲情弊，遂被斥革發落。丁日昌將歲試情形繕摺奏聞，原摺指出，臺灣士風，以臺灣縣、淡水廳兩學爲優，彰化、嘉義兩縣學次之，鳳山縣爲最下。丁日昌也指出，臺灣考試，向多槍替頂冒之弊，但因監試嚴格，使士子恪遵功令，其弊實遂無從而生⑭。

## 五、臺灣府廳縣學的倡辦

清朝領有臺灣後，即開始設立學校，推廣儒學教育，以培養科舉人才，清朝政府的重視文教工作，反映治臺政策的積極性。康熙二十三年（1684），設立臺灣縣學和鳳山縣學。唐熙二十四年（1685），設立臺灣府學。康熙二十五年（1686），設立諸羅縣學。府、縣學都是官方所設立的儒學，教以儒家經典。此外，還有官方倡辦的義學、書院和社學，臺灣人文遂日益盛行。因府、縣學校年久失修，地方人士，多捐資修葺。乾隆年間，臺灣府、縣兩學，因建設年久，棟宇墻垣，多致傾圮，樂器、祭器亦有殘缺，臺灣地方經費有限，未能及時修整，有貢監生員侯世輝、蔡壯器、張方升等親往估計，府學約需銀五千餘兩，縣學約需銀三千餘兩，共需銀八千餘兩。貢監生員各類捐資銀自數百兩至一千兩不等。⑮。

雍正元年（1723），淡水廳設同知，因讀書士子較少，其應試童生，附入彰化縣學考試取進。乾隆二十八年（1763），寄居淡水廳的汀州府屬永定縣貢生胡焯猷捐設義學，官府准其作爲書院，於是漢人、原住民向學者，與日俱增。但因學官未立，司鐸無人，所以仍附入彰化縣應考。乾隆三十一年（1766），淡水廳同知李浚原以淡水廳生童赴彰化縣考錄送府，往返跋涉，而稟請

比照江西蓮花、湖南鳳凰、陝西潼關、四川敘水石砫各廳之例，就地在淡水廳設立訓導，創建文廟，將生童科、歲兩試，由廳錄送。乾隆三十五年（1770），監生郭宗嘏呈請捐租建學。惟因其時淡水廳尚無廩保，所以將捐租撥爲書院經費。嘉慶十五年（1810），閩浙總督方維甸赴臺查辦泉、漳分類械鬥期間，有淡水廳貢生林璽等呈請另設學校，倘若經費不敷，情願捐湊，不需動項。據臺灣府知府汪楠詳稱，淡水廳自入版圖以來，應試童生較前增多，兼之噶瑪蘭新入版圖，業儒者更多，因此，詳請援照蓮花等廳之例，另設學校。閩浙總督汪志伊等具摺奏陳淡水廳，另設學校的重要性。原摺詳陳籌設學校的規劃，節錄一段內容如下：

> 淡水一廳，自入版圖之後，設立同知專管，歷今九十餘年，戶口日繁，人文漸盛，生童應試，較昔倍增，自應另設學校，歸廳考試。臣等敬體聖主樂育人材，鼓勵士氣至意，合無仰懇皇上天恩，俯准援照各省蓮花等廳另設學校之例，將淡水廳另行設立學校，歸廳考試，移送臺灣府考錄，轉送臺灣道局試，酌取閩籍文生八名，武生二名，並設廩生六名，增生六名。其出貢年限，即照臺灣初設彰化縣學之例，四年一貢，俟將來人文加盛，再照縣學二年一貢。其廩增名額，應就淡屬現有之廩增附生四十餘名，改歸廳學考補。廩膳一項，每名照例年應領銀四兩二錢二分六釐六毫，請照四縣之例，就於俸工經費項下開銷。若遇選優之年，准照各縣生儒一體報優，送交內地彙考錄取。其拔貢一項，亦照各縣之例，額設一名，如不得其人，寧缺無濫。其淡水廳應試童生，請遵新例查對煙戶門牌入籍二十年以上有田墓廬舍者，准其呈明應試。淡屬現有廩生

二名，足資認保，可無冒籍之弊，如有冒籍頂替，照例分別究辦，以傳責成。至學官有課士之責，必須設立。查彰化縣學有教諭、訓導二員，請將訓導一缺，移設淡水，作爲廳學訓導，頒給鈐記，以昭信守，其養廉俸工等項，無所增減，仍附入彰學，動給開銷。所有應建文廟、學署，據詳業經該道府查明，已於從前設廳時選有地基，需用工料，亦於書院經費內尚有餘剩銀兩，可以撥用。倘有不數，似可准令該貢生林璽等湊捐應用，毋庸動項⑯。

引文內容已指出淡水廳由於戶口日繁，人文漸盛，添設學校，生童歸廳考試，確有其必要。其學官的設立，是將彰化縣學的訓導一員移作淡水廳之缺。噶瑪蘭生童與淡水生童一體憑文取進。淡水廳學設立後，應試文武生童，與日俱增。嘉慶二十一年（1816）九月，閩浙總督汪志伊等具摺奏明淡水廳及噶瑪蘭取進學額，節錄內容一段如下：

查淡水廳屬附入彰化縣學考試，現在應試文童約有三百六、七十名，應試武童亦有三、四十名。近自嘉慶十六年來，歷屆取進淡水童生或四名，或五名，加之噶瑪蘭現堪應試之文童已有五、六十名，初學作文者，亦有八十四名，其幼童質可讀書者，尚復不少，不數年間，俱堪應試，況噶瑪蘭煙戶丁口，統計有六千零一十戶之多，觀感奮興，自必人文日盛，應試愈多。臣王紹蘭甫從臺灣巡閱地方，詢知淡水之明志書院，噶瑪蘭之仰山書院兩處，在院肄業文童，均能勵志讀書，其中文理通順者，頗不乏人。是臣等原奏內所請於淡水地方另立學校，歸廳考試。噶瑪蘭應試文武童生，仿照淡水廳附入彰化考試之例一體考校，酌擬取進閩籍文生八名，武生二名，似無浮濫⑰。

引文中的王紹蘭是福建巡撫，他曾渡臺巡閱地方，據稱淡水廳的明志書院，噶瑪蘭的仰山書院，在書院肄業的文童，都能勵志讀書，其中文理通順者頗多。根據統計，嘉慶十六年（1811），歲試取進淡水文童生四名，武童生一名。嘉慶十七年（1812）科試，取進淡水文童生五名。嘉慶十九年（1814）歲試，取進淡水文童生三名，武童生一名。嘉慶二十年（1815）科試，取進淡水文童生五名。由於淡水、噶瑪蘭人文頗盛、閩浙總督汪志伊等奏請閩籍文童生進取八名，武童生取進二名，以示鼓勵。從臺灣北部行政區劃及廳學進額的加增，可以反映淡水、噶瑪蘭的開發，已經是戶口日繁。

在自強運動期間，主持洋務者，多以船堅砲利爲西人富強之道。因此，當時興辦學堂的動機，主要是爲軍事或造就語文繙譯人才起見。於是京師同文館、廣方言館、水師武備學堂等相繼設立。光緒十四年（1888）六月初四日，福建臺灣巡撫劉銘傳於《爲臺灣開設西學堂選取學生延訂洋師教習以育人才而資器使所有動銷經費懇恩准飭先行立案事》一摺奏明臺灣設立西學堂的經過，其原摺現藏於北京中國第一歷史檔案館。《重修臺灣省通志・文教志學校教育篇》引《劉壯肅公奏議》所收錄的劉銘傳奏摺，對照原摺後發現其內容文字，略有出入，爲了提供原始檔案資料，將劉銘傳奏摺原件內容照錄如下：

> 竊惟中外通商，准彼此學習文藝，自京師設立同文館，招選滿漢子弟，延請西人教授，而天津、上海、福建、廣東等處，凡有仿照槍砲船械之地，無不兼設學堂，風氣日開，人才蔚起，海防洋務，利賴良多。臺灣爲海疆衝要之區，通商籌防，在在皆關交涉。祇以一隅孤陋，各國語言文字輒未知所講求。臣初到臺，繙譯取材內地，重洋遙

隔，往往要挾多端，月薪率至百餘金，尚非精通西學者。
因思聘延教習，就地育才。初擬官紳捐集微貲，造就一二
聰穎子弟，以資任用。詎一時聞風興起，庠序俊秀，接踵
而來，情殷入學，不得不開設學堂，以廣朝廷教育人才之
意。先後甄錄年輕質美之士二十餘名，延訂英國人布茂林
爲之教習，生童酌給膏火，釐定課程，並派漢教習二人，
於西學閒暇時，兼課中國經史文字，既使內外通貫，亦以
嫻其禮法，不致盡蹈外洋習氣。日以巳午未申四時，專心
西學，早晚則由漢教習督課。遇西國禮拜日，課試策論。
每屆三箇月，委員會同洋教習考校一次，等其優劣，分別
獎勵戒飭，有不堪造就者，隨時撤退。計自光緒十三年三
月起，迄今已逾一年，規模麤立。臣嘗親加查察，所習語
言文字，均有成效。擬漸進以圖算測量製造之學，冀各學
生砥礪研磨，日臻有用，而臺地現辦機器製造、煤礦鐵
路，將來亦不患任使無才。本年復添學生十餘名，所有洋
教習，每月脩伙洋三百五十元，漢教習二人，每月各支薪
水洋五十元，共折合庫平銀三百二十四兩。學生由生員考
取者，每月各給膏火銀八兩，由文童考取者，每月各給銀
五兩七錢六分，幼童每月各給銀二兩八錢八分。另設門
役、廚伙夫共四名，每月各給工食銀三兩，其學生椅棹器
具，以及隨時應用外洋書籍紙筆等項，據實開報，約計脩
伙、薪水、膏火、工食、雜費，一年需銀七千餘兩，現在
鹽務項下動支，將來必須建造學堂一處，以資棲宿，應用
經費，俟工竣後再行造銷，相應仰懇天恩准飭先行立案，
按年彙銷，所有臺灣開設西學堂選取學生，延訂教習，動
銷經費各緣由，除咨呈總理各國事務衙門、海軍衙門暨咨

戶部、工部查照外，謹恭摺具奏⑱。

劉銘傳奏摺內容將近九百字，依照原奏所稱，臺灣開設西學堂是在光緒十三年（1887）三月，第一年甄錄學生二十餘名，請洋教習英國人布茂林。第二年，又增添學生十餘名，漢教習維持二人。《重修臺灣通志·學校教育篇》所引劉銘傳奏摺文字頗多修改，與原摺出入頗大。例如原摺「庠序俊秀，接踵而來，情殷入學」，《重修臺灣省通志》改「膠庠俊秀，接踵而來」；原摺「不致盡蹈外洋習氣」，《重修臺灣省通志》改爲「不致盡蹈外洋習氣，致墮偏詖」；原摺「早晚則由漢教習督課」，《重修臺灣通志》改爲「早晚則由漢教習督課國文」；原摺「學生由生員考取者，每月各給膏火銀八兩，由文童考取者，每月各給銀五兩七錢六分，幼童每月各給銀二兩八錢八分。另設門役、廚伙夫，共四名，每月各給工食銀三兩。其學生椅棹器具，以及隨時應用外洋書籍紙筆等項，據實開報」，《重修臺灣省通志》改爲「諸生由附生考入者，月給銀八兩，由文童考入者月給銀五兩七錢，幼童月給銀三兩八錢。其學生座具及隨時應用外洋圖籍等項，據實開支。」將幼童月給銀「二兩八錢八分」改爲「三兩八錢」，出入頗大。第一位洋教唱是英人布茂林，第二位洋教習是轄治臣。《重修臺灣省通志》謂第一位洋教習即英國人轄治臣，第二位爲丹麥人布茂林⑲，亦與原奏不符。劉銘傳患有目疾、頭疼、咳嗽等症，因公務繁劇，病情日益惡化。光緒十七年（1891）三月，開缺回籍就醫。同年四月，命邵友濂補授福建臺灣巡撫。光緒十八年（1892），邵友濂奏請裁撤臺灣西學堂，《光緒朝硃批奏摺》收錄邵友濂奏片，節錄要點如下：

> 據臺灣善後局司道詳稱，臺灣設立西學堂，選取學生，先後延請洋師布茂林暨轄治臣，教習西學，原以育人材而資

器使，經前撫臣劉銘傳奏咨立案，並將各年用過經費彙入
海防案內造冊請銷各在案。數年以來，學生中不乏進境，
而西學精邃者，甚屬寥寥。查臺灣近年經費異常支絀，歲
費鉅款，實覺不貲。又洋教習合同屆滿，續訂為難，當與
中國教習分別咨遣，在堂學生能於西學廳已入門者，撥歸
機器電報各局學習，其質業不甚相近者，遣令回籍，別圖
生計，即將西學暫行裁撤⑳。

　　臺北西學堂的裁撤，是因臺灣經費異常支絀，西學堂歲費鉅
款，所以裁撤西學堂，以資撙節。但西學堂培養的部分人才已撥
歸機器局、電報局學習，其餘則遣令回籍。

## 六、原住民教育的推廣

　　清初以來，朝廷對臺灣原住民的文教工作，也很重視。同光
年間，中西交涉頻繁，列強覬覦臺灣，往往藉口教化生界原住民
而進出臺灣後山。丁日昌在臺灣巡撫任內具摺時已指出：

　　臺灣各屬熟番涵濡國家教澤，垂二百年，所有熟番住址，
　　多與內山生番附麗，即聲氣亦復與生番相通，洋人之覬覦
　　內山也，不敢遠行深入，必先煽誘熟番，藉為嚮導，然後
　　漸染生番，優給布帛軍火等物，冀以共其指臂，而據我腹
　　心，而領事稅司教堂所用傭僕，亦多熟番男女，蓋彼族居
　　心叵測，所以引誘而勾結之者，無所不至㉑。

　　曾紀澤具摺時，曾經將臺灣生界原住民與海南島黎人進行比
較，藉以說明教化的重要性。其原摺指出：

　　查西洋各國，並兼土地，動以教化野番為詞，始則入境樹
　　旗，編野番為兵役，從者羈勒驅使，抗者殲斃無遺，縱得
　　遁逃藏匿，散據山林，久亦同歸澌盡，亞美利加一洲及中

國兩洋各島均係此等辦法。查臺灣之有生界，瓊州之有黎
人，此該二島之蟊漏也，相提並論，則臺灣爲尤甚。緣瓊
州州縣環布臨海，各處黎人雜處內地，爲患猶淺；臺灣則
面東大半島均係生番，滋生事端，於外人則易貽口實，設
兵防守不及則易致疏虞，非將生番、黎人設法化導，漸變
狂榛之野俗，編爲馴擾之良民，則守禦之方，終難周密，
應如何導以禮教，威以兵刑，既不致激而生變，亦不致徒
託空言之處，似亦應早爲議及㉒。

化導生界原住民的當前急務，就是推廣教育，導以禮教，變
化外之人爲馴良之民。同治十三年（1874），沈葆楨等籌議臺灣
善後事宜時，就已指出開闢後山，除了選土目、查番戶、定番
業、變風俗、禁仇殺、修道途、給茶鹽、易冠服外，最主要的就
是通語言，設番學，實施鄉村教育。其主要用意就是爲了「化番
爲民」㉓。光緒元年（1875）五月，因臺灣南路內龜紋社頭目野
艾和外龜紋社頭目布阿里煙等百餘人款營乞降，淮軍提督唐定奎
提出示約七條，除遵薙髮、編戶口、交兇犯、禁仇殺、立總目、
墾番地外，主要就是設番塾，並議定於枋寮地方先建番塾一區，
令各社均送番童三數人學習語言文字，以達其情，學習拜跪禮
讓，以柔其氣㉔。

光緒三年（1877）春，開通後山，總兵吳光亮將蘇澳至新城
中間新紮各營移紮岐萊、秀孤巒、卑南一帶，當時秀孤巒已有西
洋人設立教堂一處，福建巡撫丁日昌鑒於外人用意日深，原住民
反覆無常，特囑總兵吳光亮在秀孤巒等地廣設義學，威惠兼施
㉕。王凱泰在福建巡撫任內爲推廣原住民教育，曾經刊刻《訓番
俚言》。據督辦福建船政吳贊誠具摺指出，光緒初年，後山一帶
已設義塾十六處，其中卑南覓社村落中有議事公所，稱爲笆樓

館，雖然只是茅屋，而周圍竹樹環繞數里，極爲茂盛，社中設有
義塾，頭目陳安生之子年七、八歲，已能背誦《訓番俚言》，琅
琅可聽。其中保桑庄爲開墾客民村落，庄中也有義塾，塾中陳姓
民童，亦已精通書旨。社丁楊姓的幼女，入塾讀書甫兩年，已經
讀完《四書全詮》及《詩經》一部，對《訓番俚言》還能逐句講
解大意，能作番語，並操漳、泉土音。其弟年方十一歲，亦粗解
《訓番俚言》字義㉖。

　　清代歲、科考試，有民童與番童之分，番童向有應試者，其
進學名額，少則一名，多不過二名。考取的番童，主要是充當佾
生。光緒三年（1877）二月，臺灣舉行歲試，有淡水廳番童陳實
華一名取進府學，鳳山縣番童沈紹陳一名，取充佾生㉗。福建巡
撫丁日昌具摺時指出，自乾隆、嘉慶以來，漢民生齒日繁，熟番
地界，亦漸爲百姓所侵佔，生計業已日窮，且各縣熟番均有應試
之人，但從未得與饗宮之選，登進無路。因此，丁日昌認爲番童
應定學額，將番童內酌取一名，歸入府學，以資觀感，應援照康
熙五十四年（1715）河南所屬苗傜另編字號，於正額外，酌量取
進事例，仿照舉行㉘，奉旨准行。閩浙總督何璟等具摺時亦指出
臺灣、臺北兩府熟番歸化已久，漸有讀書明理之人嗣後歲科歲試
遵照丁日昌奏准成案，另編字號，於正額外量取一名，不必作爲
定額，取進之後，即附入府學㉙。臺灣改設行省後，積極開發後
山，內山歸化原住民多送子弟入學。例如光緒十四年（1888）十
一月間，北港萬霧四大社頭目低摩老尾等帶同男女三百餘人到廳
乞撫，除了送番丁充勇外，還送子弟入學㉚。由於地方大吏的積
極提倡，原住民的鄉村教育風氣，日漸普及，人文日盛，發揮了
正面的教化功能。

# 七、結語

　　海峽兩岸現存清代檔案資料，都是探討清代臺灣歷史的直接史料，其中涉及臺灣文教措施的原始資料，雖然爲數有限，然而頗能反映清朝的治臺政策，頗具積極性。康熙年間，清廷領有臺灣後，臺灣成爲福建省的一個府，實行和福建內地一致的行政制度，開科取士，加強文教工作，化邊疆爲內地，使開發中五方雜處，族群複雜的移民社會，逐漸整合，褊狹的地域觀念，日益消失，省籍意識，漸漸消除，族群矛盾，日趨淡化，社會風氣，漸趨馴良，臺灣文教工作，在臺灣發展史上確實扮演了重要的角色。

　　傳統考試制度是掄拔人才的一種方式，府廳縣學及書院義塾或西式學堂等各式學校，則爲培育人才的中心。清代臺灣社會，科舉考試已經制度化，規定嚴格，取締弊端，不遺餘力，同時也重視學校教育，兼重人才的選拔與培養。嚴禁偷渡冒籍，廣東籍移民雖准許入籍應試，但因跨省考試，又是弱勢族群，因此科舉名額甚少，客籍與閩籍名額多寡懸殊。地方大吏爲防範偷渡冒籍，規定士子入籍臺灣二十年以上，墳墓、家族、產業，均在臺灣，始准保結應試。慎終追遠，是孝道觀念的具體表現，華人社會，風水信仰，根深蒂固，然而，重視祖墳，不僅與孝道、信仰有關，而且與傳統考試制度有關，祖父母墳墓是否在臺灣，是認定士子是否入籍臺灣的一個主要依據。廣東嘉應州鎮平縣人劉麟遊等雖然在臺灣都有產業，但本身入籍年例不符，且其父親、祖父墳墓及妻兒家屬俱在廣東內地，因而被認定是冒考，俱照條例各杖八十，革去生員衣頂。

　　每逢鄉試之期，臺灣府文武諸生，照例由學政錄送內渡，赴

福州省城入闈參加鄉試。但因漂洋過海，往往遭風遇難，船隻翻覆淹斃。例如咸豐二年（1852）壬子科鄉試，就有臺灣縣學廩生石耀德等四名從鹿耳門放洋後遭風溺斃。臺灣道徐宗幹等奏請撫卹，奉旨議給訓導銜。同治三年（1864）甲子正科，臺灣府先於是年四、五兩月舉行歲、科二試，錄取文武諸生，造冊送省。因太平軍騷擾，內地不靖，奉文停辦鄉試。同治四年（1865）九月，補行甲子科鄉試。但因是年入秋以後，颶風時作，有赴省府學附生黃炳奎，彰化縣學廩生陳振纓、黃金城、蔡鍾英四名，於是年八月間由鹿港搭配金德勝商船出海後在洋遭風沈沒，黃炳奎等人不幸溺斃，屍身探撈未獲，臺灣道兼學政丁曰健奏請將附生黃炳奎等四名援照咸豐年間石耀德等請卹成案敕部議卹㉛。

有清一代，地方大吏重視臺灣的文教工作，不僅重視科舉考試，同時也重視學校教育，兼重人才的選拔與培養。隨著行政區劃的調整及人文風氣的盛行，科舉進學名額屢經加廣，教育日益普及。粵籍移民，雖係客籍，但只要在臺灣有產業，就算有根底入籍的，經保生或里管族鄰保結後，即可應試。除了閩籍、粵籍外，地方大吏也重視原住民的文教工作，推廣內山鄉村教育，歲、科考試，都有原住民子弟應試，規定進學名額，讀書風氣，日益盛行，確實有助於族群的融合。

## 【註　釋】

① 　《清世宗憲皇帝實錄》，卷10，頁7。雍正元年八月乙卯，據兵部議覆。

② 　《宮中檔雍正朝奏摺》，第十一輯（臺北，國立故宮博物院，民國六十七年九月），頁688。雍正六年十一月初四日，巡視臺灣兼理學政監察御史夏之芳奏摺。

③　《明清史料》（臺北，維新書局，民國六十一年三月），戌編第一
本，頁55。

④　《清高宗純皇帝實錄》，卷146，頁22。乾隆六年七月庚午，據禮
部議奏。

⑤　《明清史料》，戌編第二本，頁166，嘉慶十二年四月，據禮部議
奏。

⑥　《軍機處檔·月摺包》（臺北，國立故宮博物院），第2747箱，
33包，59336號。道光八年二月初九日，閩浙總督孫爾準等奏摺錄
副。

⑦　《明清史料》，戌編第二本，頁172。道光八年三月二十日，禮部
為內閣抄出閩浙總督孫爾準等奏移會。

⑧　《宮中檔》，第2714箱，67包，11315號。咸豐九年十月二十七
日，閩浙總督慶端奏摺。

⑨　《宮中檔》，第2719箱，29包，4800號。道光二十一年十二月十
八日，閩浙總督顏伯燾等奏摺。

⑩　《月摺檔》（臺北，國立故宮博物院），光緒四年十月十七日，閩
浙總督何璟等奏摺抄件。

⑪　《明清史料》，戌編第二本，頁124。乾隆三十七年十月初五日，
吏部題本。

⑫　《上諭檔》，長本（臺灣，國立故宮博物院），同治五年五月十一
日，內閣奉上諭。

⑬　《月摺檔》，同治五年十二月初九日，閩浙總督左宗棠奏摺抄件。

⑭　《月摺檔》，光緒三年三月二十五日，福建巡撫丁日昌奏摺抄件。

⑮　《軍機處檔·月摺包》（臺北，國立故宮博物院），第2740箱，
36包，5166號。乾隆十五年正月十九日，福建巡撫潘思榘奏摺錄
副。

⑯　《宮中檔》，第 2724 箱，88 包，16322 號。嘉慶十九年八月十九
　　日，閩浙總督汪志伊等奏摺。

⑰　《軍機處檔・月摺包》，第 2751 箱，12 包，49433 號。乾隆二十
　　一年九月十二日，閩浙總督汪志伊奏摺錄副。

⑱　《光緒朝硃批奏摺》（北京，中華書局，1996 年 12 月），第 105
　　輯，頁 342。

⑲　《重修臺灣省通志》（南投，臺灣省文獻委員會，民國八十三年六
　　月），卷六，頁 198。

⑳　《光緒朝硃批奏摺》，第 105 輯，頁 384。光緒十八年十二月，邵
　　友濂奏片。

㉑　《月摺檔》，光緒三年二月初五日，福建巡撫丁日昌奏片。

㉒　《月摺檔》，光緒十二年正月十六日，曾紀澤奏片。

㉓　《月摺檔》，同治十三年十二月十一日，沈葆楨奏摺。

㉔　《月摺檔》，光緒元年六月十三日，閩浙總督李鶴年奏摺。

㉕　《月摺檔》，光緒三年三月二十五日，福建巡撫丁日昌奏摺。

㉖　《月摺檔》，光緒三年七月二十八日，吳贊誠奏摺。

㉗　《月摺檔》，光緒三年三月二十五日，福建巡撫丁日昌奏摺。

㉘　《月摺檔》，光緒三年三月二十五日，福建巡撫丁日昌奏片。

㉙　《月摺檔》，光緒四年十月十七日，閩浙總督何璟等奏摺。

㉚　《月摺檔》，光緒十五年三月初五日，福建巡撫劉銘傳奏摺。

㉛　《月摺檔》，同治五年四月二十八日，丁曰健奏片。

從現藏檔案資料看清代台灣的文教措施

吏部執照《重修臺灣省通志》
卷六，頁一八八。

學政衙門貢單《重修臺灣省通志》
卷六，頁一八七。

# 從檔案資料看清代台灣的
# 客家移民與客家義民

## 一、前言

　　移墾社會或移民社會的形成及其發展，與人口流動有著密切的關係。清代人口的流動現象，最明顯的特徵，是屬於離心流動，主要是人口因壓力差而產生流動的規律，已開發人口密集地區，形成了人口高壓地區，開發中地曠人稀地區，則為人口低壓，於是過剩人口即大量從高壓地區快速流向低壓地區。臺灣與閩粵內地，一衣帶水，土曠人稀，是開發中的海疆地區，可以容納內地的過剩人口。明末清初以來，閩粵內地民人渡臺謀生者，接踵而至，生聚日眾。由於地緣意識的作用，閩粵流寓人口逐漸形成了地緣村落，使臺灣形成了特殊的人文景觀，在社會經濟方面的發展，逐漸形成臺灣地區獨有的特點。其中臺灣客家移民與客家庄的形成，義民社區與義民社會意識的作用，客家移民與客家義民在臺灣發展史上所扮演的角色，都是引人矚目的課題。現藏清代檔案，舉凡《宮中檔》硃批奏摺，《軍機處檔》月摺包、上諭檔、《內閣部院檔》外紀簿、《明清史料》奏摺移會及《淡新檔案》戶籍資料等等，都含有部分臺灣客家移民與客家義民的檔案資料，可以反映清朝君臣對臺灣客家移民與客家義民的認識及其態度，對臺灣客家族群的研究，提供了珍貴的原始資料。

## 二、臺灣客家庄的形成及其分佈

　　有清一代，臺灣移民社會的形成及族群的分佈，都與臺灣的地理特徵，有著密切的關係。福建巡撫丁日昌曾經把臺灣本島比喻爲一條魚，他說：「臺灣地勢，其形如魚，首尾薄削，而中權豐隆，前山猶魚之腹，膏腴較多，後山則魚之脊也。」①臺灣位於中國大陸東南方，孤懸於外海，與閩粵內地一衣帶水。臺灣中央山脈縱貫南北，將全島劃分爲東西兩部分，形成不對稱的條狀層次結構，形狀如魚，首尾薄削，西部爲前山，面向閩粵內地，很像魚腹，膏腴肥沃；東部爲後山，爲山脈所阻隔，好像魚脊。福建總督高其倬具摺時指出，「臺灣地勢，背靠層山，面向大海。其山外平地，皆係庄民及熟番居住，各種生番，皆居深山之中，不出山外。」②因地理位置的便利，早期渡海來臺的內地漢人，主要是從福建泉州府屬廈門出海，對渡臺灣南部鹿耳門。其拓墾方向，先由府城、臺灣縣向北、向南拓墾，在康熙、雍正年間，鳳山、諸羅等地都成了拓墾重心。乾隆初年以後，彰化平原開始成了拓墾重心，鹿仔港正式設立口岸，對渡福建蚶江。乾隆末年，淡水八里坌海口開港，對渡福州府屬五虎門南臺，嘉慶、道光年間以後，臺灣北部淡水廳、噶瑪蘭也成了拓墾重心。鹿耳門、鹿仔港、八里坌海口等港口，都在西部海岸，對臺灣西部前山的開發，產生了重要的作用。這種現象，最顯著的變化，就是族群結構的多元化。福建巡撫勒方錡具摺時曾經指出臺灣族群的分佈，節錄一段內容如下：

　　　　查臺地人民，約分五類：西面瀕海者，閩漳、泉人爲多，
　　　　興化次之，福州較少；近山者則粵東惠、潮、嘉各處之
　　　　人，號爲客民；其一則爲熟番；又其一則新撫之番，名之

曰化番，即後山各社稍近平坦處也；至於前山後山之中脊
深林邃谷，峭壁重巒，野聚而獸處者是爲生番。此五類之
人，除生番外，其四類多有從西教者，異時爲患，何可殫
言，而就目前論之，惟生番未馴教化，其熟番、化番各
社，親習漸久，尚能就我範圍，誠撫馭有方，大可助後山
防務③。

　　按照福建巡撫勒方錡的分類，臺灣族群的分佈，一方面有其
生態環境特徵，一方面也與各族群的強弱有關。原住民屬於弱勢
族群，因其生態環境及文化背景的認知差異，被區分爲內山生界
未歸化的生番，生界已歸化的化番，以及平埔熟番。至於來自閩
粵地區的流寓人口，多分佈於前山地區，採取祖籍居地的地緣關
係，依附於相同祖籍的同鄉村落，而形成了泉州庄、漳州庄、廣
東客家庄等族群聚落。其中廣東客家庄屬於移民社會的弱勢族
群，一方面是先來後到的問題，一方面也是因爲臺灣府在行政區
劃上隸屬於福建省，廣東移民渡臺限制較嚴。雍正年間，福建總
督高其倬具摺奏稱，「臺灣府所屬四縣之中，臺灣一縣，皆係老
本住臺之人，原有妻眷，其諸羅、鳳山、彰化三縣之人，閩粵參
半，亦不盡開田耕食之人，貿易者有之，雇工者有之，飄蕩寄住
全無行業者有之。」④閩粵內地民人來臺後，或開墾田地，或從
事貿易，或充雇工，但所謂「閩粵參半」云云，是有待商榷的。
廣東客家庄的戶數、人口數都少於閩籍。

　　從現存檔案資料大致可以窺知廣東客家庄的分佈情形，例如
鳳山縣迤南一帶的萬蠻庄是嘉應州移民聚居的村庄，四塊厝庄是
潮州移民聚居的村庄，而與萬蠻庄、四塊厝庄毗連的佳左庄則爲
漳、泉、粵三籍移民錯處的村庄⑤。松江提督藍元枚具摺時指
出，「臺灣語音與廣東之潮州相同。」⑥鳳山縣所屬山豬毛，在

東港上游。巡視臺灣御史覺羅圖思義等巡視臺灣南路時指出，山豬毛等處沿山居民約計二百餘庄，俱與傀儡山生界原住民逼近，設有隘寮六座⑦。其中港東、港西等里客家庄約一百餘庄，主要為廣東客家移民所建立的村落。《鳳山縣采訪册》按語中稱，「義民，率粵之鎮平、平遠、嘉應州、大埔等州縣人，渡臺後寓縣下淡水港東、港西二里，列屋聚廬，別成村落。」⑧《問俗錄》記載，「鳳山淡南粵人衆，閩人寡，餘皆閩人衆，粵人寡。」⑨廣東客家庄的村落分佈，主要是大分散小聚居。

彰化平原的大規模移墾，主要是始自康熙中葉以後，閩籍移民林姓、張姓等由鹿仔港北上開墾，粵籍客家移民邱姓等則率衆開墾九張犁、日南、鐵砧山腳、大安等荒埔。雍正年間，廣東客家移民開拓柳樹湳，其後因閩粵分類械鬥，客家移民聲勢較弱，於是遷入東勢。內地漢人初至岸里社時，曾以割地換水方式，與原住民訂立墾約，前後有客家移民張姓、李姓等率領族人鄉親大事墾拓⑩。乾隆年間，客家移民在岸里社北庄等地形成以廣東嘉應州移民為主的地緣村落，後來因為閩粵分類械鬥頻仍，粵籍客家移民多遷居銅鑼、大湖等地，而在銅鑼、大湖等地形成了客家庄的地緣村落⑪。乾隆末年、嘉慶初年，彰化北庄神岡及牛罵頭等地的客家移民，因勢力單薄，而遷居南坑庄、葫蘆墩等地，隨後又遷居東勢及貓裡等地⑫，遂形成客家庄的地緣村落。

現存《淡新檔案》，原稱《臺灣文書》，是清代同光年間臺灣淡水廳與新竹縣的官方檔案。其中含有同治十三年（1874）分淡水廳境內閩粵各庄人丁戶口清册，有助於了解閩籍和粵籍移民各庄地緣村落的分佈及其人口數。為了便於說明，可根據原清册將各庄的名稱、座落地點及人口數列出簡表如下。

同治十三年分淡水廳閩粵各庄分佈簡表

| 座落 | 閩籍村莊 | 粵籍村莊 | 錯處村莊 | 莊數 | 合計 閩籍 | 計 粵籍 | 備註 |
|---|---|---|---|---|---|---|---|
| 竹塹城 | 東門、西門、南門、北門。 | | | 4 | 657戶 2523人 | | |
| 東廂 | 東勢、下東店、大陂坪、牛路頭、麻園堵、二十張犁、沙崙、六張犁、鹿場、番仔寮、隘口、五塊厝、頂下嵌、五股林、石壁潭、山豬湖、猴洞、橫山。 | 柴梳山、九芎林、鹿寮坑、十股林。 | 埔仔頂、白沙墩、八張犁。 | 25 | 514戶 2365人 | 137戶 577人 | |
| 西廂 | 隙仔、南勢、山埔、茇仔林、虎仔山、浸水、三塊厝、羊寮、香山、洪水港。 | | | 10 | 286戶 1018人 | | |
| 南廂 | 巡首埔、溪仔底。 | | | 2 | 95戶 309人 | | |
| 北廂 | 水田、湳仔、金門厝、舊社、麻園、頂溪洲、新庄仔、白地粉、溪心壩、崁頂、鳳鼻尾、紅毛港、蠔殼港、笨仔港、鳳山崎。 | 大溪墘、芝葩里。 | | 17 | 327戶 1314人 | 55戶 182人 | |
| 東北廂 | 新社、豆仔埔、大茅埔、烏樹林、婆老粉、楊梅壢。 | 枋寮、新埔、五份埔、六股、石崗仔、鹽菜硼、三洽水、大湖口、崩坡、頭重溪。 | | 16 | 146戶 584人 | 223戶 1046人 | |

| | | | | 10 | 255 戶<br>1014 人 | | |
|---|---|---|---|---|---|---|---|
| 西北廂 | 崙仔、沙崙仔、樹林頭、苦苓腳、檳榔、油車港、船頭、南北汕、下溪洲、魚寮。 | | | 10 | 255 戶<br>1014 人 | | |
| 中港保 | 山寮、後厝、中港街、湖底、海口、上下山腳、崁頂、塗牛口、二十份、隆恩、蘆竹南、茄苳。 | 斗換坪、三灣。 | | 14 | 337 戶<br>1252 人 | 75 戶<br>278 人 | |
| 後壠保 | 山仔頂、後壠街、海豐、芒花埔、高埔、南勢、打哪叭。 | 嘉志閣、貓裡、蛤仔市、芎蕉灣、銅鑼灣。 | | 12 | 237 戶<br>874 人 | 206 戶<br>803 人 | |
| 苑裡保 | 北勢窩、竹仔林、塗城、樹苓、房裡。 | 吞霄、苑裡、日北。 | | 8 | 153 戶<br>550 人 | 101 戶<br>334 人 | |
| 大甲保 | 大甲、馬鳴埔、中和、牛稠坑、月眉、營盤口、大安街、海墘厝、田心仔、蘊寮、水汴頭、番仔寮。 | | | 12 | 351 戶<br>1321 人 | | |
| 桃澗保 | 中壢、赤崁、桃仔園、大湳、新興。 | 龜崙口、安平鎮、員樹林仔。 | | 8 | 175 戶<br>706 人 | 86 戶<br>362 人 | |
| 海山保 | 風櫃店、潭底、樟樹窟、尖山、大姑崁、三角湧、橫溪、彭厝。 | 柑園。 | | 9 | 272 戶<br>1121 人 | 31 戶<br>159 人 | |
| 擺接保 | 枋寮、員仙仔、火燒庄、柏仔林。 | 冷水坑。 | | 5 | 163 戶<br>552 人 | 42 戶<br>166 人 | |
| 大加蚋保 | 艋舺、三板橋、林口、錫口街、搭搭攸、奎府聚、大隆同。 | | | 7 | 319 戶<br>1092 人 | | |

| | | | | | | |
|---|---|---|---|---|---|---|
| 拳山保 | 秀朗社、木柵、萬順寮、楓林。 | 大坪林、頭重溪。 | | 6 | 131 戶<br>409 人 | 59 戶<br>216 人 |
| 石碇保 | 水返腳、康詰坑、五堵、暖暖、四腳亭、遠望坑。 | | | 6 | 169 戶<br>534 人 | |
| 興直保 | 陂角店、中塭、和尚州、武勝灣、三重埔、關渡、八里坌、島嶼寮、長道坑。 | | | 9 | 285 戶<br>1019 人 | |
| 芝蘭保 | 劍潭、魚溝、芝蘭、大屯社、石門汛、金包裡、野柳、雞籠街、三貂、燦光寮、丹裡、獅球嶺。 | 毛少翁社、淇里岸、北投、嗄嘮別。 | 雞北屯社、長潭堵。 | 18 | 412 戶<br>1555 人 | 140 戶<br>576 人 |
| 總該 | 152 | 37 | 5 | 194 | 5284 戶<br>20112 | 1155 戶<br>4699 人 |

資料來源：《淡新檔案》（臺北：國立臺灣大學，1995）（三），頁328-350。

　　由前列簡表可知《淡新檔案》戶籍清冊是按閩籍、粵籍村庄統計戶數和人數的。在淡水廳境內的閩、粵籍村庄，包括：竹塹城內四門，城外東廂、西廂、南廂、北廂、北東廂、西北廂、中港保、後壠保、苑裡保、大甲保、桃澗保、海山保、擺接保、大加蚋保、拳山保、石碇保、興直保、芝蘭保，所屬各庄共計一百九十四庄，其中閩籍村庄分佈各廂保境內，計一百五十二庄，約佔閩粵總庄數的78%。粵籍客家村庄則分佈於東廂的柴梳山、九芎林、鹿寮坑、十股林；北廂的大溪墘、芝葩里；東北廂的枋寮、新埔、五份埔、六股、石崗仔、鹽菜硼、三洽水、大湖口、崩坡、頭重溪；中港保的斗換坪、三灣；後壠保的嘉志閣、貓裡、蛤仔市、芎茶灣、銅鑼灣；苑裡保的吞霄、苑裡、日北；桃澗保的龜崙口、安平鎮、員樹林仔；海山保的柑園；擺接保的洽

水坑；拳山保的大坪林、頭重溪；芝蘭保的毛少翁社、淇里岸、北投、嗄嘮別，合計三十七庄，約佔閩粵總庄數的 19%。粵籍和閩籍錯處雜居的村庄是東廂的埔仔頂、白沙墩、八張犁；芝蘭保的雞北屯社、長潭堵，計五庄，約佔閩粵總庄數的 3%。原清册記載淡水廳各廂保閩粵籍村庄共 6,439 戶，計 24,811 人。其中閩籍戶數共 5,284 戶，約佔 82%；粵籍戶數共 1,155 戶，約佔 18%。閩籍人口數共 20,112 人，約佔 81%；粵籍人口數共 4,699 人，約佔 19%，無論戶數或人口數，粵籍客家庄都居於弱勢。《淡新檔案》現存清册對同治末年淡水廳境內廣東客家庄的村落分佈，確實提供了重要的研究資料。對照國立故宮博物院現存檔案資料，大致有助於了解客家移民地緣村落形成的過程。例如淡水廳境內的三灣，原來是屬於土牛界外的荒埔，距內山隘口隔溪的頭道溪，兩山夾峙，是生界原住民出入路口，附近還有大北埔等地方，主要為客家移民拓墾的荒埔。嘉慶年間，客家移民黃祈英來臺後，溯中港溪至斗換坪，與原住民以物易物。生界原住民以內山鹿皮、藤、木耳、通草等物向黃祈英等漢人交換鹽、茶、煙、布等日用品⑬，漸得原住民的信任。黃祈英後來改名黃斗乃，他藉著原住民的保護，於是越過土牛界限，進入番界開墾荒埔。後來又邀同鄉林大蠻、張振發、黃武二、鄒阿土、徐阿來、溫阿馨、徐潑賴、林阿成、黃阿錢、傅阿相等人入山搭寮，開墾三灣、南庄荒埔。黃斗乃等人通曉原住民賽夏等族語，娶原住民少女，他們婚後蓄髮改裝，與原住民共同生活，其中溫阿馨等人曾經住在木豂泥社裡，這些漢人雖然被稱為「番割」，但他們對原住民卻較富於包容性，他們在原住民與漢人或地方官之間，扮演了重要的角色，番漢牽手，情感深厚。道光年間，地方官曾經倣照嘉義阿里等社的先例，遴選通曉原住民語言的漢人充當正副土

目，定期在三灣隘口貿易。閩浙總督孫爾準具摺奏聞指出，三灣頭道溪近山居民生齒日繁，業經出資開墾成熟，飭令地方官設立屯弁屯丁防守，所有墾埔，勘丈明白酌科租穀，以撥充屯丁口糧，三灣遂形成粵籍客家移民聚居的地緣村落。

　　清朝政府領有臺灣後，將臺灣府隸屬於福建，使廣東籍民人來臺，及進學名額受到限制。清代臺灣的文教措施及考試制的沿革，與臺灣的社會發展及行政區域的調整，關係密切。清朝政府將臺灣納入版圖後，仍保存臺灣的郡縣制度，設立臺灣府，隸屬於福建省，開科取士，實施和內地一致的行政制度。明清時期的科舉考試，主要是童試、鄉試、會試、殿試等等。童試分為三級：縣官考的叫做縣試，知府考的叫做府試，將縣府考過的童生造冊由學政考試，叫做院試。院試取中後入府學、縣學肄業，稱為進學，進了學的童生，成為生員，有增生、附生、廩生等名目，統稱諸生，就是秀才，社會上習稱相公。生員經過歲科預備考試後，始准參加三年一科的鄉試，鄉試中式者，稱為舉人，社會上習稱老爺。舉人入京參加會試，中式後稱為貢生。貢士參加皇帝主考的殿試，中式者分為一二三甲，一甲三人，第一名為狀元，第二名為榜眼，第三名為探花。二甲、三甲分別賜進士、同進士出身。從清代傳統科舉考試，可以看到客家人在臺灣歷史舞臺上所扮演的角色。

　　早期移墾臺灣的廣東客家族群，都十分重視子弟教育，鼓勵子弟參加科舉考試。按照《學政全書》的規定，凡入籍二十年以上，其祖先墳墓田宅，確存印冊可據者，方准考試。臺灣為新闢邊疆，多冒籍考試之人。雍正五年（1727）七月，福建總督高其倬具摺指出，「查臺灣府縣各學所有生童學科二試，歷來俱係臺灣道考試，往日因臺地新闢，讀書者少，多係泉漳之人應試，進

學之後，仍歸本處居住，應試之時，渡海而往，試畢復回。」因日久弊生，所以高其倬具奏，「請嗣後歲科兩試，應令道府各縣查明現住臺地有田有屋入籍旣定之人，方准與考，即就此內取進，其泉漳各處寄籍之人，一概不許冒濫」⑭。同年八月，經禮部議覆，以臺地昇平日久，文風漸盛，應如所請，嗣後歲、科二試，飭令各地方官查明現住臺地之人有田有屋入籍旣定者取具里鄰結狀，方准應考。雍正六年（1728），巡視臺灣兼理學政監察御史夏之芳爲防止內地冒籍應考，同時鼓勵邊遠地區的士子，具摺奏請於鄉試年分，在福建內地八府之外，另立「臺」字號，酌量於正額數內分中一、二名⑮。入籍應考，另立字號，對閩籍士子，確實產生鼓舞作用。但高其倬、夏之芳原奏內並未聲明閩粵一體字樣，遂以閩籍爲「臺」字號，廣東移民爲客籍，客籍士子遂未得以「臺」字號一體與考。

　　乾隆五年（1740）二月二十九日，巡視臺灣御史楊二酉條奏，請准粵籍移民在臺考試，奏請敕諭福建省督撫飭令臺灣府縣詳查粵民現居臺灣有田產家室編入戶口册籍者，准其另編字號，即附各縣廳應考，送學政彙試，取進數名，附入臺灣府學管轄。臺灣府學廩增額數，或照內地府學之例，各加二十名，或照州學之例，各加十名。原奏經禮部議覆，禮部以粵民入籍臺郡，應先將現在居住臺郡例合考試者，確查人數多寡，據實題明。閩浙總督德沛奉到部文後，即飭令臺灣府移會臺灣道查報。攝理臺灣府事臺灣道副使劉良璧詳稱，粵民流寓在臺年久入籍者，臺灣四縣，均有戶册可稽，其父兄雖祇事耕耘，而子弟多有志誦讀，其俊秀子弟堪以應試者頗多。但溯其本源，究屬隔省流寓，以致遭到閩籍臺童攻揭。據四縣册報考驗過實在粵童，堪以應試者，通共七百十一名。其中臺灣縣考送粵童，計一百一十七名；鳳山縣

考送粵童,計四百四十四名;諸羅縣考送粵童,計五十三名;彰化縣考送粵童,計九十八名。閩浙總督德沛據報後即於乾隆六年(1741)疏請粵童另編「新」字號應試,四縣通校,共取進八名。其鄉試暫附閩省生員內一體鄉試,俟數科後滿百名,始另編字號,取中一名,經禮部議准⑯。

乾隆三十二年(1767)十二月,臺灣府舉行科舉考試,廣東客家生童劉麟遊、馮徽烈、伍逢捷、吳明、黃駟、梁謨、賴濟、謝榮等人前往臺灣道考棚應試,均因成績優異取進生員,撥入府學。他們的父祖來臺時間都相當早,其中劉麟遊的原籍是嘉應州鎮平縣。其祖父劉爾爵於康熙年間就來臺灣,住在鳳山縣埤子嶺莊,租地墾田。黃駟的祖父黃應岐也在康熙年間來臺,住居彰化縣地方,墾耕田業。吳明的祖父吳從周、父親吳啓漢於康熙年間渡臺來彰化縣墾耕官莊田五甲,年輸糧銀六兩。乾隆十二年(1747),黃駟隨父黃元坐來臺。乾隆二十七年(1762),劉麟遊隨同叔父劉俊登等向鎮平縣衙門領照來臺。乾隆三十三年(1768)八月,馮徽烈領照前往福建省城參加秋闈鄉試,順便返回廣東原籍。劉麟遊等人取進生員後被官府指為冒籍應試,經官府提訊,錄有供詞。據劉麟遊供稱:

> 生員今年三十五歲,原籍嘉應州鎮平鎮人。康熙四十六年,祖父爾爵,號訓伯,就過臺灣,住在鳳山縣埤仔嶺莊,向施姓業戶墾田七甲零。乾隆十六年間,施姓把業賣與陳思敬了,有業戶歷年給過租單,及管事柯廷第可查問的。雍正年間,父親俊升也來臺幫耕。乾隆元年,祖父因年老回籍,到七年死了。父親是二十九年正月內死在臺灣。三十五年三月內,是弟郎日輝即監生鳳鳴在鳳山縣請領往回印照,搬運骸骨回籍,冬間來臺,上年六月死在鳳

山，現葬埤仔莊的。生員母親陳氏，娶妻曾氏，生一個兒
子，名叫文堂，都在內地。生員是二十七年三月同叔父俊
登、弟郎日輝在鎮平縣領照過臺，照內名字日煌，這劉麟
遊名字，是考時取的。生員雖是二十七年來臺，家眷現在
內地，與例稍有不符。但祖父置有產業，已經年久，並不
是偷渡冒籍，是以保生劉朝東纔肯保結的。總是粵人在臺
應試，原是客籍，但要有產業，就算有根底入籍的了，大
家都許考試，從不攻擊，所以里管族鄰都肯出結，就是地
方官也無從查察的。這劉朝東是生員同族，沒有送過他分
文謝禮，實在並無賄囑⑰。

　　前引供詞中已指出，粵人在臺灣應試，原是客籍，但只要有
產業，就算有根底入籍的，經保生或里管族鄰保結後，即可應
試。替劉麟遊保結的保生劉朝東也是嘉應州鎮平縣人，劉麟遊等
人曾向鎮平縣知縣衙門領照過臺，並非偷渡冒籍。生員吳明的祖
父吳從周、父親吳啓漢從康熙年間來臺後，已經入籍臺地。吳明
自己也是在臺灣生長，墳墓家族產業，都在臺灣，並非冒籍應
試。

　　道光八年（1828），閩浙總督孫爾準、福建巡撫韓克均以臺
灣府人文日盛，奏請加設粵籍舉額，並增加廳縣學額，以廣文
教。原奏指出，臺灣府粵籍土生計一百二十三名，已遠遠超過百
名之數，與乾隆六年（1741）部議粵籍生員人數滿百即請取中舉
人一名的規定相符，孫爾準、韓克均奏請加設粵籍舉額是遵奉原
議辦理。經禮部議准於臺灣閩籍中額三名之外，另編「田」字
號，加設粵籍中額一名，使閩籍和粵籍，各有定額⑱。除了文闈
鄉試外，還有武闈鄉試。臺灣武生參加武闈鄉試，原歸通省內地
士子一併考校取中，未經另編字號，咸豐年間，為了避免與內地

武生互相混淆，閩浙總督慶端奏請將臺灣閩籍武生仿照文闈之例，另編「至」字號，以憑稽查，至於粵籍武生則仍照舊章歸於廣東通省內地各武生一體考取⑲。

　　光緒十一年（1885）九月初五日，臺灣奉旨建省，以劉銘傳補授首任福建臺灣巡撫，兼管學政。劉銘傳依照臺灣行政區劃的調整，分別議定新設府縣文武學額。劉銘傳奏摺附呈《臺灣省各府縣學添設增改文武生童及廩增名額出貢年限清單》，清單中詳列臺灣各府縣學文武生童等名額，可據清單列出簡表如下：

福建臺灣省各府縣學文武生童廩增名額簡表

| 府縣學 | | 臺灣府學 | 臺灣縣學 | 彰化縣學 | 雲林縣學 | 苗栗縣學 | 臺南府學 | 安平縣學 | 鳳山縣學 | 嘉義縣學 | 臺北府學 | 淡水縣學 | 新竹縣學 | 宜蘭縣學 | 總名額 |
|---|---|---|---|---|---|---|---|---|---|---|---|---|---|---|---|
| 文童進額 | 閩籍 | 20 | 15 | 15 | 12 | 4 | 15 | 17 | 17 | 17 | 13 | 6 | 6 | 6 | 163 |
| | 粵籍 | 9 | | | | | 6 | | | | 6 | | | | 21 |
| 武童進額 | 閩籍 | 12 | 10 | 9 | 4 | 2 | 16 | 14 | 14 | 14 | 7 | 4 | 4 | 4 | 114 |
| | 粵籍 | 4 | | | | | 2 | | | | 3 | | | | 9 |
| 廩生名額 | 閩籍 | 30 | 15 | 15 | 10 | 5 | 30 | 15 | 15 | 15 | 20 | 15 | 10 | 10 | 205 |
| | 粵籍 | 4 | | | | | 4 | | | | 4 | | | | 12 |
| 增生名額 | 閩籍 | 30 | 15 | 15 | 10 | 5 | 30 | 15 | 15 | 15 | 20 | 15 | 10 | 10 | 205 |
| | 粵籍 | 4 | | | | | 4 | | | | 4 | | | | 12 |

資料來源：《月摺檔》（臺北：國立故宮博物院），光緒十六年三月十七日，學額清單。

　　前列簡表未含加廣名額。表中所列臺灣建省後三府十縣文童進額，閩籍計一百六十三名，粵籍計二十一名，合計共一百八十四名，閩籍約佔文童總進額 89%，粵籍約佔 11%。武童進額，閩籍計一百一十四名，粵籍計九名，合計共一百二十三名，閩籍約佔總進額 93%，粵籍約佔 7%。廩生、增生名額，閩籍各二百零五名，粵籍各十二名，合計各二百一十七名，閩籍約各佔 94%，粵籍約各佔 6%。不論文童武童進額或廩生、增生名額，

粵籍名額所佔比值都很低，相差懸殊。

## 三、客家義民社區的形成與社會意識的作用

義民一詞，含有相當社會正義行爲的正面意義，義民組織就是維護社會正義的一種反破壞力量。在一個社會裡，凡是遵守法律、道德、倫理等生活規範，就被認爲是一個社會成員應有的義務，因此，幫助政府以殲平叛亂勢力者，一般就被稱爲義民。福建巡撫張兆棟等人具摺時已指出，「臺灣民氣，素稱強固，大義深明，每值地方有事，均能共結鄉團，助順效力，以輔官兵之不逮。」⑳清代官方文書中所稱義民，主要是指急公嚮義的民人，深明大義的民人，就是義民。義民組織雖然不是臺灣社會特有的歷史現象，但是臺灣義民的活躍，義民組織抑制民變的顯著作用，長期以來，已經引起學界的重視。

充當義民必須具備基本條件，並經過官方的認可。乾隆年間，林爽文起事以後，軍機大臣等審訊案犯廖東時，廖東對充當義民的規定，作了如下的供述：

> 那當義民的人，是要到府裡報名，領得腰牌，才能做得。我何嘗不想做義民，幫助拿賊，因我住的饅頭庄地方，離府城有五、六十里，沿路賊匪眾多，不敢前往府城報名。我又是本縣衙役，賊人見了官人，就要殺害，所以害怕，總沒敢上府城。不料今年正月十八日，因柴總兵在番社地方經過，我前往迎接，就有義民王守、吳天保、王仕金門，原是天地會內人，因上年我曾經奉命要拿過他們，不料他們做了義民，就賴說我是賊黨，不由分辨，解到柴總兵營裡，轉解府監㉑。

廖東供詞中指出想要充當義民的人，須要到臺灣府城裡報

名，領取腰牌，具有官府登記有名的良民，才算是正式的義民。
王守等人原先是天地會陣營的人，他們投出後，都領取腰牌，充
當了義民。閩浙總督常青奉命渡臺進剿林爽文後，臺灣良民惟恐
將來因亂民貽累，於是自呈實係良民，請求賞給腰牌，以爲識
別，常青都發給腰牌，令其回庄安業㉒。由此可知，充當義民，
除了向府城報名，領取腰牌外，也可以前往軍中營盤具呈請領腰
牌。充當義民也須要具備基本條件，軍機大臣等審問案犯胡番
時，曾詰問胡番，「你既當諸羅縣貼寫，既是在官人役，如何不
做義民，幫同官兵打仗反被義民盤詰？」胡番供稱，「投充義
民，幫同打仗，須得強壯，有些力氣，才能報名充當。我是個做
貼寫的，平時並不知賊打仗的事，我當了書辦，是以未曾充做義
民。」㉓投充義民，幫同官兵打仗，須要身強力壯，才具備資
格。在難民內勇壯的人，也有被官府挑充義民的，由官府給予口
糧，交給義民首管束。

　　義民社區的形成以及義民社區意識的濃厚，也是臺灣社會的
重要特徵。清初以來，閩粵聚族而居的宗族社會，由於人口流動
的頻繁，移墾社會的開發，其宗族組織，多已從血緣紐帶衍化成
以地緣爲紐帶，形成依附式的地域化社會共同體，繼續向前發
展，衍化成以經濟利益爲紐帶，於是形成各種複雜的地域化社會
共同體。在臺灣早期移墾社會裡，除祭祀圈外，異姓結拜組織、
會黨組織和義民組織，也都是受到學術界重視的臺灣地域化社會
共同體。異姓結拜在社會上是屬於一種金蘭結義活動，從閩粵內
地渡海來臺的移民，他們離鄉背井，基於出外人患難相助的需
要，多模擬血緣制的兄弟平行關係，義結金蘭，彼此以兄弟相
稱，形同手足，各異姓結拜組織，都是泛家族主義普及化的一種
虛擬宗族，臺灣盛行的天地會等秘密組織，就是由異姓結拜團體

發展而來的地域化社會共同體，而義民組織則屬於保境安民的一
種鄉團組織，是相應於異姓結拜組織和會黨組織而產生的地域化
社會共同體。在地緣村落中，爲維護共同的利益，發揮守望相助
的精神，逐漸產生了社區意識。

　　從朱一貴民變事件，可以反映民間異姓結拜組織和義民組織
的互動關係。朱一貴是福建漳州府長泰縣人，他渡海來臺後，寄
居羅漢內門。康熙五十三年（1714），朱一貴在臺灣道衙門充當
夜不收，告退以後，在大目丁地方向民人鄭九賽租種田地度日。
康熙五十九年（1720），臺灣府知府王珍攝理鳳山縣知縣事務，
令其次子徵糧，每石要折銀七兩二錢。民間耕牛每隻給銀三錢打
印子後方許使用。米隆砍藤人俱勒派抽分。百生因海水倒灌，謝
神唱戲。王珍次子指百姓無故拜把，於是拏人監禁，又逮捕砍竹
二、三百名。由於官府苛捐雜稅，騷擾百姓，而激起當地異姓結
拜集團的不滿。朱一貴是漳州移民異姓結拜集團的成員，康熙六
十年（1721）四月十九日夜間，朱一貴以誅殺貪官污吏爲名，正
式聚衆起事。是日，朱一貴帶領李勇等一共 52 人在黃殿庄焚表
拜把，各自分頭招人入夥。同年五月初一日，朱一貴等攻陷府
城。由於粵籍客家庄的義民組織與漳州籍朱一貴爲首拜把結盟的
異姓結拜集團，勢不兩立。閩浙總督覺羅滿保具摺時已指出，南
淡水義民分爲十三大庄，六十四小庄，共一萬二千餘名，分設七
營，排列淡水河岸，又以八庄倉穀，遣劉懷道等帶領鄉壯社番固
守，義民首俱給以委牌，並製懷忠里匾額，以旌其里民，又在懷
忠里適中地點建蓋忠義亭一所。由於客家庄義民社區意識的強
烈，使朱一貴不能越雷池一步，而且也使朱一貴同時面對官兵與
義民而陷入兩面作戰。清軍參將林政已指出朱一貴夥黨與耕種粵
民搆難，於六月十九日在濫濫庄地方被粵民殺敗，迨官軍繼至，

乘勢追捕，擒殺頭目鄭廷瑞等人㉔。客家庄義民爲了守望相助，保境安民，奮勇堵禦朱一貴。由於義民與官兵形成聯合陣線，而成爲朱一貴敗亡的致命打擊。閩浙總督覺羅滿保具摺時也肯定了義民的正面社會功能㉕。康熙末年，南淡水懷忠里客家庄大小七十七庄，義民一萬二千餘名，形成了客家義民社區。在懷忠里適中地方西勢庄所建蓋的忠義亭，就成爲義民社區凝聚共識的信仰中心，爲了守望相助，凝聚共識，每當懷忠里有公事時，也以忠義亭爲里民會議之所。懷忠里形成了典型的客家義民社區，由於義民社區自保意識的強烈，而產生強烈的排他性。朱一貴爲首的異姓結拜集團遭受各社區義民的強烈反制，而加速其敗亡。

雍正十年（1732），鳳山縣吳福生所領導的起事案件，在性質上也是屬於民間金蘭結義的異姓結拜組織。吳福生原籍福建漳州府平和縣人，在臺灣生長。吳福生被捕後供認，「小的向因流蕩，與吳愼、林好、許籌們往來。今年正月間，林好來小的家裡，小的一時起意對林好說，如今北路番子做歹，府城官兵虛少，乘此時候，我們亦去做歹吧！那林好們依允，就去會楊秦，約定二月十八日同到小的家結拜兄弟，推小的做大哥，林好二哥，吳愼三哥，楊秦四哥，許籌五哥，又推小的做元帥。」㉖吳福生起事，燒搶營汛，是以結拜兄弟的儀式聚衆謀反的，吳福生被推爲大哥，其餘依齒序列。林好是二哥，他供出義結金蘭時，是到吳福生家刺血拜盟的，三哥吳愼供出在吳福生家吃酒結盟。民間舉行異姓結拜時，在神前歃血瀝酒，跪拜天地盟誓的傳統，主要作用是化異姓爲同姓，他們利用泛家族主義的精神，使許多本來沒有血緣聯繫的異姓人利用血緣紐帶的外觀作整合手段，經過結拜儀式，宰雞取血，用針刺指，滴血入酒同飲，結爲兄弟，這種虛擬宗族倫常的異姓兄弟，主要是藉盟誓凝聚力量，強化橫

向關係的維繫。在吳福生陣營裡，還有朱一貴起事案內的逸犯。吳福生起事後，沿途招人入夥，焚搶庄社，外委千總徐學聖、外委把總鄭光弘等先後陣亡。當官兵在牛相觸地方駐守時，有懷忠里義民千餘人執「大清」旗號前來相助，臺灣鎮總兵官王郡所帶兵丁隨後趕來應援，殺退吳福生夥黨。吳福生夥黨於鳳彈汛埤頭山中林內四處豎立「大明」字樣的旗幟㉗，聲勢浩大，懷忠里義民李炳鳳、張日純、鍾南魁等數百人從山豬毛上淡水等處趕來相助，隨同官兵追入山內，吳福生夥黨敗退。由於粵籍客家庄，義民社區的設堆堵禦，以及客家義民的隨同官兵作戰，使吳福生等終於兵敗被捕。

天地會是由異姓結拜組織發展而來的一種秘密會黨，臺灣天地會是福建內地天地會的派生現象。林爽文是福建漳州府平和縣人，乾隆三十八年（1773），隨其父林勸渡海來臺，徙居彰化大里杙庄。乾隆四十八年（1783），福建漳州府平和縣人嚴煙渡海來臺，在彰化開設布鋪，並傳天地會。乾隆四十九年（1784）三月，林爽文加入天地會。乾隆五十一年（1786）八月十五日，林爽文與林泮、林領、林水返、張回、何有志、王芬、陳奉先、林里生等，因平日意氣相投，於是在大里杙山內車輪埔歃血瀝酒，結拜天地會，互相約誓，有事相助，有難相救。林爽文所領導的天地會，主要是以福建漳州籍移民爲核心的異姓結拜組織。同年十一月二十五日，豎旗起事，年號天運，後來改稱順天。天地會起事以後到處焚搶，地方不靖，遭到義民強烈的抵抗。在義民社區裡，或豎大清旗或豎義民旗，義民設堆成隊後亦各造旗幟，以示區別。大學士福康安具摺時曾經指出，各村聚衆械鬥，多用旗幟號召，即使不肯助鬥的村庄，亦須豎「保庄旗」一面，方免蹂躪。隨同官兵打仗的義民隊伍，俱各造一旗，以示進退。天地會

陣營裡，也分別旗幟顏色，作爲五隊㉘，義民與會黨，旗幟鮮明。

　　林爽文起事以後，南路鳳山縣天地會首領莊大田也起兵響應，但是同樣也遭到客家庄義民的反制。閩浙總督常青具摺時指出，臺地民人因聞官兵渡臺，惟恐將來因亂民貽累，於是爭相自呈實係良民，請求賞給義民腰牌，以爲識別。其中南路義民多達一百三、四十庄，鳳山縣竿林等庄及粵籍客家義民共一萬餘人到臺灣府城遞呈，常青都發給腰牌，令其回庄安業。大學士福康安具摺時也指出，山豬毛粵籍客家庄是在東港上游，共一百餘庄，分爲港東、港西兩里。林爽文、莊大田起事以後，俸滿教授羅前蔭奉命前往港東、港西客家庄招集義民，義民響應官方的號召。其後，莊大田差遣黨羽涂達元、張載柏執旗到港東、港西客家庄招引客家移民加入天地會，但港東、港西兩里客家移民誓不附和，即將涂達元、張載柏兩人擒斬。乾隆五十一年（1786）十二月十九日，港東、港西兩里客家義民齊集忠義亭，供奉萬歲牌，同心堵禦，挑選丁壯八千餘名，分爲中左右前後及前敵六堆，按照田畝公捐糧餉，由舉人曾中立總理其事。每堆每庄，各設總理事、副理事，分管義民，督剿會黨，攻破小篤家庄、阿里港等處，乾隆五十二年（1787）六月，副理事劉繩祖等帶領義民一千三百餘名，由羅漢內門山路赴援府城，即在城外箚營抵禦會黨。同年九月，調派義民協守東港。副理事共四名，除劉繩祖外，黃衮、涂超秀、周敦紀等三人，都是副理事㉙。港東、港西兩里是典型的客家庄義民社區，在守望相助，保境安民的社區意識激勵下，誓不附和會黨，使會黨不能越雷池一步。義民打仗出力，保護府城，進剿會黨，屢立戰功。總理事曾中立帶領義民堵禦莊大田最爲出力，除了總理六堆公捐糧餉外，也辦理運送米穀。

　　除了南路下淡水山豬毛客家庄義民社區外，彰化鹿仔港的義
民社區，也值得重視。據監生林文浚供稱：

　　年三十歲，泉州晉江縣人，在臺灣鹿仔港同林湊開米店生
　　理。十一月二十九日，有大里代庄賊匪林爽文們攻破彰化
　　縣城，殺害文武官弁，又來攻搶鹿仔港。監生與林湊忿
　　恨，糾約泉州、廣東各庄民人起義攻賊，署守備陳邦光也
　　糾集鄉眾。泉州各庄是林湊、黃奠邦、許伯達、歐立淑、
　　施捷世、陳光陰、陳大用、陳天爵、蔣會祖、黃鑑、陳廷
　　詔、許樂三、萬朝翁、施祥、施欣、張植槐、張明義、王
　　講、尤敬、施察、謝廷、吳編、黃嚴淑、張光輝、王西、
　　王權、洪乾、吉興、蕭士旭、施語、林周、鄭士模，並監
　　生一共三十三人爲首。廣東庄是邱丕萬、曾桃、張六世們
　　爲首，共招募鄉勇一萬多人。十二月十二日，前往彰化攻
　　賊，那賊人抵敵不過，各皆逃散㉚。

　　由監生林文浚供詞可知鹿仔港義民社區，是以泉州籍移民居
多數，但也有粵籍客家庄的義民社區，邱丕萬、曾桃、張六世等
人都是客家庄義民社區的義首，客家義民在義民首的領導下，與
泉州籍義民合作，於乾隆五十一年（1786）十二月十二日收復彰
化縣城，擒獲會黨頭目高文麟等人。據書辦蔡運世供稱：

　　小的年六十四歲，原籍晉江縣，來臺灣住居彰化縣牛罵頭
　　庄，在北路理番同知衙門充當書辦。上年十一月，逆匪林
　　爽文攻陷彰化城，殺害官民，分設僞官，眾人忿恨。小的
　　會同粵庄饒凌碧等，共集義民二千餘人在庄防守。這陳秀
　　成、鄭岱、紀春、饒九如都是義民。十二月十五日，紀春
　　探知匪僞將軍王芬在麻園庄，小的同粵庄義民即圍住麻園
　　庄，是鄭岱把王芬擒獲㉛。

書辦蔡運世是福建泉州晉江人，饒凌碧是彰化縣牛罵頭庄的粵籍客家庄義民首，他們合作防守牛罵頭庄。會黨將軍王芬在麻園庄，也是蔡運世帶領泉州籍義民會同廣東籍客家庄義民圍剿麻園庄會黨，擒獲王芬。說明鹿仔港、牛罵頭庄義民社區的廣東籍客家族群和泉州籍族群在保境安民、守望相助的社區意識的激勵之下，是可以合作的。

客家義民為了保境安民，抵抗會黨的焚搶客家庄，奮不顧身，慷慨赴義，留下了許多可歌可泣的動人故事。其中竹塹新埔枋寮山長眠的義民塚，主要是乾隆五十一年（1786）十二月間天地會征北大將軍王作等攻陷竹塹城前後陣亡的義民忠魂。後來，臺灣民間流傳著一則故事，大意說，有一位善心人士，他不忍義民屍骸曝露野外，於是僱用牛車將義民屍骸載運郊原安葬，行至枋寮山麓時，天色漸黑，牛隻突然停止前進，不聽驅策，車夫以為天意，於是將義民屍骸暫置枋寮山麓，欲俟天明動土安葬。次日清晨，車夫返回停屍處，發現滿山遍野的蟻群，一夜之間，銜土築墳，掩埋了殉難義民。鄉民驚訝，以為忠魂顯靈，遂於義民塚前適中地面建蓋褒忠亭，俗稱義民廟。廟中「褒忠」匾額，就是大學士福康安按照乾隆皇帝御書鉤摹的匾額。廣東籍客家庄在褒忠里、褒忠亭等具有正面社會價值的標語激蕩下，很容易產生義民社區意識。誠然，由於義民對保境安民，反制民變，維護社會治安都作出了重大貢獻，其義舉受到官府與百姓的肯定，壯烈成仁的義民，可以安息於義民塚，義民的忠魂，在臺灣神壇上也有一席之地，褒忠亭或義民廟，廣受民眾膜拜，義民爺也逐漸形成一種民間信仰。

有清一代，臺灣泉、漳分類械鬥案件，層出不窮，臺灣客家義民在泉、漳分類械鬥過程中扮演了息事寧人重要角色。彰化縣

人孫返，原籍福建漳州府，道光二十四年（1844）八月初間，孫
返因挑菁仔前往葫蘆墩街售賣。葫蘆墩泉籍移民陳結怒責孫返不
應越界售賣，互相詈罵。陳結將孫返擄禁不放，孫返堂叔孫漢邀
同陳照向陳結討還孫返，陳結不肯釋放，反將孫漢等殺害，以致
漳州籍移民林番等人不服，糾集漳州籍移民多人攻打泉州籍移民
村庄，縱火焚搶。陳結隨即聚集泉州籍移民搶掠焚殺漳州庄村
民，彼此報復，遂引發漳泉分類械鬥，嘉義縣境內的漳泉移民亦
乘機彼此焚殺，分類械鬥規模擴大，對臺灣社會造成了嚴重的破
壞作用。在漳泉分類械鬥期間，廣東庄客家義首義民都扮演了重
要的角色。國立故宮博物院典藏《軍機處檔・月摺包》內含有臺
灣漳泉分類機械鬥義首事蹟清單，各義首都自備資斧，招募義
民，以保護地方。其中劉捷鰲是廣東客家鄉紳，曾任福建侯官縣
學訓導，渡海來臺後，寄居彰化縣。他在彰化泉漳分類械鬥期
間，頗有表現。在義首清單內記載其事蹟云：「該員係粵籍鄉
紳，當漳泉分類之時，約束粵莊民人，不准附和閩人械鬥，並自
備資斧團練壯勇，防守粵莊，不使閩籍匪徒入莊煽惑，辛勤數
月，協獲首夥要犯。」㉜義首劉捷鰲出錢出力，招募義民，以防
守客家村庄，同時約束客家庄移民，不許附和閩人，不准捲入漳
泉分類械鬥。此外，義首林玉琨等聯庄固守要隘，義首沈樹勳等
護送難民，義首劉熙康等散放銀錢。義首鍾成都等督帶壯丁，彈
壓各庄，使閩籍漳泉亂民不敢乘間搶割田稻。又開通水圳，勸諭
漳泉民人同歸和好，以便早日歸庄，及時灌溉播種，都是值得肯
定的義舉，有助於社會秩序的恢復。

# 四、結語

閩粵兩省地狹人稠，是清代人口壓迫最嚴重的地區，同時也

是人口向外流動最爲頻繁的兩個省分。臺灣是開發中地區，地曠人稀，它與閩粵內地一衣帶水，閩粵民人遂紛紛渡海入臺，篳路藍縷，墾殖荒陬，經過先民的慘澹經營，荒地日闢，社會經濟，日趨繁榮，臺灣遂提供閩粵等省內地民人一個適宜安居和落地生根的海外樂土。但因臺灣孤懸外海，其人文景觀，自成一區，在社會經濟方面的發展，逐漸形成臺灣地區獨有的特點。

　　閩粵移民渡海入臺之初，除了極少數人可以倚靠親戚寄居外，大都缺乏以血緣紐帶作爲聚落組成的條件，通常是採取祖籍居地的關係，依附於來自同祖同姓或異姓村落，而形成了以地緣關係爲扭帶的地緣村落，同鄉的移民遷至同鄉所居住的地方，與同鄉的移民共同組成地緣村落。基於祖籍的不同地緣，益以習俗、語言等文化價值取向的差異，早期東渡臺灣的閩粵移民，大致分爲泉州籍移民，漳州籍移民，以及廣東粵籍客家移民等族群，其聚落遂形成所謂的泉州庄、漳州庄和客家庄。由於清朝政府領有臺灣後，將臺灣隸屬於福建省，置臺灣府，這項措施對廣東客家移民在臺灣日後的發展，影響很大，粵籍移民來臺灣以及他們在臺灣的活，受到很大的限制，粵籍移民成了外省客籍人口，益以廣東與臺灣往來不及福建便利，使客家庄的戶數及丁口數，遠不及泉、漳籍移民，客家庄移民在灣形成大分散小聚居的分佈現象。福建巡撫勒方錡具摺時所稱臺灣西面瀕海者，閩漳、泉人爲多，興化次之，福州較少。近山者則粵東惠、潮、嘉各處之人，號爲客民等語，頗符合當時的聚落分佈。福建總督高其倬所稱諸羅、鳳山、彰化三縣之人，閩粵參半的說法，有待商榷。陳盛韶著《問俗錄》記載「山淡南粵人衆，閩人寡，餘皆閩人衆，粵人寡。」其可信度較高。《鳳山縣采訪冊》按語較詳，原書稱「義民，率粵之鎮平、平遠、嘉應州、大埔等州縣人，渡臺

後寓下淡水港東、港西二里，列屋聚廬，別成村落。」句中鎮平縣屬嘉應州，民國後改稱蕉嶺縣。平遠縣在鎮平縣西北，亦屬嘉應州。大埔縣在鎮平縣東南，屬潮州府。鳳山境內的客家村落，主要為嘉應州、潮州府所屬州縣的客家移民所建立的客家庄。閩浙總督李侍堯具摺時指出，北淡水漳州人少，其勢不能敵泉粵之衆。但據《淡新檔案》的記載，淡水廳境內的粵籍人口數僅佔流寓人口的 19%，顯然地居於弱勢。就以文童總進額而言，閩籍佔89%，粵籍僅佔 11%，相差懸殊。乾隆中葉，閩浙總督崔應階奏摺所稱臺灣一郡外來流寓人口內，閩人約數十萬，粵人約十餘萬云云㉝，仍有待商榷。

　　早期移民來臺後，列屋聚廬，形成許多閩粵或泉漳籍移民錯處村落。福建臺灣鎮總兵官武隆阿具摺時已指出，鳳山縣屬迤南一帶，嘉應州移民人數較多，潮州移民人數較少。其中萬蠻庄是嘉應州移聚居的客家庄，四塊厝庄則為潮州移民聚居的客家庄，萬蠻庄的客家人與四塊庄的客家人，彼此是鄰庄，卻素不和睦。與萬蠻庄、四塊厝庄毗連的佳左庄是漳州、泉州、廣東三籍移民雜處的村庄，彼此也不和睦，都曾經發生族群衝突，糾衆搶奪鬥毆等案件㉞。此外，各地區閩粵分類械鬥案件，也是層出不窮。地方官或封疆大吏對客家移民的褒貶，並不一致。福建巡撫潘思榘具摺指出，「惠、潮之人列庄而居，戶多殷實，不致流於匪僻。漳、泉之人，窮窘而散處，或代人傭作，或佃人地畝，或搭蓋寮廠，養鴨取魚以資生，甚至覬覦生番田土，侵墾番界，大抵不肖生事之輩，多出於漳、泉。」㉟閩浙總督孫爾準具摺時則稱，「臺灣土著之民，皆閩粵兩籍寄居；粵則惠、潮兩府，嘉應一州；閩則漳、泉、汀三府，汀人附粵而不附閩，粵人性直而知畏法，為盜者頗少，惠、潮兩處之人聯為一起，嘉應則好訟多

事，與惠、潮時合時分。閩人旣與粵人不睦，而漳人與泉人又互相仇隙。其有身家而良善者，質直好義，類多守法，而單身游手俗稱羅漢腳者，實繁有徒，每多流爲盜賊，無所不爲。」㊱封疆大吏心目中的客家移民類多質直守法，較少不肖生事之輩，不致流於盜賊，是足以探信的。但因各籍移民村庄的錯處雜居，族群衝突，對社會造成重大的侵蝕作用，因此，林爽文聚衆起事後，乾隆皇帝有遷村想法，欲「趁此兵威，將該處村庄民人酌爲遷徙，其籍貫分隸廣東、漳、泉者，令其各爲一庄，俾相離較遠，以杜爭端。」㊲然而由於閩粵移民在臺居住多年，各有田產，安土重遷，一時概令離析，勢有所難而作罷。

　　在臺灣早期移民社會裡，由於結盟拜會風氣的盛行，地方官處理不善，往往釀成民變事件，燒搶掠奪，對社會造成嚴重的侵蝕作用。義民組織是保境安民，維護社會正義的武裝力量，對於抑制民變，穩定社會秩序，具有正面的社會功能。由於義民的急公嚮義，奮勇作戰，而得到官府的獎勵，乾隆皇帝賞給廣東客家庄褒忠里，對於義民社區的形成，具有重大的意義。褒忠亭或義民廟的建造，對於義民社區意識的激蕩，也產生重大的作用。客家義民爲了固守村庄，保境安民，反制民變團體，充分體現了社會責任，客家移民和客家義民在臺灣發展史上所扮演的重要角色是不容忽視的。

## 【註　釋】

①　《月摺檔》（臺北：國立故宮博物院），光緒三年三月二十五日，福建巡撫丁日昌奏摺抄件。

②　國立故宮博物院，《宮中檔雍正朝奏摺》，第 6 輯（臺北，國立故宮博物院，1978.4），雍正四年九月初二日，閩浙總督高其倬奏

摺，頁 527。

③ 國立故宮博物院，《月摺檔》，光緒七年二月初三日，福建巡撫勒方錡奏片抄件。

④ 國立故宮博物院，《宮中檔雍正朝奏摺》，第 8 輯（臺北，國立故宮博物院，1978.6），雍正五年七月初八日，閩浙總督高其倬奏摺，頁 473。

⑤ 國立故宮博物院《內閣部院檔》，外紀簿（臺北，國立故宮博物院），嘉慶二十四年十一月十九日，福建臺灣鎮總兵官武隆阿奏摺抄件。

⑥ 藍元枚著，《欽定平定臺灣紀略》（臺北，國立故宮博物院，欽定四庫全書），卷 4，頁 15。

⑦ 國立故宮博物院，《宮中檔雍正朝奏摺》，第 42 輯（臺北，國立故宮博物院，1985.10），乾隆四十三年二月初八日，巡視臺灣御史覺羅圖思義等奏摺，頁 64。

⑧ 盧德嘉編著，《鳳山縣采訪冊》（南投，臺灣省文獻會，1993.6），頁 268。

⑨ 陳盛韶著、劉卓英標點，《問俗錄》（北京，書目文獻出版社，1983.12），頁 138。

⑩ 張勝彥編纂，《臺中縣志》（臺中，臺中縣政府，1989.9），卷 2，頁 339。

⑪ 陳炎正撰，《臺中縣鄉賢傳》（臺中，臺中縣立文化中心，1988.5），頁 17。

⑫ 《臺中縣志》，卷 2，頁 251。

⑬ 《內閣部院檔》，外紀簿，道光六年十一月十三日，閩浙總督孫爾準奏摺抄件。

⑭ 《宮中檔雍正朝奏摺》，第 8 輯（臺北，國立故宮博物院，

1978.6），雍正五年七月初八日，福建總督高其倬奏摺，頁 475。

⑮　《宮中檔雍正朝奏摺》，第 11 輯（臺北，國立故宮博物院，1978.9），雍正六年十一月初四日，巡視臺灣兼理學政監察御史夏之芳奏摺，頁 688。

⑯　《清高宗純皇帝實錄》，卷 146，乾隆六年七月庚午，據禮部議奏，頁 22。

⑰　中央研究院，《明清史料》，戊編，第二本（臺北，維新書局，1972.3），乾隆三十七年十月初五日，吏部題本，頁 124。

⑱　《軍機處檔‧月摺包》（臺北，國立故宮博物院），第 2747 箱，33 包，59336 號。道光八年二月初九日，閩浙總督孫爾準等奏摺錄副。

⑲　《宮中檔》（臺北，國立故宮博物院），第 2714 箱，67 包，11315 號。咸豐九年十月二十七日，閩浙總督慶端奏摺。

⑳　《清宮月摺檔臺灣史料》，㈣（臺北，國立故宮博物院，1995.8），光緒九年十一月十九日，福建巡撫張兆棟等奏摺，頁 3485。

㉑　《天地會》，㈢（北京，中國第一歷史檔案館，1980.11），廖東供詞筆錄，頁 4。

㉒　《清宮諭旨檔臺灣史料》，㈠（臺北，國立故宮博物院，1995.10），乾隆五十二年十一月初一日，寄信上諭，頁 597。

㉓　《天地會》，㈢，胡番供詞，頁 6。

㉔　《清聖祖仁皇帝實錄》，卷 293，康熙六十年七月甲寅條，頁 21。文中「鄭廷瑞」，即鄭定瑞。

㉕　《清代臺灣檔案史料全編》，第 4 冊（北京：學苑出版社，1999.7），頁 743。

㉖　《明清史料》，戊編，第一本（臺北，維新書局，1974.1），吳福

生供詞，頁 33。

㉗ 《宮中檔雍正朝奏摺》，第 19 輯（臺北，國立故宮博物院，1979.5），雍正十年四月初八日，巡視臺灣陝西道監察御史覺羅柏修等奏摺，頁 610。

㉘ 《宮中檔雍正朝奏摺》，第 68 輯（臺北，國立故宮博物院，1987.12），乾隆五十三年五月初九日，福康安奏摺，頁 216。

㉙ 《宮中檔雍正朝奏摺》，第 67 輯（臺北，國立故宮博物院，1987.11），乾隆五十三年二月十九日，福康安等奏摺，頁 367。

㉚ 《天地會》㈠，林文浚供詞，頁 256。

㉛ 《天地會》㈡，蔡運世供詞，頁 351。

㉜ 《軍機處檔‧月摺包》（臺北，國立故宮博物院），第 2749 箱，138 包，77771 號，清單。

㉝ 《軍機處檔‧月摺包》，第 2771 箱，71 包，10889 號。乾隆三十四年九月二十四日，閩浙總督崔應階奏摺錄副。

㉞ 《內閣部院檔》外紀簿，嘉慶二十四年十一月十九日，福建臺灣鎮總兵官武隆阿奏摺抄件。

㉟ 《宮中檔雍正朝奏摺》，第 1 輯（臺北，國立故宮博物院，1982.5），乾隆十四年三月十二日，福建巡視潘思榘奏摺，頁21。

㊱ 《內閣部院檔》外紀簿，道光六年十一月十四日，閩浙總督孫爾準奏摺抄件。

㊲ 《清宮諭旨檔臺灣史料》㈠，乾隆五十二年十月十九日，寄信上諭，頁 510。

# 從故宮檔案看清代的連江縣及馬祖列島——以《宮中檔》奏摺及《軍機處檔》奏摺錄副為例

## 一、前言

　　史料是探討歷史的主要記錄，沒有史料，便沒有史學。大致而言，史料可以分為直接史料和間接史料，前者又稱為第一手史料，或原始史料；後者又稱為第二手史料，或轉手史料。以檔案資料與實錄、方志為例，檔案資料是屬於直接史料，其可信度比較高，有它的權威性；實錄、方志則屬於間接史料，其可信度不及檔案資料。史學家一方面應當盡量發掘可信度較高的直接史料，一方面必須抱著有幾分證據說幾分話，有七分證據不能說八分話的態度，使記載的歷史儘可能接近客觀的事實，與真實的歷史，彼此吻合，以重建信史的輪廓。

　　史學工作者應該儘可能學好理論，但這絕不是說可以亂貼理論標籤，可以肆意對檔案資料所反映的大量事實，妄加曲解，所謂"以論代史"、"以論帶史"，都是無視客觀的歷史存在①。在利用歷史檔案以進行地方史研究的工作中，我們的視野應該放寬一些，應該從各方面開發新的史料來源，從各方面充分發揮各種類型檔案的使用價值，以提高地方史研究的水平②。民國三十八年（1949）以後，由於清代歷史檔案分藏於海峽兩岸，對清朝地方史研究，應該儘可地充分利用兩岸檔案，同時結合兩岸研究

的成果，方能提高學術研究的水平。連江縣地處閩江口北岸，隸屬福州府，爲江口要地。馬祖列島在閩江口外，是連江縣沿海重要的島嶼。本文僅就台北故宮博物院現藏《宮中檔》奏摺及《軍機處檔·月摺包》奏摺錄副的部份資料，對清代連江縣及附近島嶼進行浮光掠影的探討，並以此爲研究馬祖列島發展史的地點，對開發新史料的來源，或有些許裨益。

## 二、故宮現藏歷史檔案概況

清宮文物，主要是我國歷代宮廷的舊藏，故宮博物院即由清宮遞嬗而來。民國六年（1917）七月，張勳復辟，破壞國體，違反優待條件。民國十三年（1924）十一月五日，攝政內閣總理黃郛代表民意，修正黃室優待條件，廢除皇帝尊號，溥儀即日遷出紫禁城，並交出國璽及各皇宮。國務院成立辦理清室善後委員會，以接收清宮，敦聘李煜瀛爲委員長。李煜瀛，字石曾，早年赴法留學，並加入革命黨，他深悉巴黎羅浮宮（Louvre）爲昔日法國王宮，大革命後改成博物館，返回後即倡議改清宮爲博物院，以利中外人士的參觀。同年十一月二十日，李煜瀛正式就職任事，辦理清室善後委員會開始分組點查清宮物品。民國十四年（1925）九月二十九日，因點查工作將次告竣後，爲遵照組織條例的規定，並執行攝政內閣的命令，辦理清室善委員會乃籌備成立故宮博物院。同年十月十日雙十節，在清宮乾清門內舉行開幕典禮，北平故宮博物院正式成立。

北平故宮博物院的成立，不僅成爲中外人士參觀遊覽之所，其有裨於歷代文物的保全，更是功不可沒。北平故宮博物院成立後，即在圖書館下設文獻部，以南三所爲辦公處，開始集中宮內各處檔案。民國十四年（1925）十二月，提取東華門外宗人府玉

牒及檔案存放寧壽門外東西院。民國十五年（1926）一月，北平故宮博物院向國務院接收清代軍機處檔案，移存大高殿。同年二月，著手整理軍機處檔案。八月，提取內府檔案，存放南三所。民國十六年（1927）十一月，改文獻部爲掌故部。民國十七年（1928）六月，掌故部接收東華門內清史館。民國十八年（1929）三月，改掌故部爲文獻館。同年八月。著手整理宮中懋勤殿檔案及內務府檔案。九月，接收清代刑部檔案，移存大高殿。十月，清史館檔案移存南三所。十一月，清史館起居注册稿本移存南三所。十二月，著手整理清史館檔案，壽皇殿方略移存大高殿。民國十九年（1930）三月，提取實錄庫所存漢文實錄及起居注册，移存大高殿。同年六月，清理皇史宬實錄。八月，整理乾清宮實錄。民國二十年（1931）一月，著手整理內閣大庫檔案。

　　九一八事變後，華北局勢動盪不安，爲謀文物的安全，北平故宮博物院決定南遷。民國二十一年（1932）八月，文獻館所保存的各種檔案物件，開始裝箱編號。十一月，北平故宮博物院改隸行政院。民國二十二年（1933）二月六日起，文物分批南遷至上海。民國二十三年（1934）十月二日，分佈修正國立北平故宮博物院組織條例。民國二十五年（1936）八月。南京朝天宮庫房落成。十二月八日，文物由上海再遷南京朝天宮。七七事變發生後，文物疏散後方，分存川黔各地。抗戰勝利後，文物由後方運回北京。

　　民國三十七年（1948）十二月，徐蚌戰事吃緊，北平故宮博物院與南京中央博物院籌備處決議甄選文物精品，分批遷運台灣。民國三十八年（1949），遷台文物存放於台中北溝。同年八月，北平故宮博物院、中央博物院籌備處等單位合併組織聯合管

理處。民國四十四年（1955）十一月，改組爲國立故宮中央博物院聯合管理處。民國五十年（1961），行政院在台北市郊士林外雙溪爲兩院建築新廈。民國五十四年（1965）八月，新廈落成，行政院公佈國立故宮博物院管理委員會臨時組織規程，明定設立國立故宮博物院，將中央博物院籌備處文物，暫交國立故宮博物院保管使用。新址爲紀念孫中山先生百歲誕辰，又稱中山博物院。同年十一月十二日，正式開幕。

民國三十八年（1949）一月，中共文管會接收北平故宮博物院，以後改稱北京故宮博物院。民國四十年（1951）五月，文獻館改稱檔案館，將原管圖像、輿圖、冠服、樂器、兵器等移交北京故宮博物院保管部，從此，檔案館成爲專門的明清案機構。民國四十四年（1955）十二月，檔案館移交中共檔案局，改稱第一歷史檔案館。民國四十七年（1958）六月，第一歷史檔案館改名爲明清檔案館。民國四十八年（1959）十月，明清檔案館併入中共中央檔案館，改稱明清檔案部。民國六十九年（1980）四月，明清檔案部由中共國家檔案局接收，改稱中國第一歷史檔案館。

北平故宮博物院原藏明清檔案，從民國三十八年（1949）以後，分存海峽兩岸。北平故宮博物院文獻館南遷的明清檔案，共計 3,773 箱，其中遷運來台，現由國立故宮博物院典藏者，計 204 箱，共約四十萬件冊。北京中國第一歷史檔案館現藏明清檔案，共 74 個全宗，一千餘萬件。其中明代檔案只有三千多件，以清代檔案佔絕大多數。從時間上看，包括滿洲入關前明神宗萬曆三十五年（1607）至入主中原清朝末年宣統三年（1911），此外還有溥儀退位後至民國二十九年（1940）的檔案。從所屬全宗看，有中央國家機關的檔案，有管理皇族和宮廷事務機關的檔案，有軍事機構的檔案，有地方機關的檔案，也有個人全宗的檔

案。從檔案種類和名稱來看，其上行文書、下行文書、平行文書及特定用途的文書包括：制、詔、誥、敕書、題、奏、表、箋、咨、移、札、片、呈、稟、照、單、函、電、圖、冊等等。從文字上看，絕大部份是漢文檔案，其次是滿文及滿漢合璧檔案，此外也有少量的外交檔案及少數民族文字檔案。

　　台北國立故宮博物院現藏清代檔案，按照清宮當年存放的地點，大致可以分爲《宮中檔》、《軍機處檔》、《內閣部院檔》、《史館檔》及各項雜檔等五大類。從時間上看，包括明神宗萬曆三十五年（1607）至清宣統三年（1911）的清朝官方檔案，此外還有少量宣統十六年（1924）的檔案。從文字上看，絕大部份是漢文檔案，其次是滿文檔案，此外也含有少量藏文、蒙文、回文等少數民族文字檔案。從文書的性質來看，有上行文書、下行文書、平行文書等，亦可謂品類繁多。

　　《宮中檔》的內容，主要是清代歷朝君主親手御批及軍機大臣奉旨代批的奏摺及其附件。此外，諭旨的數量，亦相當可觀。從時間上看，主要包括康熙朝中葉至宣統末年。按照書寫文字的不同，可以分爲漢文奏摺、滿文奏摺及滿漢合璧奏摺。清初本章，沿襲明代舊制，公事用題本，私事用奏本，公題私奏，相輔而行。康熙年間採行的奏摺是由明代奏本因革損益而來的一種新文書。定例，督撫等題奏本章，均須投送通政使司轉遞內閣，奏摺則逕呈御覽，直達天聽，不經通政使司轉遞。奏本與題本的主要區別，是在於文書內容的公私問題，奏摺則相對於傳統例行文書的缺乏效率及不能保密而言，不在內容公私的區別。凡涉及機密事件，或多所顧忌，或有滋擾更張之請，或有不便顯言之處，或慮獲風聞不實之咎等等，俱在摺奏之列。奏摺在採行之初，一方面可以說是皇帝刺探外事的工具，一方面則爲文武大臣向皇帝

密陳聞見的文書。臣工進呈御覽的奏摺，以硃筆批諭發還原奏人。皇帝守喪期間，改用墨批。同治皇帝、光緒皇帝都以沖齡即位，他們親政以前，都由軍機大臣奉旨以墨筆代批，而於守喪期間，改用藍批。因御批奏摺，以硃批者居多，所以習稱硃批奏摺。康熙皇帝在位期間，奏摺奉御批發還原奏人後，尙無繳回內廷的規定。雍正皇帝即位以後，始命內外臣工將御批奏摺查收呈繳，嗣後繳批遂成定例。御批奏摺繳回宮中後，貯存於懋勤殿等處，因這批檔案原先存放於宮中，所以習稱爲《宮中檔》。

軍機處開始設立的名稱叫做軍需房，是由戶部分設的附屬機構，其正式設立的開始時間是在雍正七年（1729）。其後，名稱屢易，或稱軍需處，或稱辦理軍需處。雍正十年（1732），辦理軍機事務印信頒行後，因印信使用日久，遂稱辦理軍機事務處，習稱辦理軍機處，簡稱軍機處。雍正十三年（1735）八月二十二日，雍正皇帝崩殂，乾隆皇帝繼承大統，以總理事務王大臣輔政。同年十月二十九日，乾隆皇帝以西北兩路大軍已經撤回，故諭令裁撤辦理軍機處，總理事務處遂取代了辦理軍機處。由於準噶爾的威脅並未解除，軍務尙未完竣，軍機事物仍需專人辦理。乾隆二年（1737）十一月，因莊親王允祿等奏辭總理事務，乾隆皇帝即下令恢復辦理軍機處的建置，並換鑄銀印。軍機大臣以內閣大學士及各部尙書、侍郎在辦理軍機處辦事或行走，而逐漸吸引了內閣或部院的職權，其職掌範圍日益擴大，它不僅掌戎略，舉凡軍國大計，莫不總攬，逐漸取代了內閣的職權，國家威命所寄，不在內閣，而在辦理軍機處。國立故宮博物院現藏《軍機處檔》，主要分爲月摺包和檔冊兩大類。月摺包主要爲《宮中檔》奏摺錄副存查的抄件及原摺的附件如清單、圖冊等等，其未奉御批的部院衙門奏摺，或代奏各摺，則以原摺歸檔，俱按月份包儲

存，稱爲月摺包。國立故宮博物院現藏月摺包始自乾隆十一年（1746）十一月，迄宣統二年（1910）七月。除月摺包外，各種檔册的數量，亦相當可觀。依照現藏檔册的性質，大致可以分爲目錄類、諭旨類、專案類、奏事類、記事類、電報類等六大類、主要爲軍機處分類彙抄經辦文移的檔册。

　　皇太極在位期間，積極仿效明朝政治制度。天聰三年（1629）四月，設立文館，命儒臣繙譯漢字書籍，並記注滿洲政事。天聰五年（1631）七月，設吏、戶、禮、兵、刑、工六部。天聰十年（1636）三月，改文館爲內國史、內秘書、內弘文三院，各置大學士、承政、理事官等員。順治十五年（1658）七月，內三院更名內閣，其大學士加殿閣大學士，別置翰林院，軍國機要，綜歸內閣。自從雍正年間設立辦理軍機處後，內閣權力雖然漸爲辦理軍機處所奪，但它承辦例行刑名等政務的工作，並未輕減，所保存的文獻檔案，亦極可觀。徐中舒撰〈內閣檔案之由來及其整理〉一文已指出，「清代內閣在雍乾以前爲國家庶政所自出之地，在雍乾以後猶爲制誥典册之府，所存檔案，都是當時構成史蹟者自身的敘述。雖不免帶些官家的誇張，究竟還是第一等的史料。」③國立故宮博物院現藏內閣部院檔，大致可以分爲五大類：第一類，是內閣承宣的文書，如詔書、敕書、誥命等；第二類，是帝王言動國家庶政的當時記載，如起居注册，六科史書等；第三類，是官修書籍及其文件，如滿漢文實錄等；第四類，是內閣日行公事的檔册，如上諭簿、絲綸簿、外紀簿等；第五類，是盛京移至北京的檔舊，如滿文原檔等。各類檔案都可說是直接史料。

　　史館檔包括清朝國史館及民國初年清史館的檔案。清代的國史館，設在東華門內，成爲常設修史機構，附屬於翰林院。民國

三年（1914），國務院呈請設立清史館，以修清史。史館檔的內容，主要爲紀、志、表、傳的各種稿本及其相關資料。

　　清代檔案的整理出版，早在清初就已開始。雍正十年（1732），雍正皇帝特檢歷年批發的奏摺，命內廷詞臣繕錄校理，付諸剞劂，彙成數帙，即頒賜在廷群臣及外任文武臣工。惟工未告竣，雍正皇帝先已崩殂。乾隆皇帝即位後，就雍正皇帝檢錄已定的御批奏摺，彙著爲目，於乾隆三年（1738），刊印成書，計十八函，共一百一十二冊，冠以雍正皇帝硃筆特諭，殿以乾隆皇帝後序，稱《世宗憲皇帝硃批諭旨》，簡稱《硃批諭旨》，其內容主要是雍正朝外任官員二百二十三人繳還宮中的硃批奏摺、硃批旨意及硃批特諭。《硃批諭旨》所選刻的奏摺，不過佔雍正朝奏摺總數的十分之二、三而已。且其所刊奏摺，不僅格式與原摺有出入，奏摺內容亦經刪略，硃批旨意，尤多潤飾，而相對減低其史料價值。北平故宮博物院成立後，文獻館先後出版《史料旬刊》、《文獻叢編》、《掌故編》、《清代文字獄檔》、《掌故拾零》、《清太祖武皇帝實錄》等書。民國五十四年（1965）國立故宮博物院在台北正式恢復建置以來，即積極進行檔案的整理工作。首先著手《宮中檔》的整理編目工作，將奏摺按具奏年月日的順序編排，在原摺尾幅背面鈐蓋登錄號碼，此即件數號碼。編號既定，然後摘錄事由，填明年月日及具摺人官職姓名，先填草卡，經核校後，再繕正卡，並編製具奏人姓名索引及分類索引。《宮中檔》編目工作告竣後，又賡續軍機處月摺包的編目工作，以奉硃批日期的順序排列，亦在每件尾幅背面鈐蓋登錄號碼，亦即件數號碼，先編草卡，再繕正卡，除登錄硃批年月日、官銜、姓名及事由外，另填明原摺具奏年月日，以便查檢原摺，並編製具奏人姓名索引。至於檔冊的編目，則按編年體

分類編目。為便於提件繙檢各類檔冊，國立故宮博物院另編輯出版《國立故宮博物院清代文獻檔案總目》、《國立故宮博物院藏清代文獻傳包傳搞人名索引》各一冊，標列檔冊名稱，現存年月及冊數。《史館檔》傳包、傳稿，亦標明姓名及編號，俱便於借閱提件。為便利中外學人的研究，國立故宮博物院計畫將院藏清代檔案陸續影印出版。民國五十八年（1969）八月，出版《舊滿州檔》十巨冊。民國五十九年（1970）七月，出版《清太祖武皇帝實錄》四卷。同年十月，出版《袁世凱奏摺專輯》八冊。民國六十年（1971）十二月，出版《年羹堯奏摺專輯》三冊。民國六十二年（1973）六月出版《宮中檔光緒朝奏摺》二十六輯。民國六十五年（1976）六月起出版《宮中檔康熙朝奏摺》九輯。民國六十六年（1977）十一月起出版《宮中檔雍正朝奏摺》三十二輯。民國七十一年（1982）五月起出版《宮中檔乾隆朝奏摺》七十五輯。民國八十二年（1993）十一月，出版《先正曾國藩文獻彙編》八冊。民國八十三年（1994）十月，出版《清宮月摺檔台灣史料》八冊。民國八十五年（1996）十月，出版《清宮諭旨檔台灣史料》六冊。民國八十七年（1998）十月，出版《清宮廷寄檔台灣史料》三冊。各輯俱將諭旨、奏摺、清單等按照年月日先後編次影印出版，分冠簡目，標明日期，具奏人官銜姓名及事由，頗便於查閱。為遍於中外學人了解現藏檔案概況，又先後出版《故宮檔案述要》、《故宮台灣史料概述》等指南性質的專書。近數十年來，海內外學人利用國立故宮博物院現藏檔案撰寫完成的專書及論文，已指不勝屈。展望未來，必將有更豐碩的研究成果。

## 三、清代中期的連江縣社會

　　台北故宮博物院現藏的各類檔案中，除了下行文書、平行文書外，其上行文書的數量，相當可觀。《宮中檔》奏摺原件、《軍機處檔・月摺包》奏摺錄副及《月摺檔》、《外紀檔》、《奏摺檔》等奏摺抄件，都是上行文書，含有豐富的地方史料。其中閩浙總督、福建巡撫、福建將軍、福建布政使、福建學政、福建水師陸路提督、沿海各鎮協及監察御史等人的奏摺原件或各類副本抄件中，含有部份涉及連江縣馬祖列島的歷史檔案。本節僅以《宮中檔》奏摺爲限，舉例說明地方大吏奏報的範圍。雍正二年（1724）五月間，福建福寧鎮總兵官顏光旿入京陛見，雍正皇帝諭顏光旿，光祿大臣林祖成生長福寧州，可至林祖成家拜訪，請教地方利弊。林祖成告知顏光旿福寧州東沖地方是福安、寧德、福寧三縣海口，稽查夕船及嚴禁米穀出洋，都很要緊。其次，三沙地方每年有漁船在此停泊，人跡繁雜，奸良莫辨，出入更宜嚴等語。顏光旿回任後，隨即單騎前往東沖、三沙二處海口勘驗，並繕摺具奏。原摺指出，東沖海門，茫茫巨浸，下係溜沙，外障大海，內包福安、寧德兩縣，與羅源縣鑑江相對，凡船隻出入，必由此口，實爲兩縣總門，爲形勝要區。至於三沙海汛，每年冬令九、十月間，多有漳、泉漁船到三沙澳採捕。距離三沙不遠的古鎮地方，則有連江縣民人來此地謀生。原摺有一段描述，節錄其內容如下：

　　　　古鎮地方，離三沙柒里，係臨海島岸，人居稀少，多係附
　　　　近連江民人至此搭寮掛網，往來無定，其中最易藏奸。臣
　　　　將三沙汛兵丁內撥出伍名，在彼防守，朝夕稽查，則奸匪
　　　　無能窩隱矣④。

原摺奉雍正皇帝硃筆御批：「知道了，凡事不可因循，故宜振作，然不可生事邀功，勉爲之，愼爲之。」由原摺內容可知雍正初年，連江縣附近百姓前往古鎮地方謀生的方式是搭寮掛網，這種棚民是以捕魚爲業。

明清時期，中琉關係，極爲密切，琉球向例兩年一貢，乾隆十七年（1752），是琉球應屆入貢年分，琉球國王尚穆派遣貢使向邦鼎等坐駕海船二隻，官伴水梢共二百人，前往清朝進貢。同年十一月二十一日抵達福建閩安鎮所轄境內，然後安頓於琉球館。除進京貢使及隨從等三十九人外，其餘摘回官伴水梢留在福州的共一百六十一人，此外，還有附搭接貢船存留官伴十人。這些人置辦貨物完竣後仍坐駕原來貢船兩隻回國。乾隆十八年（1753）五月二十五日開航。其中頭號貢船一隻於六月十七日經過連江縣境內時，觸礁損壞，經福建巡撫陳弘謀具摺奏聞，節錄硃批奏摺一段內容如下：

> 六月十九日，據閩安協副將邱有章報稱：琉球國摘回貢船二隻內，頭號船一隻於六月十七日開至連江縣破荐礁被水損壞等情。臣隨即檄行閩安協並委福州府海防同知郝霆即日速往壞船處所查勘照料，安頓夷眾，防護貨物去後，茲據該同知郝霆詳稱：琉球頭號貢船被石砧破，在船員伴九十一員名，具已登岸，並無被溺，所帶貨物糖料等項，業已無用，其餘現在撈取，其二號貢船已於六月十九日開駕長行回國等情前來⑤。

由引文內容可知琉球貢船海難發生的地點是在連江縣破荐礁，貢船被石砧破而沈溺。福建巡撫陳弘謀即行文布政使德舒會同糧驛道顧濟美多僱船隻人夫前往連江縣，將琉球官伴水梢等人接到福州琉球館安頓，照例動支司庫存公銀兩，按日給予口糧鹽

茱，並賞給豬羊酒布等物，有助於了解地方大吏處理海難事件的態度。

連江等縣因瀕臨大海，颱風現象，時有所聞，地方大吏奏報風災的摺件，頗為常見。例如乾隆十六年（1751）七月二十五日，福建巡撫潘思榘、福州將軍新柱等同時奏報福建颱風大雨情形，節錄潘思榘奏摺一段內容如下：

> 據福州府屬之羅源縣稟報初十、十一、十四等日俱有颱風大雨。又侯官、閩縣、長樂、福清、連江等縣及興化府屬之莆田縣各稟報，均於十四日有颱風大雨。各縣官民房屋吹落瓦片，間有坍塌，田禾無恙。又據福寧府屬之霞浦縣稟報，七月初十夜颱風大作，至十一日寅時止。十四日又被風雨，官民房屋壇廟等項，吹落瓦片，坍塌牆壁，壓倒兵民住房三十二間，淹斃男婦七丁口，郊外浮屍棺柩，間有被水沖倒，田禾有無傷損，堪明另報。又寧德縣稟報，七月十一日，颱風大雨，查勘城內城外，民居倒壞十九間，人口無傷，官署壇廟，刮去瓦片，城垣砲台，亦有坍損。又據壽寧縣稟報於七月十四日一更，忽颱風大雨，溪水漲發，城內官民房屋，俱有吹損。城外沿溪一帶，居民房屋，倉廒積穀等項，俱有漂流，人口亦有淹斃，辛三更即退，田禾有無妨礙，查明另報。又據福安縣稟報，七月十四日，颱風大雨，山水陡發，海潮上湧，溪河水漲一、二丈，漫至縣署，二堂倉廒，水浸六、七尺，民間牆垣坍塌，監牆卷房倒壞，民田廬舍，有無受傷，查明另報。又據烽火營稟報初十、十四等日颱風，水深二、三尺，城牆衙署及兵民房屋，俱有坍塌，哨船擊碎二隻各等情⑥。

由引文內容可知乾隆十六年（1751）七月中旬福州、福寧、

興化三府沿海各縣都遭颶風大雨，各縣及烽火營都先後稟報災情。其中霞浦、羅源等縣於七月初十首先遭受颶風侵襲。寧德縣於次日遭受颶風侵襲。侯官、閩縣、長樂、福清、連江、莆田等縣及福州省城於七月十四日始遭受颶風大雨，可以知道颶風行走的路線是由東北向西南沿著海岸各縣侵襲。福建巡撫潘思榘於七月二十五日束裝起程，由侯官、連江、羅源、寧德一路，親赴各災區視察。他指出連江縣雖被風雨，房屋瓦片，間有飄落，船隻稍有漂失，但田禾並無妨礙。同年八月二十二日，福建省布政使顧濟美具奏查明水災情形一摺所述內容相近。因米價騰長，福建巡撫潘思榘遵旨勸諭富民出穀平糶。同年九月二十一日，潘思榘具摺覆奏，連江等縣紳士富室情願將所餘之米照依官倉減價平糶。

　　清朝皇帝為了鞏固政權，極力消除造成民變的因素，但他們關心民間疾苦，也是可以肯定的。直省地方大吏奏聞雨水收成的摺件，也因此屢見不鮮。例如雍正四年（1726）十月十三日浙閩總督高其倬具摺奏聞福建田禾雨水情形，原摺指出延、建、邵、汀四府所屬各縣稻穀都有十分收成，福州府各縣約有九分收成，但因連江縣秋雨過多，被水獨甚，其高田還有八分收成⑦。雍正五年（1727）十月二十六日，福建總督高其倬具摺奏聞福建各處晚稻收成情形，其中延平、建寧二府收成八分、九分不等，邵武府收成八分，福州府內連江、福清、長樂三縣收成九分多些⑧。乾隆年間，直省督撫多遵照部咨將年歲收成隨時具摺奏聞，然後再具題，交部科查察。例如乾隆十六年（1751）分閩省晚稻收成，是由署布政司事按察司按察使德舒冊報，然後由福建巡撫潘思榘具摺奏聞，其中福州府所屬各縣收成分數依次為古田縣十分，閩縣、侯官、屏南三縣九分，長樂、連江、閩清、永福四縣

八分，福清、羅源二縣七分⑨。乾隆十八年三月二十八日，福建
巡撫陳弘謀具摺奏聞通省麥收分數，其中福州府屬閩縣收成十
分，連江縣收成七分，長樂、福清、閩清、永福等縣收成八、九
分⑩。大致而言，雍正、乾隆時期，連江縣的稻麥收成，約爲八
分，屬於較高產量地區。嘉慶以降，已減爲七分以下，例如嘉慶
二十年（1815）二麥收成分數爲七分，早稻收成分數爲六分。道
光二年（1822），早稻收成分數爲七分，道光十八年（1838）早
稻收成分數爲六分，歷年平均多在七分以下，說明連江縣稻麥生
產量的遞減。

　　直省地方大吏多能遵旨改善民生，重視倉穀積貯。乾隆六十
年（1795），清查案內，動支及民欠豁免等項，福建通省共應買
穀二百一十四萬六千餘石，除歷年採買穀一百二十五萬餘石，尚
未買穀八十九萬一千餘石，又另案普免民欠等項共應買穀四萬六
千餘石。自嘉慶十四年（1809）以後，先後採買收穀九萬二千六
百七十餘石。嘉慶十九年（1814）十月二十八日，據閩浙總督汪
志伊奏報福建買穀石數，其中福州府屬的閩縣買穀六千石，侯官
縣買穀四千石，長樂縣買穀三千石，福清縣買穀三千石，連江縣
買穀一千五百石，屏南縣買穀三百石，閩清買穀一千石，永福縣
買穀一千石，合計一萬九千八百石，其中連江縣所買穀石，約佔
福州縣買穀石數的百分之八，反應連江縣的社會資源並不雄厚。

　　地方大吏奏報的範圍很廣，其中科舉考試的得失，頗受重
視。例如福建巡撫、福建學政等人，對通省歲試、鄉試等項利
弊，例應專摺具奏。嘉慶三年（1798），戊午科文闈鄉試，適逢
恩詔廣額，士子應試踴躍，年屆七十以上隨班應試者共七十餘
人，確實是科場盛事。其中蕭作肅是連江縣學附生，高齡八十二
歲，三場試卷，都能完卷，文理明順，字畫端楷，精神矍鑠，步

履康強，可惜榜發後，未經中式⑪。福建學政汪潤之具摺指出，福州府閩、侯二縣士子聞見較多，文風最盛，士習亦優。其餘各縣文風較遜，士習間有未醇者。福建學政吳孝銘於道光十六年（1836）七月二十七日在福州府辦理科考，查出懷挾情弊後，即行掣卷懲治。其餘因筆跡文理不符者，則予扣考，其中連江縣扣除陳俊一名。此外，林煥藜一名，則因默寫正場文字不符，亦被扣除⑫。這些資料為研究清代科舉考試，提供了重要的第一手史料。

　　控訴案件是地方官司空見慣的地方事宜。道光中葉，連江縣辦理民人黃締慶被控吞欠會錢一案，頗受注意。道光皇帝頒降諭旨，將擅受民詞的連江縣典史楊應元革職，不即揭報的連江縣知縣龍光輔解任，恃符藐玩的連江縣舉人黃廣居斥革，俱交閩浙總督鍾祥等親提全案人證嚴訊確情，分別按律辦理。閩浙總督鍾祥等遵旨親提人證逐一研訊。節錄舉人黃廣居藐玩緣由如下：

> 緣黃廣居籍隸連江縣，由廩生中式道光辛卯科本省鄉試舉人，與族叔黃締慶同村居住，道光十三年四月間，有民人朱敦任乏錢使用，商同親友楊支通等及黃締慶之母舅林月楨一共十四人，合成錢會一個，先歸朱敦任收錢，其餘鬮定先後，挨次輪收，每次每人各出錢三千文。嗣林月楨收得後旋即病故，其妻倪氏託黃締慶作保擔認。十六年五月，輪應楊支通收錢。倪氏無力措交，楊支通向黃締慶催討無還。是月十六日，以黃締慶吞欠會錢等詞，赴典史衙門控告，該典史楊應元票差林喜、游忠傳審未到。七月初十日，黃締慶為黃廣居挑穀糶賣，得錢九百文，適被捕差林喜等撞見拉住。黃締慶恐到案喫虧，自將糶穀錢文送給林喜、游忠收受，囑為照應。林喜等即帶黃締慶赴署，經

該典史查訊，因黃締慶不認欠錢，暫交差役陳長、游全帶至二門外差房看管，催傳原告質訊。十一日，黃廣居聞知前情，前往差房向黃締慶索取糶穀錢文。黃締慶無錢償還，因林喜等不能照應，仍然被押，隨捏稱錢被捕差奪去。黃廣居信以為實，聲言捕差不應奪錢拘人，闖入署內，欲見捕官。門丁陳忠經見，將其拉出大堂。黃廣居生氣，復至差房，聲稱捕官不應濫押民人，自將黃締慶帶走。看役陳長、游全喊同陳忠攔阻，彼此爭罵。時有黃廣居族人黃廣厚、黃德權、黃廣瑞、黃掌修與附近民人在外觀看，人多擁擠，致將差房籬壁，擠壞一片。典史楊應元聞鬧，出外吆喝，見黃締慶乘間欲逃，自將黃締慶髮辮揪住，黃廣居畏懼走回，觀看之人均亦各散。楊應元將黃締慶交差解縣，一面以舉人黃廣居率眾毀房毆辱等情，稟縣究辦。該縣龍光輔正值下鄉，門丁魏四未敢將黃締慶私自管押，即著縣役楊華交保劉蓮子保領候訊，黃締慶旋即在保脫逃，楊華與劉蓮子因恐跟交拖累，起意捏作黃締慶一名解至頭門被不識姓名人奪去；做就稟詞，同向魏四哀求照應。魏四以本官未知此事，當即應允，將稟詞收受。嗣該縣龍光輔回署，代為轉遞，有廩生陳鴻英因與黃廣居素好，先至典史衙門代求息事，楊應元不允，陳鴻英復向黃廣居通知，黃廣居正擬具控，將呈稿給看，陳鴻英囑令添捏，被門丁喝毆受傷等詞控縣⑬。

前引內容，是研究福建民間標會及地方吏治的重要史料，所謂“錢會”，就是一種互助會，但因會員間有倒會者，以致輒起爭執，胥役從中收受錢文，舉人、廩生往往捲入是非，從所引內容，也可以得知道光十七年（1837）五月間，連江縣知縣是龍光

輔、典史是楊應元。黃廣居是舉人，陳鴻英是廩生，林喜、游忠等人是捕快，陳長、游全是差役，陳忠、魏四是門丁。從閩浙總督鍾祥等奏摺，也可以反映連江縣黃廣居等人聚族而居，族人衆多。

　　州縣徵收地丁錢糧，例應隨徵隨解，不准絲毫壓留，稍有短缺。署連江縣候補府經歷瞿塘因短解道光三十年（1851）分地丁銀八千九百六十餘兩，耗羨銀一千八百二十餘兩，於咸豐元年（1851）六月二十八日經閩浙總督裕泰具摺特參，請旨摘去頂帶，勒限兩月完解⑭。纂修縣志，人物志及職官志，都是不可或缺的重要部份，地方大吏對連江縣人事的異動，多有奏報，其奏摺就是搜集人物事蹟的最主要資料來源。

## 四、東岱、浦口的海防史料

　　現藏《軍機處檔》，除了各種檔册外，《月摺包》的件數，也相當可觀。其中涉及連江縣地方情形的資料，頗爲廣泛，本節僅以連江營遺失砲位一案爲例，說明《月摺包》的史料價值。東岱、浦口二汛，歸連江營管轄，各設砲台，因遺失砲位，於乾隆五十三年（1788）七月間，經閩浙總督李侍堯參奏，奉旨：「必須徹底究訊，從嚴辦理，著將守備柴必魁革職拏問，提同千總許明陛、署千總林爲邦及看守砲位之兵丁嚴審定擬具奏。」經調任總督福康安到任後，因守備弁兵屢經嚴訊，總無確供。飭營縣嚴密訪查，福康安後來調任兩廣總督。覺羅伍拉納接任後，拘齊各要犯，率同司道府等員逐一隔別審訊，並於乾隆五十四年（1789）三月二十四日具摺奏聞辦理情形，節錄原奏所述失砲緣由如下：

　　　緣連江縣東岱堡地方，爲內港緊要門戶，該堡駐劄守備一

員，把總一員。離堡五里，設砲台一座，安砲六位。又過
江八里至浦口寨，安砲四位。兩處砲台各撥兵十名看守，
因預備征台兵丁，每處挑去四名。東岱止存兵孫顯、蘭景
韶、林坦、趙光璧、郭志鼎、林得興六名。詎署連江營千
總林爲邦於乾隆五十三年正月初三日兼署東岱汛把總，私
將蘭景韶、林坦派作跟丁役使，趙光璧等俱各生理，懇求
該革弁免差，每月各繳錢三百文給林爲邦收用。其浦口汛
務，先係原署東岱把總黃金印於五十二年十二月初三日兼
管，該革弁長在東岱堡，亦將浦口兵丁趙棟、陳世爵、林
履錦留在東岱役使，餘兵吳明患病回家，僅令陳高、徐必
得守汛。陳高等因無該弁駐劄稽查，即各自回家，以致兩
處砲台空虛，而洋盜得以起意偷竊之緣由也。時有陳四舵
盜船常時出洋行劫，探知浦口砲位無人看守，主令盜夥莊
聯增、余學學、邱士連等進口偷竊。五十二年十二月二十
四日，余學學等僱坐杜元灼小船入口，並與說明，令其裝
砲出口，杜元灼同水手鄭可馥、馮孝登俱各允從。莊聯增
有兄莊十一指，住居離汛不遠，該犯等先至莊十一指家中
告知情由，囑其相幫酬謝，莊十一指留養晚飯。是夜二
更，一同攜帶繩槓，潛往浦口，偷取鐵砲一位，抬赴杜元
灼小船出口，盤上陳四舵大船，陳四舵給番銀三十圓，莊
十一指等四犯，每人各分六圓，杜元灼、鄭可馥、馮孝
登，每人各分二圓，莊十一指仍坐杜元灼小船入口登岸而
散。另有洋盜黥弟見陳四舵船中砲位，詢知來由，亦託莊
聯增帶同該船盜夥戇黨李春香於五十三年正月十三日駕駛
杉板小船進口，復至莊十一指家商竊東岱之砲，莊十一指
應允，又邀素識之陳淑泰幫抬。是夜，一共五人，齊赴東

岱，竊取鐵砲一位，抬上小船，運至黟弟大船，黟弟亦給
番銀三十圓，四人各分六圓，給陳淑泰六圓，莊十一指、
陳淑泰登岸各散，此浦口、東岱兩處失砲之原委也⑮。

由引文內容可知連江縣連江營東岱、浦口等汛，武備廢弛的
嚴重情形，海盜出入，如入無人之地，所安砲位，可以任意竊
取。兩處砲台，雖然各撥兵十名看守，但因先後被挑去，或派作
跟役，或患病回家，或經營生理，以致形同虛設。閩浙總督覺羅
伍拉納等具摺指出，東岱、浦口兩處所失之砲，較大於羅源營濂
澳、虎尾二汛，竊取甚屬不易，莊十一指等雖然供認塘汛無人，
夜間竊取，但他懷疑是兵與盜通，盜爲兵諱，且恐備弁兵丁串通
一氣，互相隱匿。但據千總林爲邦等供稱，東岱砲台離堡五里，
浦口砲房與東岱間隔一江，相距稍遠，不曾於砲台往來巡查，其
兵丁除東岱賣放役使之外，已無兵供役。浦口一汛，只有陳高、
徐必得二名，然而亦不在汛，以致砲位失竊。另據汛兵陳高等供
稱，浦口砲台冷靜，汛官既不駐箚，汛兵陳高就沒有過去上宿。
閩浙總督覺羅伍拉納等審擬此案時，遵旨從嚴辦理。千總林爲邦
等擬斬，恭請王命，先行正法，水手鄭可馥等擬立決，汛兵陳高
等分別發遣爲奴。原摺於乾隆五十四年（1789）四月十二日奉硃
批：三法司核擬速奏。同日，刑部、都察院、大理寺遵旨核擬覆
奏，大體維持原擬，惟署東岱守備許明陞、把總黃金印，俱從重
發往新疆充當苦差，署遊擊守備柴必魁發往新疆效力贖罪⑯。但
海盜陳四舵等多名逃逸未獲，反映福建沿海地方海防的疏失及海
盜的猖獗。

## 五、乾嘉期間馬祖列島的海盜活動

明清時期，我國沿海州縣及附近島嶼，都成爲海盜騷擾劫掠

的目標，對當地社會生活，造成了重大的破壞作用，連江縣境內及馬祖列島，同樣都不例外。台北故宮博物院現藏檔案中涉及海盜的資料，爲數相當可觀，本節僅以《宮中檔》閩浙總督、福建巡撫奏摺爲例，說明海盜盛行的情形。乾隆十八年（1753），閩浙地區，因疫氣流行，舵水星散，有些船戶因無本行駛，往往起意爲盜。例如晉江縣商船戶丁一有小商船一隻，牌名丁源興，糾邀四十五人，於是年四月十九日二更時分，將商船駛至水圭腳外洋，截劫廣東潮州陳和順、徐發利二船番銀、羅布、磁器、衣服等物，連船鑿沈大洋，溺斃十二人。丁一將所劫磁碗駛往連江縣販賣。五月初三日，丁一商船在崇武打水後駛至連江縣，將磁碗發賣，換買油粞豬隻回船。六月初三日返回溪邊汛後被拏獲，解交晉江縣審訊，同年十一月二十七日，閩浙總督喀爾吉善等具摺奏聞辦理情形⑰。

嘉慶年間（1796～1820），福建沿海，海盜更加猖獗，竿塘洋面，海盜肆毒，福建督撫、將軍相繼奏報。竿塘分爲南竿塘即馬祖島、北竿塘即長岐山，此外，還有東犬島、白犬島，東沙島等列島，都是海盜經常出沒的島嶼。例如嘉慶二年（1797）七月初七日，閩浙總督魁倫具奏〈爲海盜著名盜首李發枝經官兵圍拏緊急帶領盜夥船隻砲械投出緣由〉一摺，詳細開列船隻、破械、盜夥數目，原摺指出李發枝率領投首盜船三隻，盜夥一百五十三名，大砲二門，九節砲八門，火藥三箱，鉛子四桶，刀鎗器械共一百七十七件，大刀一把，手鏢一合，籐牌十九面，火罐火號三十九件，大小旗幟二十三面，分別交管配用。原摺也摘錄李發技供詞，節引如下：

> 李發枝供稱：年三十三歲，原籍浙江平陽縣人，本生父母早故，並無兄弟，幼過繼與福建福鼎縣民人李世彩爲子，

平日捕魚為業。自乾隆五十八年間出洋為匪，在閩浙各洋面行劫，不記次數，併據供認行劫琉球國貨船，浙省官米，併隨同安南盜匪在閩省東沖、定海二汛搶劫砲位不諱。後因官兵查拏嚴緊，於六十年十二月逃往安南躲避，並繳出得受安南盜首大頭目所給執照一張，木戳一個，又執照五張呈驗。本年五月間，帶同來首之李喜五、林阿六併被官兵拏獲之陳阿包、張仁扳等甫自安南竄回內地，沿途擄掠夥伴，劫佔船隻。同幫共有十二船，在白犬洋面，被官兵擊沈一隻，拏獲七隻。又在竿塘洋面被官兵拏獲一隻，僅存三隻，乘風逃竄至烽火門洋面，見有官兵在彼截拏。小的自思原是良民，實因一時糊塗，聽從為盜，以致身犯重罪，在洋苟延時日，終難漏網。今蒙皇上恩典，凡有投首人等，均獲免罪，是以帶領同夥船隻赴官投首⑱。

由引文內容可知李發枝盜船出沒於白犬洋面、竿塘洋面等處，行劫琉球貨船、浙江官米等項。

嘉慶六年（1801）九月二十八日，閩浙總督玉德等奏摺指出，"據海壇鎮倪定得稟報，蔡牽自浙竄閩，有溫州鎮胡振聲跟追南來，當即會同探蹤，追捕至南竿塘一帶，瞭見盜船向外洋逃竄。"⑲南竿塘就是馬祖島，當兵船追捕到南竿塘時，蔡牽等已經逃竄。嘉慶七年（1802）二月二十五日，閩浙總督玉德、福建妄巡撫李殿圖會銜奏聞辦理海盜情形，節錄一段內容如下：

據海壇倪定得、溫州鎮胡振聲、護閩安協副將陳名魁、水師營參將羅江太稟報，探聞蔡牽盜船潛匿南竿塘一帶洋面，隨即會商分幫搜捕，溫州鎮兵船由內洋過南；閩幫兵船由外洋過北，均於竿塘會齊。溫州鎮胡振聲所帶兵船先抵竿塘洋面，瞭見有小船遊奕，行蹤詭秘，知為蔡牽探

船，隨督兵船奮勇前進，突有盜船三十餘集從南竿塘駛出，兵船開放鎗砲，奮力追趕，盜匪亦放鎗砲拒敵，且戰且走，追至白犬外洋，海壇鎮倪定得、護閩安協陳名魁、督標水師營參將羅江太各率舟師從上壓下過其去路。該匪等見兵船駛來，膽敢返篷拒捕⑳。

由引文內容可知嘉慶年間馬祖列島成爲海盜潛匿的島嶼，蔡牽潛匿南竿塘及馬祖島的船隻，爲數尤夥。當兵船追剿南竿塘洋面海盜時，由南竿塘駛出的盜船，就多達三十餘隻。

嘉慶十三年（1808），連江縣生員歲考違例案，也反映了沿海不靖的背景。是年六月初四日，福建學政葉紹本歲試福州府生員，其中連江縣學附生吳直，並未作文，而於試卷內混寫地方事宜，譬如所稱海盜氣未稍挫，詞未稍屈，並於沿海之地，但收船戶常例，交易不苟，官軍沿海剽掠，席捲一空甚至將帥大吏方有所謀，奸民先已通風宣播。又稱將帥所獲，皆非眞賊，特百姓之與賊往來者，誣以爲賊，一斬則百餘人，知者爲之痛心，如此自削其聲勢，雖更遲十餘年，終無滅賊之日，徒以竭天下之財等，都涉及海盜及軍情問題。福建學政葉紹本將附生吳直斥革，移送總督審訊。閩浙總督阿林保等將吳直親加訊問後，於同年六月十三日具摺奏聞辦理情形，原摺摘錄供詞要點，節錄其供詞內容如下：

據供：蔡逆賊船，從前有一百多號，今被官兵屢次攻擊，僅剩三船，逃往粵洋，係屬詭計。朱濆賊船，從前五、六十號，今止二十餘船，亦是誆人。是賊氣雖挫，實未嘗挫，賊詞雖屈，實未嘗屈。至賊匪於沿海地方收船戶規例，係在沿海教讀，親見其事。與賊交易，皆商賈細民，不可勝言。其擄掠百姓，幫幫兵船，無不如是，不知其爲

何幫？兵船亦不知其統領員名。再將帥有謀，先通風於賊者，係將帥賊中人；大吏有謀，先播於賊者，係省城之名。所有數年來官兵拏獲之賊，特一、二，賊船被逆風所打陷於泥濘之中不能得出，故被拏獲，其餘賊船，皆秋毫無損。至於通盜之人，彼所貪者財物，未至傷人，若概指為賊夥而誅之，民心恐有不服。但拏通盜奸民，而奸民不可勝誅，徒是枝葉工夫，本源上全未加意，豈不自削其聲勢。聞得官兵出洋口糧，每日需銀四、五千金，今已十餘年，豈不徒竭天下之財㉑。

附生吳直供詞已反映了福建地方積弊，連江縣及馬祖列島民人接濟盜船水米火藥，固為貪財起見，然而兵船形同盜船，擄掠百姓，虛報戰功，對海盜未能給與致命打擊，所以兵連禍結，沿海居民，遂致生靈塗炭，探討海盜猖獗的原因，不能忽視附生吳直的試卷及其供詞。閩浙總督阿林保、福建巡撫張師誠具摺時，將海盜猖獗，歸咎於沿海居民的通盜濟匪，例如連江縣人林夏蓮以糕餅等物賣給盜船，其餘各犯分別以火藥、船篷、米穀等物，接濟盜船㉒。

## 六、結語

《宮中檔》奏摺、《軍機處檔‧月摺包》奏摺錄副，主要是來自地方大吏，含有既珍貴，又豐富的地方史料，對地方史及區域史的研究，提供了不可或缺的第一手史料。由於奏摺內容較翔實可信，奏摺範圍亦較廣泛，有其權威性及客觀性，可以擴大地方史或區域史研究的視野。由本文所舉例子，可以了解連江縣及馬祖列島的地方事宜，包括：雨水收成、人民生計、倉穀積貯、科舉考試、控訴案件、人事異動、汛口海防、海盜滋擾等等的真

實動態，可以掌握精確的歷史時間和歷史空間，反映歷史舞臺上所扮演過的種種角色，可以重建歷史輪廓。

　　故宮現藏各類檔案的整理，主要是採取編年體的方式，進行編目，有關連江縣及馬祖列島的檔案，都散見於各類檔案，搜集工作，頗需時日。現存檔案，只是文獻館南遷文物的一部份，缺乏完整性，以致對連江縣及馬祖列島的研究，不免有支離破碎之感，但累積片斷資料，亦不失爲發掘檔案的基礎工作，結合海峽兩岸的現藏檔案，掌握完整的歷史檔案，科學地有效地利用海峽兩岸現藏第一手史料，輔以官書典籍及田野調查資料，整理彙編相關研究資料，尊重客觀的歷史事實，有系統地利用完整的資料，方能使我們的地方發展史研究工作具有學術價值和生命力。

## 【註　釋】

① 　韋慶遠：〈利用明清檔案進行歷史研究的體會〉，《明清史辨析》（北京，中國社會科學出版社，1989 年 7 月），頁 512。

② 　韋慶遠：〈充分利用歷史檔案提高對北京地方史研究的水平〉，《明清史辨析》，頁 519。

③ 　徐中舒：〈內閣檔案之由來及其整理〉，《明清史料》（台北，維新書局，民國六十一年三月），㈠，頁 1。

④ 　《宮中檔雍正朝奏摺》，第四輯（台北，國立故宮博物院，民國六十七年一月），頁 66。雍正三年三月十九日，福建福寧鎮總兵官顏光旿奏摺。

⑤ 　《宮中檔乾隆朝奏摺》，第五輯（台北，國立故宮博物院，民國七十一年九月），頁 632。乾隆十八年六月二十七日，福建巡撫陳弘謀奏摺。

⑥ 　《宮中檔乾隆朝奏摺》，第一輯（民國七十一年五月），頁 256。

　　乾隆十六年七月二十五日，福建巡撫潘思榘奏摺。

⑦　《宮中檔雍正朝奏摺》，第六輯（民國六十七年四月），頁 740。
　　雍正四年十月十三日，閩浙總督高其倬奏摺。

⑧　《宮中檔雍正朝奏摺》，第九輯（民國六十七年七月），頁 189。
　　雍正五年十月二十六日，福建總督高其倬奏摺。

⑨　《宮中檔乾隆朝奏摺》，第一輯（民國七十一年五月），頁 922。
　　乾隆十六年十一月十七日，福建巡撫潘思榘奏摺。

⑩　《宮中檔乾隆朝奏摺》，第五輯（民國七十一年九月），頁 2。乾
　　隆十八年三月二十八日，福建巡撫陳弘謀奏摺。

⑪　《宮中檔》，第 2706 箱，34 包，4255 號，嘉慶三年九月十三日，
　　福建巡撫汪志伊奏摺。

⑫　《宮中檔》，第 2726 箱，3 包，777 號，道光十七年四月二十三
　　日，福建學政吳孝銘奏摺。

⑬　《宮中檔》，第 2726 箱，4 包，979 號，道光十七年五月二十二
　　日，閩浙總督鐘祥奏摺。

⑭　《宮中檔》，第 2709 箱，5 包，806 號，咸豐元年六月二十八日，
　　閩浙總督裕泰奏摺。

⑮　《軍機處檔・月摺包》（台北，國立故宮博物院），第 2778 箱，
　　167 包，40063 號，乾隆五十四年三月二十四日，伍拉納奏摺錄副。

⑯　《軍機處檔・月摺包》，第 2778 箱，4 包，40057 號，乾隆五十四
　　年四月十二日，大學士管理刑部事務阿桂等奏摺。

⑰　《宮中檔乾隆朝奏摺》，第六輯（民國七十一年十月），頁 876。
　　乾隆十八年十一月二十七日，閩浙總督喀爾吉善等奏摺。

⑱　《宮中檔》，第 2706 箱，20 包，2851 號，嘉慶二年七月初七日，
　　閩浙總督魁倫奏摺。

⑲　《宮中檔》，第 2712 箱，50 包，6258 號，嘉慶六年九月二十八

日，閩浙總督玉德等奏摺。

⑳　《宮中檔》，第 2712 箱，55 包，7482 號，嘉慶七年二月二十五日，閩浙總督玉德等奏摺。

㉑　《宮中檔》，第 2724 箱，70 包，11222 號，嘉慶十三年六月十三日，閩浙總督阿林保等奏摺。

㉒　《宮中檔》，第 2724 箱，68 包，10484 號，嘉慶十三年四月十三日，閩浙總督阿林保等奏摺。

# 庚子惠州革命運動始末

## 一、前言

　　庚子惠州之役是國民革命運動的轉捩點，在庚子（1900）以前，革命黨唯一的地盤，在國外是華僑，在國內是會黨。乙未（1895）廣州之役失敗後，全國輿論同情革命者實屬罕見，革命黨的固有地盤，盡為保皇黨所奪，　國父十餘年來所建立的革命基礎，幾乎完全喪失。因此，自乙未到庚子五年之間，國民革命事業陷入了最艱難困苦的境地。

　　庚子夏初，拳變發生，聯軍入京，清朝政權，岌岌不保，長江兩湖及東南沿海的會黨，無不靜極思動，革命黨與保皇黨雙方都認為運動會黨起事的時機已經成熟。是年七月，自立軍失敗後，國人對於保皇與革命的分野，已有較正確的認識。凡是假借保皇為旗號的人士，已相繼投向革命的陣營。在廣東方面，自惠州之役以後，「革命黨之志節與能力，逐漸為國人所重」，「國人之迷夢，已有漸醒之兆」。清廷的愚昧無能，已暴露無遺，有識之士，對此次起義無不「扼腕歎息，恨其事之不成」，此即惠州之役最大的收穫。

　　保皇黨從自立軍消滅後，不再存有以武力保皇的勇氣。漢口與大通之役是康、梁利用會黨謀以武力保皇的最初一次，也是最後一次。惠州之役是　國父在興中會時期首次以會黨為主力而起事的反滿革命運動，但並非最後一次的嘗試。惠州之役雖然也遭遇了挫折，但因風氣日開，會黨志士熱烈響應革命號召，漸漸匯

聚成澎湃潮流。嗣後的歷次起義，與過去隨起隨滅的饑民爲亂不可同日而語，會黨志士在　國父領導下，已成爲一支有組織、有主義的戰鬥力量，廣東巡撫兼署兩廣總督德壽已盛讚革命志士「能謀善戰，更非尋常土匪可比」。

國立故宮博物院現藏庚子惠州之役革命史料，件數尚夥，頗足補充私家記載之疏漏。馮自由氏所著《革命逸史》及《中華民國開國前革命史》二書均附錄德壽奏報惠州革命黨起事一摺，惟對照故宮博物院宮中檔原摺後，發現馮氏刪略頗多。查馮氏所錄德壽奏摺係於光緒二十六年九月十四日由驛馳遞，原摺全文約二千五百字，馮氏所錄約一千四百字，史料眞貌已難窺見，且會黨志士蔡阿牛原摺作蔡亞生，黃楊原摺作黃揚，其餘歧誤尚多，無煩縷舉。

本文撰寫之目的，即在就現存清代官、私記載，以說明庚子惠州革命運動的背景、經過及其所代表的時代意義。

## 二、庚子惠州革命運動的經濟與地理背景

在清代獨口貿易時代，廣州是中國唯一的對外通商口岸，素稱繁富。中英鴉片戰爭以後，由於沿海通商口岸的增闢，廣州的貿易地位，逐漸爲上海等商埠所取代。廣州昔日的繁富已名存實亡，而且廣東民風強悍，因生計日艱，盜風益熾，尤以廣、惠、肇、高各屬搶劫案件，幾乎無日無之。天地會黨復參錯其間，以致富商避跡，行旅戒途。廣東巡撫兼署兩廣總督德壽曾云：

> 查廣東惠州府屬民情強悍，聚眾拜會、械鬥、搶擄，習爲故常。近海之歸善、海豐等縣，尤多洋盜、鹽梟，以故嘯聚甚易，動輒滋事。即歸善一屬，十餘年來，稔山會匪黃亞春，煙墩會匪黃狂成，拒敵官軍，搶劫墟市，經派營勦

散，迄未淨絕根株①。

當時所謂盜或匪，其實多屬爲生計所迫的饑民。他們「聚則爲盜，散則爲民」，甚或「有紳士爲之庇護，往往此竄彼竄，勇退盜歸」。實授兩廣總督陶模赴任之初，經其「細加參考」的結果，指出其中的癥結云：

> 從前所以繁富者，並非土產沃饒，民務耕織。祇以其時各省未盡通商，嶺海首開互市，得以獨享其利。其出洋貿易挾資歸來者，動累數十百萬，是以富甲他省。近則各省關有商埠，出口進口之貨，無煩取道廣東，操奇計贏之輩，不能獨擅其長，而貿易外洋者，慮故土不能安居，相率長往不歸，是所稱繁富，業已實去名存。而內外籌款諸臣，仍視廣東爲繁富之區，徵調之餉，興作之費，協助之款，災賑之需，無不取給廣東。在督撫臣因素有繁富之名，不能羅掘以應，於是鹽課之外，有加價焉，釐金之外，有臺砲經費焉。近更出於不得取有干例禁之規費，美其名以歸之於公，總其數而承以商，曰大小圍，曰緝捕經費，殫力搜羅，多多益善，何暇計所從來，上以是求，下以是應，交征之習，視爲固然。不知凡此商人所繳之鉅餉，無非細民所積之錙銖，日竭脂膏，以供胶削，生路既窮，自必群趨爲盜②。

清廷國庫困絀，地方空虛，社會秩序，益趨動盪。吏治廢弛，民不聊生，秘密組織遂積極展開活動，頗有一呼百諾之勢，此即會黨志士在國民革命史上扮演重要角色的經濟背景。

就地理形勢而言，惠州是廣東的大郡，歸善則是惠州的大縣。庚子惠州之役就是選在歸善縣屬的三洲田地方作爲大本營。據歸善縣志所載，其地理位置，東至海豐縣界一百七十里，東南

至平海所二百里，南至海港一百二十里，西南至廣州新安界一百七十里，西至廣州東莞界一百里，北至博羅界二十里，東北至永安界二百里。三洲田拔海千餘尺，群山環繞，形勢險要。其左近地方荒遠僻靜，清軍向不設防，會黨志士聚散容易。東南瀕海，逼近租界，便於接濟。

德壽指出會黨向來「倚三洲田為老巢，據三多祝為形勝」之原因云：

> 查三洲田地方，山深林密，路徑紆迴，南抵新安，緊逼九龍租界，西北與東莞縣接壤，北通府縣二城，均可竄出東江，直達省會，東南與海豐毗連，亦係會匪出沒之處③。

三洲田是歸善縣與新安縣交界的要隘，陳少白亦曾說明革命志士選在三洲田發難的緣故云：

> 等到各方面都佈置好了，就約定在惠州歸善縣與新安縣交界的三洲田會齊，聽候鄭士良來做總指揮。在英國首次割據香港的時候，只有香港一島與對岸些小之地，其餘還是歸新安縣管治。後來英國人又說香港是一個海島，四面受敵，不易保護，並且對岸若用大砲發射，也可以達到島上，就要求滿清政府把新安縣治割給他一半，當時清政府是有求必應的，就割給他們。至於這個三洲田就在新安縣之西南，僅在割去的新界界外，我們總機關在香港，要起事，這個地點自是最屬相宜。所以惠州之役，以三洲田為起事的出發點，就是這個緣故④。

## 三、庚子惠州革命運動的籌劃與發難經過

乙未廣州之役失敗以後，　國父孫中山先生命陳少白回香港創辦《中國日報》，以鼓吹革命；命史堅如入長江，以聯絡會

黨；命鄭士良在香港設立機關，招待會黨，以謀再度起義⑤。正式籌劃起義的工作是在香港海面法輪煙狄斯號船旁一小舟進行。庚子年五月二十一日，　國父召集中日革命志士舉行起義前第一次軍事會議，議定由鄭士良督率黃福、黃耀庭、黃江喜等赴惠州，準備起事；史堅如、鄧蔭南赴廣州，謀刺德壽，以資策應；楊衢雲、陳少白、李紀堂等留在香港，負責接濟餉械。其軍事行動，計畫由惠州出東江，直逼廣州。六月二十一日，召開第二次軍事會議，議定由鄭士良充任惠州起義的軍事總指揮，而以日人遠籐隆夫爲參謀，平山周等助理民政事務。　國父則自行折返日本，轉渡臺灣，以謀軍火接濟，日本總督兒玉源太郎許以起事後全力相助，故改原定計畫，擬先佔領廣東海岸地帶，一俟　國父潛渡內地後，即圖大舉⑥。

　　按清代官方文件的記載，惠州起義前革命志士購備洋槍、鉛藥、馬匹、乾糧、旗幟、號衣，招集各路會黨，付給資本銀兩，分投佈置，約期大舉的總機關是設在香港租界的「同義興松柏公司」。至於惠州之役正式發動的日期則說法不一，馮自由著《革命逸史》及《中華民國開國前革命史》均謂在庚子年閏八月十五日晚。《萬國公報》載粵信亦稱三合會黨出自惠州係在閏八月十五日⑦。馮自由於〈三洲田革命軍〉一文卻云：

　　　是歲夏，孫總理派鄭士良籌備在惠州大舉，士良遂集合同
　　　志黃福、黃耀廷、黃閣官、林俠琴、楊發、羅生等百數十
　　　人在歸善縣三洲田馬欄頭楊生大屋設立大營，準備起兵，
　　　專候總理接濟軍械。至閏八月十三日，清軍何長清部壓迫
　　　日甚，始毅然向清軍進攻，一戰破之，連戰俱捷⑧。

　　鄒魯於〈庚子惠州之役〉一文亦稱惠州之役正式起事的日期是在閏八月十三日夜晚，其文云：

士良先後受總理命，集黨眾於三洲田之山寨，總理在外計畫數月，山寨有壯士六百人，因乏糧，寄食同志之家，僅留八十人守山寨。惟近村之民，因迷途誤入寨中者，悉留之，以防洩漏。鄉村之民，見其入而不見其出，風說因之而起，皆曰：「三洲田山寨中，人馬數萬，將謀反。」一時謠傳傾動全粵。何長清已移其前隊二百人駐沙灣，將進橫岡，以取三洲田，吾軍偵知之，用先發制人計，於閏八月十三日率壯士八十人乘夜襲沙灣⑨。

德壽於奏摺中言之尤詳，閏八月初八、九日，各路會黨志士已開始向三洲田運動。鄭士良與劉運榮充軍師，蔡景福、陳怡等充先鋒，何崇飆、黃福、黃耀庭等充元帥，黃揚充副元帥。作戰旗幟上書寫著「大秦國及日月」等字樣，革命志士「頭纏紅巾，身穿白布鑲紅號掛」。是月十日，德壽所遣補用副將莫善積管帶喜勇一營，已由省城馳抵歸善，革命志士尚未會齊，猝聞清軍大至，遂提前於十三日豎旗起事。或因起事後二日，其消息始為外界所知。

在三洲田的革命志士共計六百人，洋槍三百桿，子彈九百發，因鄭士良此時尚在香港，暫由黃福率領留守山寨志士八十人猛攻新安沙灣墟。革命志士均帶有「吉林砲、毛瑟槍」⑩，奮勇殺敵，清軍兵單力薄，潰不成軍。革命軍陣斬清軍四十人，奪洋槍四十桿，彈藥數箱。次日黎明，革命軍乘勝追擊，直迫新安城。革命軍所經之處，居民爭先加入，德壽聞之，為之大驚。

是月二十一日，因清軍水師提督何長清所率新、舊靖勇及各軍砲勇一千五百名已至深圳墟屯紮，副將衛記名總兵陳維熊亦帶熊勇兩營在恆康鄉駐紮，以衛何軍右翼⑪。革命軍乃回攻橫岡，進佔龍岡，轉圖惠州府城，清軍喜哲各勇與革命軍連次接仗，互

有勝負，不過此時革命軍聲勢日壯，清軍不敢正面接觸。同月二十二日，博羅縣的會黨首領梁慕光、江維善等亦率志士響應，圍攻縣城，另以一小隊進逼惠州府城，此時鄭士良亦自香港來會。地方官一面馳報省城總督，一面將博羅至惠州的浮橋拆斷，以阻止革命軍偷渡。德壽急檄營勇分投佈置：總兵黃金福調撥信勇兩營分駐東、西兩路；記名總兵陳維熊率熊勇兩營馳援；惠州府知府沈傳義所募土勇二百名則委交歸善縣縣丞杜鳳梧管帶；提督馬維騏、劉邦盛、總兵鄭潤琦、都司吳祥達、副將莫善積等各督所部會同水陸提督何長清、鄧萬林在府城外白芒花、平潭等處與革命軍接仗⑫。在革命軍方面，黃耀庭、黃閣官等率會黨志士二百人來會，是時革命軍新招會當志士已有千餘人，連同原有六百人，合計約二千人，軍威益振。

九月二十一日，《清議報》載惠州軍務云：

> 念二日，馬軍門部下武弁區某親帶介字營勇欲往平潭防堵，詎被會黨聞知，即就蔗林埋伏鎗手。未幾，介勇經臨，會黨從林中發鎗攻擊，介勇傷斃甚眾，驚惶逃走⑬。

十月初一日，《清議報》續載惠州軍務云：

> 會黨於二十二日在距法梅湖四英里之三角湖地方與官兵相遇，將官兵擊退，殺去官兵約二百人，傷者不計其數。該地居民因協助官兵，被會黨將村莊焚燬數間，村民之被害者，約三十人。二十二、三日，會黨率眾逼近惠州府城在距城約二十里之馬鞍墟。該處遍野蔗林，會黨乃虛豎紅旂數面，飄拂林中。時提督鄧萬林株守城中，見黨勢逼近，乃率各營勇望蔗林進發，遙鎗擊之。不料會黨分其黨羽兩翼包抄而至，所用多無煙新鎗，銳不可當，官軍抵禦不住，而各勇又皆新募，未經戰陣，鎗砲器械亦鮮精良，相

率棄械逃潰⑭。

是役，革命軍方面，蔡生、陳福等會黨首領爲清軍副將莫善積所殺，同時殉難的革命志士，十餘人。清軍方面，傷亡尤衆。歸善縣丞杜鳳梧及補用都司嚴寶泰均爲革命軍所擒，嚴寶泰後在佛子坳爲革命軍所殺。革命軍從清軍方面奪獲洋槍七百餘桿，子彈五萬發，馬十二匹，其餘旗幟、袍褂、翎頂等物不計其數。據德壽後來奏請優卹陣亡哨弁所列名單，當時陣亡的清軍將弁尙有副將銜儘先補用參將任年及候補千總黃新曙二員⑮。是夜，革命軍營於鎭隆。此時清軍雲集，革命軍因衆寡懸殊，遂分作多股，退駐平山各村。平潭去惠州府城約六十里，因此當平潭戰事激烈之際，府城人心搖動，地方官乃將府城關閉。是時德壽接獲廣西急電，略稱廣西會黨聲勢甚大，聯絡雲貴土人祭旗起事，廣西提督自知兵力單薄，器械苦窳，不足以應付，電請廣東大吏商撥新式快槍十萬桿及訓練有素弁丁西往協同防堵。但因廣東惠州等處軍事吃緊，而雷、瓊、高、廉各屬三點會黨復躍然欲動，因此無法調撥弁丁云云⑯。

閏八月二十四日，革命軍由永湖出發，途遇清軍大隊五千餘人，革命軍奮勇向前，清軍潰退。鄧萬林中槍墜馬竄逸，革命軍奪其洋槍五百桿，子彈萬發，馬三十匹，俘清兵數百人⑰。至於革命軍方面的黃揚則不幸爲清軍所誘殺。二十五日，革命軍進攻河源縣城，不克。次日，轉往崩崗墟，紮營於雷公嶺，擊走來追清軍。惟因彈藥不繼，謀出東江，爲清軍所遏，乃折而東走，轉攻三多祝附近的黃沙洋地方。

當清軍管帶兵營副將朱義勝、都司吳祥達等督率所部抵達時，革命軍已佔領三多祝，此時革命軍號稱二萬人。二十七日黎明，吳祥達率哲字左營及中、右營各哨三路來攻，莫善積率喜字

營勇助戰，革命軍分路抵抗，自辰亥戰至日昃，槍砲兼施，革命軍前仆後繼，士氣高昂。革命軍方面不幸犧牲的是：劉運榮、何崇飄、楊發等統將，同時殉難的志士多達五、六百人，清軍傷亡更倍之。革命軍終因彈盡援絕而失敗，三多祝、黃沙洋兩處復爲清軍所得。

當革命軍與清軍雙方在三多祝展開激戰之際，海豐大嶂山會黨數千人，河源、和平兩縣會黨千餘人亦同時進攻各城，以謀響應。不過，在海豐方面，清軍信勇已先來此駐紮，又調署碣石鎮總兵莫善喜率軍來援。在河源、和平方面，清軍參將石玉山統帶廣毅軍策應，河源知縣唐鏡沅固守縣城，會黨志士久攻不克退守黃沙磚瓦窯。二十七日黎明，石玉山帶隊掩至，縱火圍攻，會黨志士傷亡百餘人。會黨首領曾金養率志士進攻和平縣城，毀南門城樓，城內廣毅軍營勇練兵，傾巢而出，會黨志士寡不敵衆，曾金養不幸陣亡，同時遇害的志士數十人。

革命軍在三多祝失敗後，退往三多祝迤東的平政墟，欲走海豐，吳祥達窮追不捨。九月初五日，革命軍走至黃埔，吳祥達隨後跟蹤而至。經一次激戰，革命軍不支，因通往廈門之路被阻，議決沿海岸退出，渡海再返三洲田大本營，並由香港另謀補給。因此，革命軍由黃埔分道南走，在濱海的巽寮集結，謀攻平海所城。清軍水師提督何長清急檄副將張邦福督率靖勇砲隊由海上馳援，九月初八日，清軍抵達平海所，革命軍乃轉往赤岸地方，列砲固守，張邦福隨後馳至，雙方展開激烈砲戰，在沿海的革命軍運輸船亦遭砲擊，損失極重。 國父潛渡內地及接濟武器的計畫，旣完全失敗，鄭士良等見事已無可爲，於解散徒手志士後，與黃福、黃耀庭諸人先後從間道返回香港，到《中國日報》館暫住。陳少白等見人數衆多，只得張羅銀兩，把盤費分給志士，分

別遣往安南、暹羅等處暫避。

　　為策應惠州軍事活動，乃有史堅如謀炸德壽之舉。廣州撫轅後方空地，向有紅黑門樓之分，原屬官荒，後經民人繳租，建屋居住，漸趨繁庶⑱。史堅如代宋少東夫婦所租房屋即座落於撫轅花園後牆外偏僻曲巷樓房內⑲。炸藥的運遞，據馮由所稱，係由鄧蔭南、黎禮二人密購外洋炸藥二百磅並藥線各件，初運交西關榮華東街辦事處，由練達成密交五仙門福音堂黃守南代貯。及租賃後樓房，由劉錦洲蓋章擔保，溫玉山乘肩輿將炸藥暗運入屋⑳。據《清議報》所載，擔保租屋之人係一家裱畫店，而且店東與宋少東並不相識，乃由史堅如所薦㉑。至於掘地道的工作應在九月初五日夜㉒，次日黎明，宋少東夫婦先行離去，隨後炸藥轟發，屋瓦震飛，人聲鼎沸，衙署後牆被衝塌二丈餘，屋已深陷成坑，兩旁民房震倒八間，壓斃大小男女六人，致傷五人，而德壽卻安然無恙，但於夢中自床墜地，跌出數尺以外。九月初七日，德壽命統領介字營總兵馬維騏督率勇練在省港輪船碼頭將史堅如捕獲，從其身上搜出德文炸藥配製單一紙。九月十八日，史堅如遇害㉓。

　　當惠州發難後，革命軍方面為爭取國際同情以減少阻力，於外交方面頗為盡力。閏八月十八日，香港《西字日報》載革命軍來函，略稱革命軍與義和團絕不相涉，誓滅滿洲，以興中國，一俟革命成功後，即當開通中國，與各國通商，希望英、美、日各國助成革命義舉，否或置身局外，以示兩不偏袒之意㉔。《清議報》轉載香港《西字報》所刊廣東歸善縣來札一函，其文云：

　　　　某等並非團匪，乃大政治家大會黨耳，即所謂義興會、天
　　　　地會、三合會也。我等在家在外之華人，俱欲發誓驅逐滿
　　　　洲政府，獨立民權政體。我等在美洲檀香山、澳洲、石

叻、暹羅、越南、荷屬群島之有材會友，專候號約期舉
事。我等本係欲興中國之人，若成功之後，將來設立更革
之事，開通中國，與天下通商。我等不恤流血，因天命所
在，凡有國政大變更，必須用貴值而得，古史所載之事，
將復見於今日。我等欲造成三百年前所未竟之志，料英、
美、日之國亦必守中立之義，且或資助之。一千八百六十
二年時，英國借戈登於滿政府，已敗壞我等志向。戈登將
軍之助滿政府，殊屬可惜，窒吾等之進步，英國之大政治
家，亦多憐惜之，戈登將軍甚至欲置李鴻章於死。我等極
祈望將來不可再蹈此轍，某等敬求貴報重援，三尖石碑頓
首。再者，各外國報請抄錄㉕。

惠州之役，革命軍與清軍之間，激戰凡十餘仗，歷時一閱
月，革命軍屢獲大捷，惠屬和平、河源、海豐、博羅等縣會黨志
士紛起響應，清軍初次接仗，精銳傷亡極重，府縣城池，岌岌不
保。革命軍紀律嚴肅，與拳民迥然不同，於西洋教士教民未聞加
害者，西報多載之。《萬國公報》轉錄香港西報載革命軍紀律
云：

軍律極嚴，頭目令出必行，無敢違者，竊意其悉以西法為
準繩也。會黨糧餉等取於鄉民，均照時價發給，故平民不
願者甚少。至於劫掠一節，在所不容。其陸軍將至，必先
遣人出示以安民心，從未有屠戮婦孺，焚燬全鄉者㉖。

因此，當革命軍大隊於閏八月二十三日向永湖進發時，途中
歷二小時餘，所向披靡，一路秋毫無犯，各處鄉民皆燃爆竹迎
送，爭相以酒食慰勞。

## 四、清吏的善後措施

惠州之役，革命軍失敗後，清軍水師提督何長清所帶靖勇，莫善積所帶喜勇及靜勇，黃金福所帶信勇，刁經明所帶廣安水軍等已陸續抽調回營。德壽另飭總兵劉永福會同提督鄧萬林幫辦惠州遭兵燹各屬籌款賑卹事宜，並由善後局撥銀三千兩，解往散放。同時為加強防範復命鄧萬林親督大軍駐紮稔山等處，何長清督軍在新安、東莞、歸善三縣沿海一帶巡防，署碣石鎮總兵莫善喜率領勇營在海豐、歸善兩交界一帶分路查辦，博羅、河源、和平等縣則分撥廣毅軍、熊勇、靜勇等前往窮捕會黨志士。

自庚子年九月十四日起，鄧萬林等各軍會同署歸善縣知縣鄭業崇在稔山、範和、鹽寵背及附近數十里的火燒寮、鹽背村、龜州、蟹州、仙姑廟、磧背、船澳、鶴嘴、黃埔、大洲、十八寮、巨寮、東坑窩、長排、擔水坑、尾山等鄉，每鄉搜捕會黨數十名，綜計鄧萬林等先後捕獲會黨薛老三語等三百餘名，並在範和鄉逮捕與革命黨有往來的候選訓導楊開第一員，尋即被戮。何長清在新安等縣沿海各鄉先後搜得會黨廖觀秀等二百餘名，莫善喜則會同署海豐縣知縣劉能等先後拿獲吳亞亨等五十餘名，河源各縣亦由廣毅軍逮捕會黨首領鄭國材等十餘名，合計惠州各屬被捕會黨志士多達五百餘名，先後遇害㉗。姑無論德壽奏報是否誇大其辭，會黨實力已大受打擊，則不容置疑。

## 五、惠州之役與會黨的關係

在興中會時代，進行革命的步驟，在海外方面是聯絡華僑，求取經濟的援助。就參加惠州之役的人群類別加以分析，在軍事實力方面，革命黨所倚賴的則是國內的會黨。《革命逸史》〈興

中會會員人名事跡考〉列舉參加庚子惠州之役會員計五十二人
㉘，就其籍貫分佈而言，除摩根為英國人，山田良政、內田良
平、福本誠、末永節等四人為日籍志士外，其餘分隸廣東各縣，
尤以歸善縣人最多，計十一人，佔百分之二十三，新安縣次之，
計八人，佔百分之十七，番禺又次之，計七人，佔百分之十五，
博羅僅次於番禺，計六人，佔百分之十三，而新會、東莞、順德
等縣合計僅十五人，佔百分之三十二，易言之，惠州各屬所佔比
例最高。所以陳少白指出三多祝之役，革命軍失敗後，「在中國
地界不能站，就把槍藏在家裏──他們的家大半在租界之北」。
德壽也說過惠屬各縣，會黨家鄉太多，海港紛歧，難保不散而復
聚。再從惠州之役以後，清軍搜捕惠屬各縣五百餘名會黨志士
中，鄧萬林與鄭業崇等在歸善縣內陸各鄉村拿獲的會黨志士就多
達三百餘名，佔百分之六十，新安縣屬各地次之，計二百餘名，
佔百分之四十，其餘各縣合計僅數十名，所佔比例甚低。因此，
惠州之役，歸善與新安各縣提供了最廣大的武力來源。就上述五
十二名會員的出身背景而言，會黨志士所佔比例最高，計二十二
人，佔百分之四十二，知識分子計八人，佔百分之十五，其餘商
人、工人、傳教士、船戶等所佔比例較低。清末民初之際，支配
中國政治、社會的兩股力量即：知識分子與平民，此兩股力量的
結合，不僅推翻了清朝專制政府，同時也促成近代社會結構的巨
大變化，惠州之役正可說明清末會黨如何提供廣大的武力，知識
分子又如何發揮其領導功能。陳少白亦稱「其時我們所預備起事
的人分兩種：一部份是新安縣的綠林，他們的首領就是黃閣官、
黃耀庭、江公喜等，他們都有槍械，為這次起事的主力軍；一部
份就是嘉應一帶的三合會」。其實所謂綠林，仍屬會黨分子。
國父亦云：

乙酉以後，予所持革命主義，能相喻者不過親友數人而已。士大夫方醉心功名利祿，惟所稱下流社會，反有三合會之組織，寓反清復明之思想於其中，雖時代湮遠，幾於數典忘祖，然苟與之言，猶較縉紳爲易入，故予先從聯絡會黨入手。甲午以後，赴檀島、美洲糾合華僑，創立興中會，此爲以革命主義立黨之始，然同志不過數十人耳，迄於庚子，以同志之努力，長江會黨及兩廣、福建之會黨，始併合於興中會，會員稍眾，然士林中人爲數猶寥寥焉㉙。

不過，由於會黨勢力散處四方，全靠其首領號召團結。在三洲田起義時，充任作戰總指揮的鄭士良，是 國父第一個同志，也是三合會的首領，充當先鋒的黃福也是會黨首領之一，其資望極高，尤富號召力，陳少白言之甚詳：

三合會的會員散處四方，不容易號召。有一個人名黃福者，在三合會領袖中最得人望，他和鄭士良甚相得。其時正在南洋婆羅洲謀生，我們就派人去請他回來。說也奇怪，他一回來，各處堂號的草鞋都會圍集攏來，只要黃福發一個命，眞是如響斯應，無不唯唯照辦的㉚。

庚子惠州之役， 國父赤手空拳，所倚賴的軍事力量與幹部主要都是會黨分子，故此時所謂國民革命，其對革命事業貢獻最大的首推會黨志士。

# 六、結論

庚子惠州之役，革命軍的失敗，雖然是因清軍營官「莫善積力支於各營未到之前，吳祥達力戰於革命軍發難之後」，其實就軍隊數目而言，雙方相差懸殊，革命軍以寡擊眾，屢獲大捷。據

德壽奏報，在惠州各屬的清軍數目，自光緒二十六年正月起截至
九月止，陸續招募勇丁增派弁丁總數已達二萬二千三百餘名之多
㉛。但革命軍失敗的眞正原因實係彈盡援絕，而彈盡援絕的原因
則是由於日本內閣的更迭，新任總理伊藤博文仇視革命，不許臺
灣總督兒玉源與革命軍接觸，又禁止日本武器出口及日本軍官投
效革命軍。因此，　國父潛渡內地及接濟武器的計畫，遂完全被
破壞。民國七年，　國父於〈山田良政建碑紀念辭〉中亦指出惠
州之役革命軍失敗的原因云：

> 惠州之無功，非戰之罪，使日本政府仍守前內閣方針，則
> 兒玉氏不至中變，即不爲我援助，而武器出口及將校從軍
> 者不爲禁制，則余內渡之計畫不破，資以利器，復多知兵
> 者爲之指揮，方其士氣方張，鼓行而前，天下事寧復可量
> ㉜。

革命軍唯一的援助，是從香港方面用船隻沿著海岸補給。其
後因軍隊走遠了，彼此失去聯絡。前方彈藥用罄，清軍兵力日
厚，而且革命軍並非經練軍，不能持久。所以在彈盡援絕衆寡懸
殊的情形終於失敗了。

惠州之役，革命黨方面最大的收穫是喚醒國人的迷夢，救亡
圖存唯一的寄託，端賴革命事業的進展，會黨分子在是役中響應
革命號召慷慨赴義的志節，尤爲國人所敬仰，　國父指出庚子前
後輿論的改變云：

> 經此失敗而後，回顧中國之人心，已覺與前有別矣！當初
> 次之失敗也，舉國輿論莫不目予輩爲亂臣賊子，大逆不
> 道，咒詛謾罵之聲不絕於耳，吾人足跡所到凡認識者幾視
> 毒蛇猛獸，而莫敢與吾人交遊也。惟庚子失敗之後，則鮮
> 聞一般人之惡聲相加，而有識之士，且多爲吾人扼腕歎惜

恨其事之不成矣，前後相較，差若天淵。吾人睹此情形，中心快慰，不可言狀，知國人之迷夢已有漸醒之兆。加以八國聯軍之破北京，清帝后之出走，議和之賠款四萬萬兩而後，則清帝之威信已掃地無餘，而人民之生計從此日蹙，國勢危急，岌岌不可終日，有志之士，多起救國之思，而革命風潮自此萌芽矣㉝。

聯絡會黨的風氣由廣東漸及於全國，嗣後　國父直接領導的歷次革命戰役，會黨志士無不熱烈響應：第三次黃岡之役率衆起義的許雪秋、余丑，第四次七女湖之役在香港策劃起義的鄧子瑜，第五次防城之役的領導人王和順，第六次鎮南關及第七次欽廉之役的主要幹部黃明堂與黃興等都是會黨的重要首領。　國父曾稱「湖南黃克強、馬福益之舉事」為最著名，因黃興、劉揆一到湖南運動革命是以哥老會龍頭馬福益出力最多。因此，會黨志士的實力，始終是推翻清朝最可憑信的力量。

## 【註　釋】

① 國立故宮博物院《宮中檔》，第 2711 箱，第 18 包，3340 號。光緒二十六年九月十四日，廣東巡撫兼署兩廣總督德壽「奏聞剿辦惠州黨摺」。

② 同前檔，3360 號。光緒二十七年二月二十八日，兩廣總督陶模「奏陳粤省支絀情形請寬民力以靖盜源摺」。

③ 同註一。

④ 陳少白講、許師愼筆錄：《興中會革命史要》（臺北：中央文物供應社，民國四十五年六月），頁 47。

⑤ 《國父全書》（臺北：國防研究院，民國四十九年三月），《孫文學說》，第八章，〈有志竟成〉，頁 34。

⑥　馮自由：《中華民國開國前革命史》（臺北：世界書局，民國四十三年四月），第一冊，頁 90。

⑦　《萬國公報》，第 31 冊，卷 144，頁 23。「閏八月十四日，三合會黨出自惠州，官兵拒之，大戰終日，陣亡官兵二員，傷三十員，士卒死者甚多。」

⑧　中華民國開國五十年文獻編纂委員會編：《中華民國開國五十年文獻》，第一編，第九冊（臺北：正中書局，民國五十二年十月十日）附錄「三洲田革命軍」，頁 556。

⑨　同前註，鄒魯：〈庚子惠州之役〉，頁 558。

⑩　《清議報》，第 63 冊（光緒二十六年九月二十一日出版），頁 10，中國近事，惠州軍務。

⑪　《萬國公報》，第 31 冊（光緒二十六年十二月出版），卷 144，頁 23。

⑫　《清議報》，第 62 冊（光緒二十六年九月十一日出版），頁 9，中國近事，記粵省軍事。

⑬　《清議報》，第 63 冊（光緒二十六年九月二十一日出版），頁 7，中國近事，惠州軍務。

⑭　《清議報》，第 64 冊（光緒二十六年十月初一日出版），頁 8，中國近事，惠州略紀。

⑮　馮自由：《中華民國開國前革命史》暨《革命逸史》二書，於鎮隆之役被殺清軍將弁但云「是役生擒歸善縣丞兼管帶杜鳳梧，及敵兵數十人，殺守備嚴某。」惟查《宮中檔》第 2711 箱，3347 號，光緒二十六年十二月初一日，德壽「奏請優卹陣亡哨弁」一摺，得知所謂「守備嚴某」，即清軍花翎遊擊銜補用都司嚴寶泰。

⑯　《清議報》，第 62 冊（光緒二十六年九月十一日出版），頁 9，中國近事，紀粵省軍事。

⑰　《萬國公報》，第 31 冊，卷 144，頁 23，載汕頭來信亦云：「閏八月二十四日，在惠州鄰近大敗官軍，地方官多死，惠州府屬各縣大半失守。」

⑱　《清議報》，第 64 冊（光緒二十六年十月初一日出版），頁 8，焚署紀聞。

⑲　《宮中檔》，第 2711 箱，3353 號，德壽附奏巡撫衙署被炸片，史堅如作史經如，宋少東即宋子昌。原奏片又稱史堅如充任興中會廣東省城總統，宋少東爲頭目，受史堅如節制。

⑳　《中華民國開國前革命史》，第 1 冊，頁 106。

㉑　同註一八。

㉒　《中華國開國前革命史》，第 1 冊，頁 106，載「是晚爲八月初五夕，堅如偕練等四人鑿鍤並施」，八月初五日，係九月初五日之誤。

㉓　《萬國公報》，第 32 冊，卷 145，頁 18，載九月八日香港來信稱「撫署地下埋有炸藥，隨轟發，撫標護兵死六人，傷十一人，毀房四間，德制軍幸未受傷。」

㉔　《清議報》，第 63 冊（光緒二十六年九月十一日出版），頁 9，中國近事，會黨致函西報。

㉕　《清議報》，第 64 冊（光緒二十六年十月初一日出版），頁 7，中國近事，惠事略紀。

㉖　《萬國公報》，第 32 冊，卷 145，頁 19。

㉗　《宮中檔》，第 2711 箱，3347 號，光緒二十六年十二月初一日，廣東巡撫兼署兩廣總德壽「奏報廣東惠州會黨肅清並請獎勵在事出力員弁摺」。

㉘　《革命逸史》，第四集（臺北：臺灣商務印書館，民國五十八年三月），〈興中會會員人名事蹟考〉，頁 51～58。

㉙　〈中國革命史〉，《國父全集》，頁 1044。

㉚　《興中會革命史要》，頁 47。

㉛　《宮中檔》，第 2711 箱，3348 號。光緒二十六年十二月初一日，
　　德壽奏摺附片。

㉜　《國父全書》，頁 747，〈山田良政建碑紀念〉。

㉝　《國父全書》，《孫文學說》，第八章，〈有志竟成〉，頁 34。

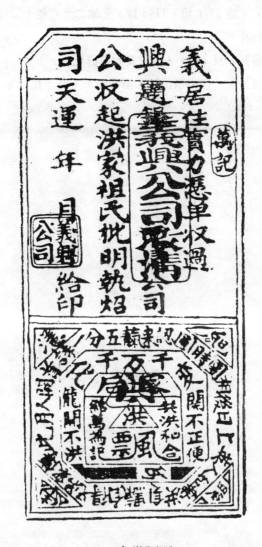

會黨腰憑

# 評介蔡少卿著
# 《中國近代會黨史研究》

書名：中國斤代會黨史研究

作者：蔡少卿

出版地點：北京中華書局

出版時間：一九八七年十月

　　秘密會黨是近代中國史上的一個重大問題，也是歷史研究工作中的一個薄弱環節。六十年代初，當作者還在北京大學歷史學系擔任邵循正教授的助教和在職研究生時，中國史學界對秘密社會與農民戰爭關係問題的討論，已經開始引起作者研究中國秘密社會史的興趣。作者在中央檔案館明清部閱讀了已經整理的秘密結社檔案，先後撰有〈關於天地會的起源問題〉、〈天地會與臺灣林爽文起義〉等文。一九七九年，在中華書局總編輯李侃先生的鼓勵下，作者利用教學業餘時間，利用了第一歷史檔案館、第二歷史檔案館及臺灣等地出版的各種檔案，經過六年的努力，撰寫了多篇論文，匯集成《中國近代會黨史研究》一書。原書共收入十五篇論文，加上附錄，計約三十五萬字，於一九八七年十月，由北京中華書局出版。其中約有十萬字的論文曾先後在《歷史研究》、《近代史研究》、《北京大學學報》、《南京大學學報》等刊物上發表過。各篇論文按中國秘密會黨發展的歷史順序安排，大體上每個時期都有數篇論文可以反映中國會黨發展的歷史梗概。

　　原書第一篇論文〈近代中國的秘密社會及其歷史演變〉，是

一篇綜論性的文章，對秘密會黨產生的社會根源，會黨的性質和作用，分別作了論述。作者指出天地會、哥老會這類組織的出現，與清初的滿漢民族矛盾，並沒有必然的聯繫。鄭成功在康熙元年（1662）收復臺灣之後，即已病逝，至今並無任何確鑿的史料能證明他爲光復明室在臺灣或福建創立了天地會，更沒有材料能證明他派人到四川開山立堂創立了哥老會。作者認爲人口惡性膨脹和土地兼併劇烈，造成了大批無地可耕的游民，這就是清代中葉以來秘密會黨興起的主要社會根源。作者分析秘密會黨的社會成分、組織結構、思想意識和生活方式後，指出無論鴉片戰爭以前，還是鴉片戰爭以後，秘密會黨都是以破產勞動者游民爲主體的團體。秘密會黨的基本宗旨，大多是爲實行患難相助，反清復明的口號，並非天地會獨有的，天地會起事後，打起朱明後裔旗號，並無其它特殊的含義，很難根據這個流行口號，將天地會說成反清復明的組織。作者從社會經濟的變遷來探討中國的秘密會黨及其歷史演變，是值得重視的。作者指出秘密會黨按照各自的需要，摹擬了傳統的血統家族制，在他們的內部建立起縱橫兩種關係，亦即縱向的父子從屬關係和橫向的兄弟和睦關係，並使之保持均衡狀態。縱向關係方面，以青幫的嚴格輩字制和師徒傳承制最爲突出。橫向關係方面，以天地會、哥老會的組織結構爲代表，其重點不在發展強力的統制和統合手段，而是發展橫向的同輩關係。作者顯然將「幫」與「會」混爲一談，其實，「會」是指由下層社會的異姓結拜組織發展而來的各種會黨，「幫」是指地緣性結合的各種行業組織，青幫、紅幫是以信仰羅祖教的漕糧船水手爲主體的秘密組織，將青幫或紅幫納入秘密會黨的系統，是不恰當的。作者按照天地會、哥老會系統的秘密會黨的歷史演變過程，將會黨史的分期，劃分爲七個時期：一七六一年至

一七九五年，共三十五年，爲第一時期；一七九六年至一八四〇
年，共四十五年，爲第二時期；一八四〇年至一八七四年，共三
十五年，爲第三時期；一八七四年至一八九四年，共二十一年，
爲第四時期；一八九四年至一九一一年，共十七年，爲第五時
期；一九一二年至一九二一年，共十年，爲第六時期；一九二一
年至一九四九年，共二十九年，爲第七時期。其實，天地會與哥
老會是兩種系統，天地會系統的各種會黨與哥老會系統的各種會
黨，其性質及功能不盡相同。劃分會黨史的時期，一方面要能與
當時的政治、社會、經濟變遷的狀況聯繫起來，一方面也要看到
會黨自身發展的具體規律和特點。從一七六一年至一九四九年，
共一八九年，分爲七期，每期平均二十七年，似乎很難反映各時
期社會形態的急遽變遷，不易說明這種分期的特殊意義。作者曾
根據第一歷史檔案館保存清初至清末二一五種不同名目的秘密會
黨檔案，按照它們出現時間的先後劃分，發現其中乾隆二十年以
前出現的有十六種，其餘一九九種都是乾隆二十年以後出現的。
在乾隆二十年以前出現的十六種名目中，父母會、小刀會、嘓嚕
會等多爲雍正時期或乾隆初年出現的，中國秘密會黨史是從早期
到後期的發展過程。而作者以乾隆二十六年（1761）狹義的天地
會創立的年分作爲會黨史的上限，忽視雍正年間及乾隆初年的會
黨活動，是值得商榷的。

　　原書第二篇〈關於天地會的起源問題〉，討論天地會的起
源，就天地會的創始人物、時間、地點，對傳統的說法進行辯
駁。作者根據嘉慶初年福建巡撫汪志伊〈敬陳治化漳泉風俗疏〉
等材料，指出天地會起源於福建漳州漳浦縣，乾隆二十六年
（1761），由漳浦縣洪二和尙，名萬提喜，俗名涂喜首創。天地
會在舉行結拜儀式時，都要設立從前傳會的萬提喜即洪二和尙牌

位，從這一件事實，也可以說明萬提喜是天地會的創始者，萬提喜就是天地會內的最早權威。作者駁斥明遺老創立天地會的說法時指出陶成章等人把天地會看作是明朝遺老、上層大夫爲了反清復明保留漢族根苗而創立的，這種說法，作爲歷史現象的解釋，是錯誤的。西方殖民主義者如施列格（Gustave Schlegel），把天地會與共濟會互相比附，把天地會的根由看作是共濟會向東發展的結果，作者對這種謬論也加以徹底地批判。作者研究天地會的起源問題所得到的結論是可以採信的，但是作者將乾隆三十三年（1768）臺灣黃教聚眾起事案件，根據內部情節判斷，認爲「應該屬於天地會的活動」，這種推斷是有待商榷的。檢查乾隆三十三年（1768）前後硃批奏摺及軍機處奏摺錄副等檔案，並未見到黃教起事有天地會名目的記載。據福建水師提督吳必達奏報，乾隆三十三年（1768）十月初一日，黃教等人同往鳳山縣岡山聚集，共推黃教爲大哥，朱一德爲軍師，石意等十人爲大頭目。其中石意一名，可能是雍正年間諸羅縣父母會的成員之一。雍正六年（1728），石意年僅十五歲，案發審擬照例責懲後飭回，乾隆三十三年（1768），石意五十五歲。如果黃教案內的石意，與父母會案內的石意，確實是同一人，也只能證明石意曾入父母會，不能推斷黃教已創立天地會。根據目前材料研究所得到的結論，只能指出乾隆四十八年（1783）嚴煙渡海來臺後，始將天地會傳入臺灣，臺灣天地會是閩粵天地會的派生現象，作者將臺灣地方出現天地會時間的上限，推斷爲乾隆三十三年（1768），是不合歷史事實的臆測。

原書第三篇〈天地會與臺灣林爽文起義〉，詳細研究了臺灣天地會首次發動的大規模起事。作者指出福建漳浦縣洪二和尙萬提喜創立天地會後，就隨大陸移民傳播臺灣，乾隆四十八年

（1783），漳州平和縣人嚴煙東渡臺灣，廣傳天地會。次年，林爽文加入天地會。從乾隆五十一年（1786）十一月二十七日林爽文發難至乾隆五十三年（1788）三月初十日林爽文在北京伏誅起事宣告失敗止，歷時十六個月，作者按照起事戰爭發展變化，將戰爭的過程分成三個階段：從乾隆五十一年（1786）十一月至同年十二月爲第一階段，稱爲「起義軍」的戰略進攻階段；從乾隆五十二年（1787）一月至同年十一月爲第二階段，稱爲「起義軍」的戰略把持階段；從乾隆五十二年（1787）十二月至乾隆五十三年（1788）三月爲第三階段，稱爲「起義軍」的戰略退卻階段。作者指出「這次起義是清朝統治臺灣二百多年來規模最大的一次農民反抗戰爭，它動員了數十萬群眾，鬥爭歷時十六個月之久。起義軍攻城奪地，摧毀各地的清政權，戕殺各級貪官污吏，建立起維護農民利益的起義政權」。作者同時分析臺灣天地會的骨幹成員，主要是無業游民，其他還有挑夫、傭工、耕種度日者、小手藝匠人、小商人、測字算命者、差役文書等等，一方面說成農民反抗戰爭，一方面又指出「起義軍」主要爲無業游民，這種說法是值得商榷的。就群眾運動的規模而言，康熙末年朱一貴起事，是早於林爽文之役的一次大規模起事。天地會成員的職業分佈很廣，並不限於農民。林爽文起事以後，泉州籍移民及廣東客家移民的農村，多遭焚燒破壞，林爽文起事是否代表農民？能否維護農民利益？都值得商榷，作者稱之爲農民反抗戰爭，顯然不符合歷史事實。作者分析林爽文起事的社會原因時指出伴隨著康雍乾盛世的出現，廣大人民遭受的剝削壓迫也相應地加重了封建社會的主要矛盾，即地主階級與農民之間的矛盾又激化起來，臺灣與內地大陸的階級狀況是基本一致的。其實，從清廷領有臺灣以來，所謂封建社會裏地主階級與農民之間的矛盾，並不

存在於臺灣，忽略乾隆年間分類械鬥規模的擴大，而以不存在的階級矛盾理論來分析林爽文起事的社會原因，是不妥當的。作者從林爽文與官兵雙方力量過於懸殊、天地會本身存在的一些嚴重弱點及會黨在戰略戰術策略上犯了一系列的錯誤等方面來解釋林爽文起事失敗的原因，都是不容忽視的。作者雖然指出泉州籍移民、廣東籍移民與漳州籍移民之間的矛盾，阻礙了林爽文軍隊的的發展壯大，但對臺灣義民的性質及義民在平定天地會起事過程中所扮演的重要角色，並未作深入的探討，就很難對林爽文起事失敗的內在及外在因素得到較具體的認識。

原書第四篇〈嘉慶道光時期中國會黨發展的特點〉，分析了天地會在嘉道時期的發展特點和傳播情況。作者將這一時期的會黨發展歸納為下列五個特點：

㈠從地域上看，天地會的勢力已從福建一帶廣泛傳播到廣東、廣西、江西、浙江、湖南、貴州、雲南等內地各省，並且傳到南洋各地。

㈡嘉慶、道光時期，南方的天地會，紛紛改變名目進行活動，先後出現數十種不同的名稱。

㈢這一時期，天地會舉事的次數雖然不少，但規模不大，一般多在數百人的規模，大的也只是萬人左右。

㈣這一時期，加入會黨的主要成員，大多是農村的破產勞動者無業游民。

㈤這一時期的天地會，已形成一套比較完整的傳會制度、結盟儀式、組織機構和一系列的隱語暗號。

作者指出天地會最早起於福建，乾隆年間，主要活躍於閩省內陸和臺灣，到嘉慶年間，就迅速向外擴張。其擴張路線，主要有四條：第一條是由福建傳入廣東，再由廣東傳入廣西、貴州、

雲南；第二條是由福建傳入江西和湖南；第三條是由福建傳入浙江；第四條是由福建傳入南洋。從作者的分析，可以看出福建以外地區的會黨，都是福建天地會的派生現象。作者顯然將清代會黨的傳播路線敘述得過分整齊了。從乾隆末年以來，廣東等地已經出現多種會黨，嘉道時期，福建會黨因人口流動也直接傳入廣西，四川哥老會直接傳入貴州、江西等地。廣東會黨除了向廣西、貴州、雲南擴散外，也傳入江西、湖南、南洋等地。因此，與其說嘉道時期的各地會黨都由閩省內地向外擴散，不如說是由福建、廣東、四川等地向外傳播，有的是閩粵天地會系統的會黨，有的是四川哥老會系統的會黨，兩大系統的各種會黨，都突破了地域的限制。作者認為三點會、三合會、忠義會、仁義會、雙刀會、情義會、江湖串子會、明燈會、千刀會、擄子會、邊錢會、父母會、小刀會等三、四十種會黨，都是這一時期由天地會改立和衍化出來的名目，過於強調文化單源說的理論，是值得商榷的。

　　原書第五篇〈論太平天國與天地會的關係〉、第六篇〈關於洪大全的身分〉、第七篇〈論太平天國與齋教的關係〉，主要在闡述太平天國起事時期的會黨活動對太平天國發展各階段與會黨及教派的關係，作了較詳盡的考察和論證，並對太平天國史上長期爭論的洪大全身份，提出了一些看法。作者指出天地會的活動，為太平天國的醞釀發動造成了有利條件。太平天國不單是吸取了天地會的教訓，同時也採納了它的某些長處，特別是在思想制度方面，繼承發展了天地會一些有益的東西。太平天國同許多會黨起事發生了聯繫，在太平天國革命發展的各階段，都與天地會進行不同程度的合作。過去把洪大全看作決定天地會與太平天國聯繫的關鍵人物，將洪大全被捕犧牲說成天地會與太平天國分

合的臨界點，作者認爲這種說法是沒有根據的，無論洪大全被捕以前，還是以後，太平天國與天地會都是合作的。天地會不可能產生出一個統一全會的大領袖，因此，把洪大全看作決定天地會與太平天國關係的關鍵人物，是不恰當的。其實，各地會黨與太平天國的關係，因地而異，作者對太平軍主力未進入的地區，當地天地會與太平天國的關係，並未作比較研究。太平天國起事以後，廣東的會黨反應，與廣西、湖南等省，不盡相同，臺灣情況，更加特殊，在這些地區，秘密會黨與太平天國的關係，其程度如何？似有進一步分析的必要。作者討論太平天國與齋教的關係時，按太平天國的盛衰分成三個時期來說明，在初期的醞釀時期，齋教起事對太平天國革命力量的掩護和支援是主要的。在中期發展時期，太平天國對各地齋教起事，主要是革命聲威和道義的支持。後期隨著太平天國的失敗，各地齋教起事，也都相繼歸於失敗。作者探討齋教的起源時，一方面說白蓮教、齋教原來在南方就有較大的勢力，自天地會興起以後，教與會兩種勢力在民間同時存在，相互交融，於是在不少地方就出現既有會黨特徵又有教門特色的組織名稱，一方面又說某些會黨演化爲教門，如湖南、江西一些地區的三點會演化爲齋教。教派與會黨的互相滲透融合，是值得重視的，但江西等地的齋教，與福建等地的老官齋教或各地羅祖教的關係，究竟如何？是值得探討的。作者認爲湖南、江西地區的齋教，是由三點會演化而來，並歸入天地會的系統，是不足採信的。

原書第八篇〈關於哥老會的起源問題〉、第九篇〈論長江教案與哥老會的關係〉、第十篇〈論余棟臣起義與哥老會的關係〉，論述哥老會的源流及其活動，對哥老會與嘓嚕、江湖會、天地會的關係，作了較詳盡的分析。過去認爲哥老會與天地會同

出一源，是康熙年間鄭成功創立的反清復明組織。作者經過分析後所得到的結論是：「嘓嚕不是明末清初滿漢民族矛盾的產物，而是康熙雍正乾隆以來社會階級矛盾的產物；不是鄭成功派陳近南往四川開精忠山的結果，而是四川民間自發組成的秘密結社；不是反清復明的組織，而是破產勞動者的互助團體。」作者根據目前所能見到的有關材料的研究，認為哥老會發源於乾隆初年四川的嘓嚕會，到嘉慶道光年間，由於南方天地會勢力的北移，與川楚一帶的白蓮教嘓嚕黨勢力相會合，它們之間經過互相滲透，相互融合，才形成了哥老會的組織名稱。哥老會不是嘓嚕組織的簡單重現，或名稱的變異，而是以嘓嚕為胚型，吸收融合了天地會、白蓮教的某些特點，逐步演變而成的。由嘓嚕變為江湖會和哥老會，以至長江會、洪江會、昌江會、英雄會等才是哥老會的源流。哥老會的組織名稱最遲應出現在道光年間。作者也指出陶成章把哥老會盛行於湘軍說成是李秀成、李世賢等隱遣洪門兄弟投降於湘軍，以復大仇於未來的說法，是缺乏史實根據的臆測。作者認為嘓嚕主要是外省入川的流民，與四川本地的破產勞動者無業游民結成的互助團體。作者分析流民形成的原因時認為康熙雍正以來，由於農村人口的迅速增加，政府「地丁」政策的掠奪，以及地主階級的兼併剝削，造成大量無業流民向地廣人稀地區遷移。所謂「地丁」政策，就是指雍正初年以來在康熙末年財政措施基礎上進一步實行的丁隨地起政策，將丁銀攤入田糧內徵收，免除了無地貧民及手工業等人的丁銀，取消了他們的人頭稅，而且由於戶丁編審制度的停止，人身依附土地的關係減輕了，在居住方面獲得更大的自由，有利於無地貧民的向外遷徙，增加了他們的謀生機會。作者將「地丁」政策視為政府的一種「掠奪」，否定了攤丁入地政策的正面意義，缺乏客觀的態度。

作者討論哥老會的源流時指出其起源是以嘓嚕爲胚型，吸收融合了天地會、白蓮教的某些特點，不同意滿漢民族矛盾產物的說法，是符合歷史事實的。但作者認爲嘓嚕是社會階級矛盾的產物，是有待商榷的，四川等地的社會裏是否存在對立的階級？是一種爭論性很大的問題。由嘓嚕而江湖會、哥老會，以至長江會等，也只能說明是嘓嚕系統的會黨發展史，但它們並非一脈相承，不宜過於強調其縱向發展。作者指出余棟臣以哥老會首領的身份來領導大足縣人民兩次起事，絕不是一個孤立偶然的歷史現象。它一方面反映出哥老會在這個地區具有強大的勢力；另一方面也反映出人民群眾反教會鬥爭的組織形態和領導力量的變化。鴉片戰爭以來，西方基督教雖然摻入了侵略的性質，但西洋傳教士在各地所舉辦的醫院、育嬰室、孤兒院等慈善事業，確實有它的正面意義，作者從教會醫院拿中國人當試驗品等慘無人道的事件來說明長江教案反教排外的原因，而且過於強調哥老會在反教排外運動中所發揮的具體作用，在基本態度上是不客觀的。其實，所謂迷拐幼孩、殘害嬰兒等等多爲當時人對西洋教會的誤解，以致引起許多盲目排外案件。哥老會雖然強調內部的互助問題，但由於各地哥老會與散兵游勇的互相結合，又與盜匪掛鈎，以致哥老會多成結夥打單焚搶拉生擄人勒贖的犯罪集團，對各地社會造成了嚴重的侵蝕作用，從整體社會利益及歷史進步的動力而言，哥老會的片面互助作用，對社會產生的是負面的影響，不是歷史進步的因素。

原書第十一篇〈論自立軍起義與會黨的關係〉、第十二篇〈論辛亥革命與會黨的關係〉、第十三篇〈論民國初年資產階級革命黨人與會黨關係的破裂〉，主要論述辛亥革命時期會黨與革命黨各派勢力的關係，介紹革命黨人聯絡會黨的活動及其經驗教

訓，肯定了會黨在辛亥革命中的歷史作用。過去有許多著作，常常籠統地把戊戌變法以後唐才常領導的自立軍起事，與康有為發動的保皇運動等同起來，把唐才常在兩湖長江一帶舉行的反滿活動，與康有為、梁啟超準備在兩廣進行的「勤王」起事混為一談。作者從自立軍與保皇黨在領導集團派別政治傾向、鬥爭目標、對待革命派態度立足點及依靠力量的不同，說明了自立軍起事與保皇運動的區別。自立軍起事雖然以失敗而告終，但自立軍起事在近代中國會黨發展史上，不僅是一個重大轉折點，而且也是革命黨人在中國內地大規模聯合會黨進行反滿革命的開端。自立軍起事，充當了辛亥革命的前驅，它在聯絡會黨，尋找革命的同盟等方面，也為後來的革命黨人提供了不少寶貴的經驗和教訓。作者指出會黨組織群眾，不斷起事，為辛亥革命的迅速勝利創造條件，會黨積極參加革命派發動的武裝起義，促進了全國革命形勢的發展，在武昌起義，各省獨立，推翻清朝的決戰中，發揮了巨大的作用。海外洪門會黨在募餉籌款等方面做了大量工作，為支援革命作出了貢獻。因此，會黨在革命時期所起的積極作用，革命黨一直將會黨視為一支革命的有生力量，並以多種方式聯絡發動會黨起來革命，而會黨也積極響應。由於會黨本身是一種原始的落後組織，既有很大的反抗性，又有極大的盲目破壞性，革命黨在革命過程中，並未將會黨組織進行革命改造，引導會黨成為積極力量，以致民國成立以後，會黨繼續在農村裏發動農民群眾進行抗租抗糧等活動。會黨居功自傲，與革命黨爭權，擴張勢力，危及鄉里，幫會成為不法的護符，仍打著舊式旗號，圖謀推翻民國，革命黨與會黨的聯合，終因貌合神離而關係破裂，對會黨採取了取締的態度。作者認為「辛亥革命時期，資產階級革命黨人雖然聯合過會黨，但是，由於他們在反帝反封建的

根本問題上不能滿足會黨和工農群衆的要求，特別是民國一成立，他們踢開了會黨和工農群衆，革命就迅速歸於失敗，中國進一步陷入軍閥割據和混戰之中」。民國成立以後，政局不夠穩定，社會動盪不安，陷入軍閥割據和混戰狀態，是全國性的問題，與革命黨對待會黨的態度，並無直接關係，會黨組織的理念，也是模擬傳統社會的思想觀念，「反帝反封建」並非會黨的宗旨，探討民初的革命史，不能過分強調會黨的重要性，作者過分強調會黨所扮演的角色，而忽略了其他的各種因素，顯然缺乏說服力。

原書第十四篇〈新民主主義革命時期會黨問題概述〉，論述中國共產黨革命時期會黨與工農運動的關係，以及中國共產黨在各個時期對會黨的政策方針。作者認爲民國成立以來，不僅會黨的社會基礎依然存在，而且它的勢力還在不斷擴大。有的地方，會黨控制了社會政治和經濟的局面。從清代後期以來，地方性幫口障礙，的確是社會的嚴重問題，如何排除會黨組織的障礙，引導會黨群衆的積極性，防止及克服會黨對革命的危害，確實是值得正視的課題。但是作者將會黨以外的各種秘密組織，多歸入會黨系統討論，將有些屬於民間秘密宗教系統的某些教派、各種幫派，與會黨混爲一談，不能突顯會黨的特質。作者認爲「民國年間，青幫、紅幫、哥老會、三點會等組織在城市工礦、碼頭有很大勢力，其中以上海的青紅幫勢力最大」。原書以相當大的篇幅來討論青幫、紅幫等幫派組織，與哥老會、三點會等秘密會黨混爲一談，並不恰當。目前有關青幫、紅幫等幫派組織的史料並不完整，仍須發掘可信度較高的直接史料，否則論述武斷，並不妥當。在近代中國革命過程中，會黨固然扮演了重要角色，但會黨的歷史並不能等同於國民革命史，需要另編秘密會黨史；青幫、

紅幫等幫派組織，對近代中國革命固然發生不小的作用，但不能與會黨混為一談，也需要另編青、紅幫史。

原書第十五篇〈論十九世紀的南洋華人秘密會黨〉，作者指出自十九世紀以來，約有兩千多萬華人遷徙分佈到世界各地，其中新加坡、馬來西亞是南洋華人遷徙活動的中心，而南洋華人的秘密會黨，也是以新馬地區的勢力為最大。南洋的華僑，主要來自福建、廣東兩省，其次是廣西省，再其次是包羅其他各省的所謂「三江幫」。南洋的華人秘密會黨，受方言群的影響，也分為許多派別，關係錯綜複雜，由於彼此的分化對壘，就經常發生流血的械鬥。以馬來西亞為例，在十九世紀馬來西亞的華僑社區裏有五種主要的方言群，那裏的秘密會黨就有義興黨、海山黨、和生黨、華生黨及大伯公黨等名目，這些會黨都是天地會的支裔，前三者的主要成員是廣東人，後二者的成員，以福建人為主。華人秘密會黨的互相衝突，引起多次暴亂，一方面削弱了會黨本身的力量，另一方面對南洋社會也有一定的影響。由於這些公開的衝突，華人秘密會黨已不再成為秘密，當地土著居民也參加了華人秘密會黨，借助其力量，展開土人之間的派別鬥爭。天地會傳到海外華人社會，原有的反清復明思想口號已無現實意義，大批華人來到南洋異國，舉目無親，孤苦無助，他們結拜入會，目的就是為了實行互助。在某些華人會黨勢力強大的地區，會黨反抗殖民政府暴政，維護華僑利益方面，在一定程度上起了「民間領袖」的作用。南洋華人秘密會黨與中國內地秘密會黨所處的社會環境有很大的不同，十九世紀南洋華人秘密會黨的一個很明顯的變化，就是它的領導權逐漸被商人所控制，許多經濟實力較雄厚的商人，充當了各地會黨的領導人。秘密會黨在南洋已成為華僑社會的一種社會控制方法，秘密會黨的頭目在南洋已成為華僑的

領袖。而在華人社區中，商人一般佔有重要地位，因而他們在秘密會黨裏也逐步控制了領導層的權力。南洋華僑商人的經濟活動，一般多在秘密會黨的支助下進行的，他們在履行合約，獲取原料供應，尋求市場，控制勞動力以及與同行的競爭等方面，都需要利用會黨。然而由於會黨在思想上組織上的嚴重弱點，暴露了天地會的落後性，華人會黨也參與販賣人口的活動，開設賭館、煙館、妓院，經營不正當的行業。作者對南洋華人秘密會黨的性質及作用的論述，是值得重視的。但是南洋華人秘密會黨，名目繁多，是多元性的會黨，有些會黨是天地會的支派，有些會黨是獨自創生的秘密組織，是由異姓結拜團體發展而來的各種會黨，有些是地緣性的行業不法組織，將它們視爲都是天地會的支裔，是有待商榷的。

原書出版時，由戴逸教授撰寫序言，在序言中已指出原書十五篇論文，分則一題一事，可以單獨成篇，合則前後相關，首尾貫串，構成比較完整的系統。這部著作，對一系列重要問題提供了討論和進一步研究的基礎，已經是難能可貴的。作者掌握了較豐富的第一手材料，擺脫會黨本身流傳的神話傳說的影響，十分關心國內外同行專家，尤其是臺灣學者在會黨研究方面的成果，從中汲取營養和借鑒，作者的努力，是可以肯定的。有清一代，會黨林立，名目繁多，作者對會黨的研究集中於天地會、哥老會組織，而小刀會、添弟會等各種重要組織，並無專題論述，以致對會黨發展史的全面敘述顯得極爲薄弱。作者努力運用了馬克思列寧主義的觀點和方法，將會黨問題放在半殖民地半封建中國的歷史背景之中，從封建社會地主階級與農民之間的矛盾以及反帝反封建的角度來考察會黨的產生、發展、影響及作用，作者的論點，顯然把學術與政治混爲一談，未能將學術研究工作建立在客

觀的基礎之上，是本書美中不足之處。

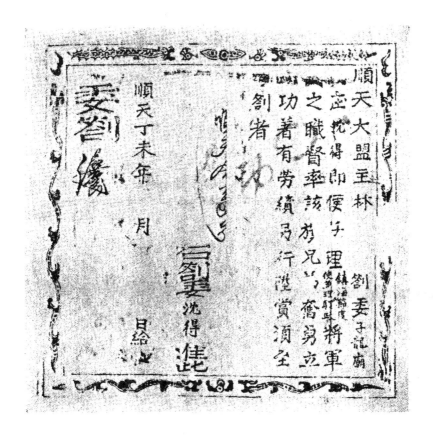

大盟主林爽文軍令
順天丁未年（1787）